A alma do mundo

Roger Scruton
A alma do mundo

Tradução de
MARTIM VASQUES DA CUNHA

4ª edição

EDITORA RECORD
RIO DE JANEIRO • SÃO PAULO
2019

CIP-BRASIL. CATALOGAÇÃO NA PUBLICAÇÃO
SINDICATO NACIONAL DOS EDITORES DE LIVROS, RJ

S441a

Scruton, Roger
A alma do mundo / Roger Scruton; tradução de Martim Vasques da Cunha. – 4ª ed. 4ª ed. – Rio de Janeiro: Record, 2019.

Tradução de: The soul of the world
Inclui índice
ISBN: 978-85-01-10902-6

1. Filosofia e religião. I. Cunha, Martim Vasques da. II. Título.

17-38904

CDD: 210
CDU: 2-1

Copyright © Roger Scruton, 2014

Título original em inglês: The soul of the world

Todos os direitos reservados. Proibida a reprodução, armazenamento ou transmissão de partes deste livro, através de quaisquer meios, sem prévia autorização por escrito.

Texto revisado segundo o novo Acordo Ortográfico da Língua Portuguesa.

Direitos exclusivos de publicação em língua portuguesa para o Brasil adquiridos pela
EDITORA RECORD LTDA.
Rua Argentina, 171 – 20921-380 – Rio de Janeiro, RJ – Tel.: (21) 2585-2000, que se reserva a propriedade literária desta tradução.

Impresso no Brasil

ISBN 978-85-01-10902-6

Seja um leitor preferencial Record.
Cadastre-se em www.record.com.br e receba informações sobre nossos lançamentos e nossas promoções.

Atendimento e venda direta ao leitor:
sac@record.com.br

Sumário

Prefácio 7

1.
Acreditar em Deus 9

2.
Em busca das pessoas 37

3.
O que há no nosso cérebro 63

4.
A primeira pessoa do plural 91

5.
Encarando um ao outro 113

6.
Encarando a Terra 133

7.
O espaço sagrado da música 159

8.
Em busca de Deus 195

Notas do tradutor 223

Índice onomástico 229

Índice por assunto 233

Prefácio

Este livro é baseado nas Stanton Lectures, feitas no período conhecido como Michaelmas (outono) em 2011, na Faculdade de Teologia da Universidade de Cambridge. Minha intenção foi alinhavar uma série de discussões filosóficas sobre mente, arte, música, política e direito para definir o que está em risco nos debates contemporâneos a respeito da natureza e do fundamento da crença religiosa. Vejo meus argumentos como uma maneira de dar espaço, em alguma medida, a uma visão religiosa de mundo, mesmo que eu evite a defesa da prática ou doutrina de uma fé em especial. Aqui e ali faço algumas referências; mas, em sua maioria, o modo de raciocinar é informal, e as alusões a outros escritores são mais no estilo de uma conversa do que propriamente no estilo de um pesquisador. Nos capítulos 5 e 6, revisito temas sobre os quais já falei nas minhas Gifford Lectures em 2010, ocorridas em St. Andrews e publicadas em 2012 com o título *O rosto de Deus*. Entretanto, esses mesmos temas foram apresentados em outro contexto e sob uma ótica diferente. No capítulo 6, elaboro argumentos que foram desenvolvidos com mais profundidade em *The Aesthetics of Architecture* (1979, reeditado em 2013), e em *The Classical Vernacular: Principles of Architecture in an Age of Nihilism* (1994). No capítulo 7, revisito temas que explorei detalhadamente em *The Aesthetics of Music* (1997) e *Understanding Music* (2009). Ao olhar em retrospecto esses quatro livros por meio da perspectiva oferecida pelas Stanton Lectures, consegui ver mais claramente que as posições que defendi na estética também sugerem uma elaboração teológica.

 Sou muito grato à Faculdade de Teologia da Universidade de Cambridge por me convidar a fazer essas palestras, e ao público que apareceu a cada semana para me incentivar naquele momento. Sou também particularmente agradecido a Douglas Hedley por seu apoio e por me fazer pensar sobre essas perguntas de um novo modo. Versões anteriores deste livro foram lidas por Fiona Ellis, Robert Grant, Douglas Hedley, Anthony O'Hear e David Wiggins, e sou grato a todos eles por seus comentários e por sua ajuda. Agradeço novamente pelas observações iluminadas feitas por dois leitores anônimos que foram consultados pela Princeton University Press, assim como Ben Tate, da mesma editora, por ter me encorajado a continuar na escrita deste livro.

Scrutopia, maio de 2013

1

Acreditar em Deus

As discussões atualmente em voga sobre as crenças religiosas surgiram, em parte, como resposta ao confronto entre o cristianismo e a ciência moderna, e, de outra parte, como resposta aos ataques ocorridos no dia 11 de setembro — que chamaram atenção para outro confronto, entre o Islã e o mundo moderno. Em ambos os casos, como são entendidos popularmente, a razão aponta para um lado, e a fé, para o outro. E, neste caso, se a fé justifica o assassinato, ela não é uma opção.

Entretanto, esses dois embates têm origens completamente diferentes. Uma é intelectual, a outra, emocional. Uma tem a ver com a natureza da realidade; a outra, com como deveríamos viver. Os intelectuais públicos que defendem a causa ateísta frequentemente dão a impressão de que a religião é definida por uma explicação compreensível do mundo, traz conforto e esperança, mas que, como qualquer explicação, pode ser refutada por evidências. Mas a religião dos islamitas não é assim.[1] Em primeiro lugar, ela não é uma tentativa de explicar o mundo, ou então de mostrar o lugar da criação no curso da natureza. Ela tem sua origem na necessidade de sacrifício e obediência. Sem dúvida, os islamitas têm várias crenças metafísicas, incluindo a de que o mundo foi criado por Alá. Contudo, também acreditam que estão sujeitos ao comando de Alá, que são chamados para se sacrificar conforme o desejo dele e que suas vidas terão um sentido assim que servirem para o bem de Alá. Essas crenças são mais importantes para eles do que a metafísica e sobreviverão a qualquer tentativa insistente de refutar os pontos básicos da teologia. Elas expressam um anseio emocional que precede o argumento racional e que influencia antecipadamente as conclusões teológicas.

Essa necessidade emocional pode ser amplamente observada em qualquer lugar e não apenas entre as comunidades explicitamente religiosas. O desejo pelo sacrifício está enraizado em cada um de nós e é impelido não apenas pelas comunidades religiosas, mas também pelas seculares, especialmente em épocas de aflição e guerra. De fato, se seguirmos o raciocínio de Durkheim, isso é o núcleo da experiência religiosa: a minha experiência como *membro* de alguma coisa, sendo chamado para renunciar a meus interesses em função do grupo maior e assim celebrar meu pertencimento ao mesmo grupo por meio de atos de devoção para os quais não há outra justificativa exceto obedecer a quem me ordena a fazer isso.* Outros estudiosos enfatizam a conexão que há entre o sacrifício e o sentido. Patočka, por exemplo, argumenta que o sentido da vida, mesmo no século XX desprovido de Deus, reside no mesmo objeto pelo qual a vida — a vida de cada um — pode ser sacrificada.[2] Essa ideia atordoante teve um profundo impacto no pensamento da Europa Central nos anos comunistas, principalmente nos escritos de Václav Havel,** pois sugere que, nas sociedades totalitárias, nas quais a capacidade para o autossacrifício ficou muito tênue devido à corrente sem fim de punições mesquinhas, nada se mostra digno de cuidado. Esse é o resíduo secular do núcleo do pensamento religioso — o pensamento em que coincidem o sagrado e o sacrificial. É claro que há uma grande diferença entre as religiões que exigem o autossacrifício e aquelas que (como a dos astecas) exigem o sacrifício dos outros. Se há algo que pode ser chamado de progresso na história religiosa da humanidade, ele se dá na lenta preferência pelo *self* em detrimento do outro como a principal vítima sacrificial. É precisamente nisso que se apoia a exigência moral da religião cristã.

---

* Émile Durkheim, *The Elementary Forms of the Religious Life* (1912). Trad. do francês de Carol Cosman e Mark Sydney Cladis (Oxford: Oxford University Press, 2001). [Ed. bras.: *As formas elementares da vida religiosa*. São Paulo: WMF Martins Fontes, 2003]

** Jan Patočka, *Two Studies of Masaryk* e *Heretical Essays in the Philosophy of History*. Trad. do checo de E. Kohák. Chicago: Open Court, 1996. Václav Havel, "Politics and Conscience", disponível em diversas coletâneas dos ensaios de Havel. [Ed. port: Václav Havel, *Ensaios políticos*. Trad. de Margarida Gago da Câmara. Lisboa: Bertrand Editora, 1991]

Religião e psicologia evolucionista

Vivemos em uma época que desmistifica explicações, e as uma vez populares desmistificações dos sociólogos agora são, por sua vez, desmistificadas pela psicologia evolucionista. Há um sentimento notório de que fatos sociais antes compreendidos como parte da "cultura" são agora entendidos como adaptações, e que, quando finalmente os explicamos, retiramos a sua aura, por assim dizer, e também qualquer espécie de apoio independente das nossas emoções e crenças, reduzindo-os a aspectos da nossa biologia. O relato de Durkheim a respeito da religião foi feito conforme essa direção. As religiões sobreviveram e ganharam seguidores, diz-se, porque elas desenvolvem as "estratégias" reprodutivas dos nossos genes.* Ao pertencer a um grupo cujos membros estão vinculados pela regra do sacrifício, você obtém substanciosos benefícios reprodutivos — como território, segurança, cooperação e defesa coletiva. Dessa forma, as religiões não apenas incentivam e exigem sacrifício: elas mostram um forte interesse pela vida reprodutiva dos seus membros. Os deuses se reúnem em ritos de passagem nos quais uma geração prepara o caminho e concede a vitória à sua sucessora por meio do nascimento, do amadurecimento, do casamento e da morte. Eles são fascinados por nossos hábitos sexuais, insistindo, em certos casos, em mutilação genital, circuncisão e ritos complexos de pureza sexual. Opõem-se a incesto, adultério e sexo promíscuo, e, em geral, conduzem nossa vida sexual para que favoreça crianças futuras em detrimento a prazeres provisórios, a transferência de capital social em vez da destruição das fontes morais. As religiões tradicionais se aproximam tanto das estratégias dos nossos genes e parecem favorecer o genótipo sobre o fenótipo de forma tão marcante que é tentador afirmar que há muito pouco ou quase nada a ser compreendido por aquele que procura uma explicação para o anseio religioso. É uma adaptação como qualquer outra, e, se ela parece enraizada de maneira tão profunda dentro de nós a ponto de estar além do alcance do argumento racional, isso é algo esperado, sem dúvida, já que é assim que adaptações são transmitidas na sociedade.

---

* Ver David Sloan Wilson, *Darwin's Cathedral: Evolution, Religion, and the Nature of Society*. Chicago: University of Chicago Press, 2002.

Dito isso, ao adotar o ponto de vista da psicologia evolucionista e aceitar as recentes defesas da "seleção de grupo" e o ataque ao "modelo padrão de ciência social" do comportamento social, chegamos a um retrato de crença religiosa que parece subestimar por inteiro suas credencias racionais, considerando-as tanto ilusórias em si mesmas como irrelevantes na forma e na força do sentimento religioso.* É importante enfrentar esse tipo de afirmação logo no início, já que uma das minhas intenções será sugerir que as explicações funcionais do evolucionismo não possuem qualquer relação com o conteúdo das nossas crenças religiosas e emoções.

Tenho dois motivos para afirmar isso. O primeiro é este: as explicações na linha evolucionista que ficaram muito populares na literatura contemporânea desprezam um aspecto de nosso estado mental que nos é de suma importância e através do qual compreendemos e agimos a respeito do motivo de cada um, ou seja, sua intencionalidade ou "tematicidade" [aboutness].[4] Podemos explicar esse raciocínio por meio do exemplo do tabu do incesto. Freud argumentou que esse tabu é forte porque se coloca no caminho de um forte desejo. Nós ficamos revoltados com o incesto porque inconscientemente queremos praticá-lo. Essa explicação é rejeitada pelos psicólogos evolucionistas, que nos dizem que a repulsa ao incesto surge não porque queremos praticá-lo, mas, sim, porque não queremos praticá-lo. E nós não queremos realizá-lo porque o nosso "não querer" foi selecionado pela evolução. Os seres humanos que não ficaram enojados pelo incesto foram, em sua maioria, eliminados.

Falando em termos científicos, não há dúvida sobre qual teoria devemos escolher. Freud não está nos oferecendo uma verdadeira explicação causal do tabu do incesto, mas, sim, uma nova descrição em que esse é parte de uma estratégia racional, embora baseada no inconsciente. Para fazer a sua explicação funcionar, ele deve inventar uma entidade, o inconsciente, de cuja existência não temos nenhuma evidência indepen-

---

* Sobre os argumentos da seleção em grupo, ver Edward O. Wilson, *The Social Conquest of Earth* (Nova York: Liveright, 2012) [Ed. bras.: *A conquista social da Terra*. São Paulo: Companhia das Letras, 2013]. Sobre a derrocada do "modelo padrão de ciência social", ver Jerome Berkow, Leda Cosmides e John Tooby (org.), *The Adapted Mind: Evolutionary Psychology and the Generation of Culture* (Nova York: Oxford University Press, 1995).

dente, ou uma evidência que vem somente de mais pseudoexplicações do mesmo tipo. Ainda assim, sentimos um pouco de simpatia por Freud, pois ele quer explicar não só por que o incesto é proibido, mas também a razão do próprio *pensamento* a respeito dele nos afetar nos cantos mais profundos do nosso ser. O nojo que sentimos, e que levou Édipo a arrancar seus olhos e Jocasta a se enforcar, tem uma intencionalidade ou uma direção muito própria. Ele foca na ideia de que esta é a minha irmã ou mãe, meu irmão ou pai, o que me diz que qualquer contato sexual seria uma espécie de poluição, o estrago de algo que jamais será o mesmo após o feito ter sido cometido. Logo, o incesto é visto como um crime *existencial*, que muda o que somos, tanto para nós mesmos como para os outros.

Do ponto de vista da evolução, seria suficiente que o incesto incitasse o nojo, como o que nos é provocado quando vemos carne podre ou fezes. Os processos mentais não adicionam nada à função reprodutiva. Muito pelo contrário, eles a comprometem ao enredá-la na intencionalidade peculiar das nossas relações pessoais, fazendo-nos retirar esse erro reprodutivo do reino sombrio da biologia e colocá-lo sob a luz da reflexão moral, e, assim, não apenas encontrar motivos contra o incesto, mas também *a favor* dele — como os dos faraós egípcios e também de Siegmund e Sieglinde em seu único momento de alegria.[5]

Todavia, isso significa que há algo no tabu do incesto que a explicação evolucionista não apreende: ou seja, a sua "tematicidade", o aspecto dele que é extremamente importante para nós e através do qual o incesto entra no nosso pensamento e, por sua vez, é transformado em algo que pode ser tanto desejado como proibido. E é certamente isso que nos atrai em relação a Freud — ou seja, a sua explicação, mesmo cientificamente frágil, é uma tentativa de elucidar a especificidade do tabu do incesto e mostrar por que nós, seres racionais, pessoais e autoconscientes, o experimentamos como um *tabu*, enquanto outros animais simplesmente não o praticam (exceto, claro, se resolverem praticar).

Pontos de vista internos e externos

Isso me leva ao meu segundo motivo para desconsiderar explicações evolucionistas: elas não conseguem demarcar a ordem interna dos nossos estados mentais. A evolução explica a conexão entre os nossos pensamentos e o mundo e entre os nossos desejos e sua realização em termos pragmáticos. Pensamos e sentimos de forma a promover a meta da reprodução. Mas nossos estados mentais não possuem essa meta. Nós perseguimos o verdadeiro, o bom e o belo, apesar de o falso, o feio e o confuso talvez serem igualmente úteis para os nossos genes. O exemplo da matemática é especialmente marcante. Nós poderíamos ter evoluído sem a capacidade de entender o campo da verdade matemática e ainda assim estarmos bem-adaptados para resolver enigmas aritméticos de pequena escala do caçador-coletor. Então o que explicaria o fato crucial: que o nosso pensamento "apega-se" a um campo de verdade necessária, indo infinitamente além dos quebra-cabeças que precisamos resolver? Passada a parte mais difícil, de uma criatura que não entende números para uma que entende, a espécie humana foi capaz de seguir adiante, rumo a este novo pasto, regozijando-se no maravilhoso fruto desse conhecimento fútil, construindo teorias e provas, e, em geral, transformando a sua visão de mundo sem nenhum benefício para o seu potencial reprodutivo — ou com benefícios que vieram tarde demais para exercer qualquer pressão evolucionista em favor da pesquisa que os produzem. A teoria evolucionista pode nos dar um mapa de como surgem as operações básicas da aritmética, mas você poderia entender o mesmo mapa sem entender nada de matemática. E, assim, fora do raciocínio matemático surge a *verdadeira* pergunta filosófica, a pergunta que nenhuma biologia consegue resolver: isto é, *sobre o que é* a matemática? O que, neste nosso mundo, *são* os números, as equações e os cardinais transfinitos?

Contudo, a matemática não é um caso especial. Existem várias maneiras com as quais as pessoas adquirem compreensão do mundo ao interpretar signos e símbolos, e, embora isso nos dê uma vantagem evolucionária, tal interpretação também revela uma visão de mundo diferente daquela contida na teoria da evolução.* A linguagem é o exemplo mais notável disso. Não sabemos como surgiu. Mas sabemos que ela nos permite compreender o mundo como nenhum outro animal sem a capacidade de raciocinar poderia fazê-lo. A linguagem nos faz distinguir o verdadeiro e o falso; o passado, o presente e o futuro; o que é possível, o que é atual e o que é necessário; e assim por diante. É justo dizer que vivemos em um mundo completamente diferente do das criaturas que não possuem linguagem. Estas vivem imersas na natureza; nós estamos sempre à margem dela. Como as emoções e as motivações são fundadas nos pensamentos, nossa vida emocional e nossas motivações serão de um gênero completamente diverso das de outros animais. E é precisamente por essa razão que devemos questionar as teorias do altruísmo como uma "estratégia evolutivamente estável" — teorias defendidas e aprimoradas por John Maynard Smith, David Sloan Wilson, Elliott Sober, Matt Ridley e outros.** Pois o altruísmo nas pessoas não é apenas algo instintivo, mesmo que tenha algum componente disso. Ele é também uma resposta que se preocupa com o outro, baseada algumas vezes no ágape ou no amor pelo próximo, outras vezes em emoções interpessoais complexas como a vergonha e o orgulho, que, por sua vez, são fundamentadas no reconhecimento do outro como alguém igual a mim. Em todos esses casos, o altruísmo nas pessoas envolve o julgamento de que o que é ruim para *o outro* é algo que *eu* tenho motivo para remediar. E a existência desse pensamento é precisamente o que não é explicado pela teoria que nos diz que o altruísmo é também uma estratégia dominante no jogo da reprodução.

Da mesma forma que a matemática abre diante de nós o mundo das necessidades matemáticas, a moralidade também abre o mundo dos valores, e a ciência, o mundo das leis naturais. Nós pensamos *sobre* o mundo, e isso significa que pensamos além das nossas necessidades genéticas, para o mundo do qual fazemos parte. Do ponto de vista evolucionista, é apenas por um remoto

---

* Para alguns dos argumentos a respeito desse assunto, ver Anthony O'Hear, *Beyond Evolution: Human Nature and the Limits of Evolutionary Explanation* (Oxford: Oxford University Press, 1997). O argumento contra o naturalismo é feito de maneira mais formal no livro de Alvin Plantinga, *Warrant and Proper Function.* Oxford: Oxford University Press, 1993, cap. 12.
** Ver em particular Matt Ridley, *The Origins of Virtue.* Nova York: Viking, 1996. [Ed. bras.: *As origens da virtude.* Rio de Janeiro: Editora Record, 2000]

acaso que realizamos esse passo, do instinto útil ao pensamento direcionado. O filósofo Thomas Nagel argumenta que tal forma de pensar não pode ser um mero acaso, sugerindo que, portanto, o universo deve ser governado por leis teleológicas. Segundo Nagel, é uma *lei da natureza* o fato de nosso pensamento científico se direcionar para a verdade, nossa moralidade, para o bem, e talvez (apesar de ele não ir tão longe assim) nossos gostos, para o belo.* Retornarei a essa resposta radical nos últimos capítulos deste livro. O que quer que pensemos a respeito disso, temos de reconhecer que a psicologia evolucionista não pode fazer o retrato completo dos nossos estados mentais ou do universo que é representado por eles. A teoria da evolução é, por si mesma, uma teoria científica. Temos motivos para acreditar nela somente porque confiamos que o direcionamento do nosso pensamento não é um subproduto acidental do processo evolucionista, mas um guia independente para entender o jeito que as coisas são, cujas credenciais vão muito além dos seus benefícios de adaptação. A teoria da evolução pode oferecer uma visão de fora da ciência, mas é escrita na linguagem dessa mesma ciência. Se a teoria realmente oferecesse uma visão de fora, então ela poderia possivelmente ter levado à conclusão de que crenças falsas têm um valor de sobrevivência maior do que crenças verdadeiras e, portanto, de que todas as nossas crenças provavelmente são falsas. Mas e a teoria que nos fala sobre esse fato? Se verdadeira, provavelmente é falsa. Em outras palavras, se tentarmos alcançar uma posição de superioridade no território do naturalismo, encontraremos uma versão do paradoxo do mentiroso: um obstáculo para o qual há apenas uma resposta — retorne!

Naturalismo

Isso me faz voltar ao assunto da religião. Explicá-la em termos de sua função reprodutiva é deixar inexplicado e mesmo despercebido o núcleo central do fenômeno, que é o *pensamento* religioso — a tematicidade do ímpeto de sacrifício, da necessidade de adoração e obediência, do tremor daquele que se aproxima do sagrado e das coisas proibidas e que reza para que sejam permitidas.

---

* Thomas Nagel, *Mind and Cosmos*. Nova York: Oxford University Press, 2012.

Claro, é uma falácia afirmar que a explicação para esse pensamento vai ser encontrada em qualquer lugar que não seja nas circunstâncias sociais e biológicas da pessoa a quem ele acontece. Pensamentos religiosos podem ser como os que temos em nossos sonhos, que atribuímos não aos objetos neles representados, mas às coisas que acontecem no sistema nervoso enquanto dormimos. De fato, há culturas nas quais os sonhos são considerados como o veículo principal pelos quais os deuses e seus feitos se tornam públicos. Por esse exato motivo, contudo, elas não compartilham nossas teorias sobre a origem orgânica dos sonhos. Em vez disso, pensam nos sonhos como a entrada a outro reino e aos seres que o assombram.

É fácil ver, ao compararmos com os sonhos, que existe um verdadeiro problema sobre a *epistemologia* dos pensamentos religiosos. A tradição teológica do qual somos herdeiros — começando com Platão e Aristóteles e que atinge o ponto máximo de sofisticação na época medieval, com Avicena, Averróis, Maimônides e Tomás de Aquino — tende a ver que existe um e apenas um único Deus, criador e mantenedor do mundo físico, mas que também transcende o tempo e o espaço e, portanto, não faz *parte* deste mesmo mundo. Se avançarmos para a *Crítica da razão pura*, de Kant, e mais um pouco para a teoria da relatividade de Einstein, chegamos à conclusão de que tal Deus não pode fazer parte do sistema de causas, pois o contínuo espaço-tempo é a matriz na qual as causas ocorrem. Se existe algo como (nas palavras de Eliot) "o ponto de intersecção do eterno com o tempo", isso não pode ser descoberto pela física. E, nesse caso, não pode existir uma conexão causal entre Deus e o que pensamos sobre ele.

Quine e outros pensadores argumentaram que a epistemologia deveria ser "naturalizada", para que assim tenhamos a explicação empírica do nosso conhecimento, em vez de algum suposto campo *a priori* que o apoie.* Segundo eles, devemos olhar de fora para as perguntas epistemológicas, como dúvidas que envolvem a relação entre um organismo e seu ambiente.

---

* W. V. Quine, "Ontological Relativity", *Journal of Philosophy* (1968), republicado em *Ontological Relativity and Other Essays*. Nova York: Columbia University Press, 1969. [Willard Van Orman Quine, nascido em 1908 e falecido em 2000, foi, possivelmente, o maior filósofo da escola analítica do século passado. A obra em questão citada por Scruton não foi publicada no Brasil, mas o leitor pode ter acesso aos seus escritos por meio de dois livros igualmente importantes: *De um ponto de vista lógico* (Editora Unesp, 2011) e *Palavra e objeto* (Vozes, 2010). (*N. do T.*)]

Crenças verdadeiras e percepções verídicas são crenças e percepções que ligam o organismo ao seu ambiente de maneira correta, para assim dar informações confiáveis sobre as suas causas. Ilusões e falsas crenças exemplificam "correntes causais desviantes" e devem ser explicadas de alguma outra maneira que não seja por referência aos objetos representados nelas próprias — como os sonhos são explicados, por exemplo. Por esse ponto de vista, a nossa ontologia consiste de todos os itens que são citados na verdadeira explicação das nossas crenças. Ela não contém as criaturas dos nossos sonhos ou os personagens da ficção nem contém os deuses e os espíritos que assombram nossas vidas, por mais que nos sejam queridos e por mais impossível que possa ser nos libertar da crença na sua existência.

Entretanto, se Deus é um ser transcendental, que está fora do contínuo espaço-tempo, então se trata de uma verdade profunda, até mesmo necessária, o fato de Ele não ter nenhum papel causal a desempenhar nas crenças que o atingem — ou em qualquer outro evento dentro do espaço e do tempo. Se isso é suficiente para excluir Deus da nossa ontologia, então muitas outras coisas também devem ser excluídas. Nós também temos crenças sobre números, equações e outros objetos matemáticos. E eles também estão fora do espaço e do tempo ou, de qualquer maneira, não têm nenhum papel causal no mundo físico. É claro que o status da verdade matemática é, por isso mesmo, controverso. Será que a matemática descreve algum reino transcendental de objetos eternamente existentes? Ou de alguma maneira esboça as leis do pensamento, mas sem nenhum verdadeiro compromisso ontológico? Aqui não é lugar para examinarmos todas essas questões, que absorveram a energia de todas as grandes mentes filosóficas, de Platão até hoje. É suficiente dizer que ocorreram avanços na sofisticação, mas nenhum avanço no consenso, a respeito da verdade matemática. E isso significa que a questão da verdade teológica não pode ser encerrada como se fosse simplesmente o desejo do ateu. Os monoteístas são limitados pela sua própria teologia a aceitar que a explicação causal da sua crença em Deus não pode fazer referência ao Deus em que eles acreditam. Que essa crença deva ser explicada em termos de processos biológicos, sociais e culturais é uma verdade contida na própria crença. Logo, como essas explicações podem mostrar que as crenças são falsas?

A presença verdadeira[6]

Isto não é um argumento a favor da verdade da crença religiosa, mas apenas uma sugestão que tirará o ônus das mãos do fiel. Equivale a exigir que ateus encontrem argumentos dirigidos ao *conteúdo* da crença, em vez de argumentos direcionados às origens dela. Mas, agora, surge um novo problema, muito familiar à teologia judaica, cristã e muçulmana desde a época da Idade Média. Trata-se do problema da presença de Deus, que será meu ponto de partida; por isso, preciso elaborá-lo com cuidado a partir deste momento.

Que Deus está presente entre nós e que ele se comunica diretamente conosco é uma alegação central do Velho Testamento. Esta "presença verdadeira", ou *shekhinah*, é, contudo, um mistério. Deus revela a si mesmo ao se ocultar, como se ocultou de Moisés na sarça ardente, e conforme se oculta dos seus adoradores no Tabernáculo (*mishkhan*) e no Santo dos Santos. Os advérbios *shekhinah* e *mishkhan* vêm ambos do verbo *shakhan*, significando morar ou se assentar: *sakana* no árabe, origem do substantivo usado aqui e ali no Corão (por exemplo, al-Baqara, 2, 248) para descrever a paz ou o conforto que vem de Deus. Morada e assentamento são os temas subliminares da Torá, que conta a história da Terra Prometida e do povo que finalmente habitou nela para construir em Jerusalém o Templo do Senhor, cujo projeto e ritual foram dados a Moisés e que seria o lugar onde Deus moraria. Como a narrativa deixa evidente, não é apenas o povo escolhido que procura um lugar para morar: Deus também procura, e ele só pode habitar entre os homens se estiver ritualmente ocultado deles. Como o próprio Deus diz a Moisés, nenhum homem deve olhar para o meu rosto e viver. E a história atormentada da relação entre Deus e o povo escolhido nos faz entender a verdade terrível, que é a de que Deus *não pode* se mostrar neste mundo, exceto se escondendo daqueles que fez confiarem nele, da mesma forma que fez com os judeus. O conhecimento da sua presença vem com o fracasso de encontrá-lo.

Falando em termos metafísicos, é isso o que devemos esperar. Não é apenas o fato de que a intervenção de um Deus transcendente no mundo do espaço e tempo seria um milagre — embora milagres, por razões esclarecidas nas obras de Spinoza e Hume, não são as exceções simples que seus defensores fazem com que pareçam ser. É mais o fato de que é difícil de encontrar sentido na ideia de que isto, aqui, agora, é uma revelação de um ser transcendente e eterno. Um encontro pessoal direto com Deus, quando ele é entendido na via filosófica de Avicena e Tomás de Aquino, é tão impossível quanto um encontro pessoal direto com o número 2. Agora vemos apenas um reflexo obscuro, como em espelho, escreveu São Paulo, mas, então, veremos face a face. Contudo, por "então" ele quis dizer "além do aqui e do agora", no reino transcendente onde Deus habita. São Paulo parece estar negando a natureza oculta de Deus, mas, na verdade, ele a está afirmando.

E, ainda assim, a experiência da "presença verdadeira" está no coração da religião revelada e é algo fundamental para a liturgia e para o ritual tanto das sinagogas como das principais igrejas cristãs. É muito importante entender esse ponto do nosso argumento. Muitos que escrevem contra a religião (e especialmente contra a religião cristã) parecem pensar que a fé é simplesmente uma questão de crenças interessantes de um tipo cosmológico, preocupadas com a criação do mundo e a esperança da vida eterna. E essas crenças são imaginadas como se de alguma forma rivalizassem com as teorias da física e estivessem expostas à refutação por tudo aquilo que sabemos sobre a evolução do universo. Mas os verdadeiros *fenômenos* da fé não são nada disso. Eles incluem oração e a vida de oração; o amor de Deus e o sentimento de sua presença na vida do fiel; obediência e submissão em face da tentação e das coisas deste mundo; a experiência de certas épocas, certos lugares, certos objetos e certas palavras como algo "sagrado", o que significa dizer, nas palavras de Durkheim, "separado e proibido", reservado para um uso que só poderá ser entendido se assumirmos que essas experiências fazem a mediação entre este mundo e um outro que não foi revelado para nós.

Duas questões extremamente difíceis surgem desses raciocínios. Não são questões que perturbam os fiéis comuns, mas são fundamentais para compreender o que está em jogo na visão religiosa de mundo. A primeira é metafísica, mais precisamente como é possível que o transcendente se manifeste no empírico, que o Deus eterno seja uma presença verdadeira na vida dos seus adoradores mundanos? A segunda é conceitual e diz respeito a sobre qual é o *pensamento* que promove o encontro com as coisas sagradas:

quais conceitos, crenças e percepções definem a intencionalidade da fé? A primeira dessas questões é uma que devo adiar por ora, pois não creio que possa ser respondida até que se esclareça algo a respeito da segunda. Nós pensamos, corretamente, que há algo misterioso e talvez inexplicável sobre a "presença verdadeira", mas ninguém que a tenha experimentado pensa que se trata simplesmente de uma ilusão: ela vem até nós com um caráter autoverificável que silencia o ceticismo, mesmo que exija interpretação. Assim foi a *nuit de feu* [noite de fogo] de Pascal: a noite que aconteceu em 23 de novembro de 1654, quando, durante duas horas, o filósofo francês experimentou a certeza total de que ele estava sob a presença de Deus — "o Deus de Abraão, de Isaque e de Jacó, não o Deus dos filósofos e dos sábios" — em outras palavras, um Deus pessoal, revelado na sua intimidade, não conjurado por argumentos abstratos. *Père juste, le monde ne t'a point connu, mais moi, je t'ai connu* [Pai justo, o mundo nunca o conheceu, mas eu, sim, te conheci], escreveu ele em um pedaço de papel no qual registrou a experiência.[7] São palavras surpreendentes, que só poderiam ser produzidas com total convicção.

Religião e magia

Quando os antropólogos começaram a se interessar pelo assunto da mentalidade religiosa, rapidamente descobriram padrões de pensamento comuns entre os seres humanos, mas ao mesmo tempo difíceis ou impossíveis de serem assimilados pelos fins e métodos da pesquisa científica. Embora Sir James Frazer escreva (em *O ramo de ouro*) como se modos mágicos de pensar tenham começado como uma tentativa de fazer ciência — sendo usados para prever e controlar o alcance das ações humanas —, é muito claro que a magia tanto não representa (como a ciência o faz) o mundo como algo totalmente independente da vontade daquele que procura entendê-la como também quer ordenar os resultados mais do que prevê-los. O primeiro recurso da magia é o feitiço. Ao contrário de uma inferência científica, um feitiço é endereçado diretamente ao mundo natural, ordenando-o que obedeça aos desejos daquele que o lança. Mesmo que o mago precise invocar poderes ocultos para cooptar a colaboração de deuses e espíritos, ele não está tentando descobrir como a natureza funciona ou usar as leis da natureza para produzir algum efeito desejado. Está tentando ultrapassar completamente a previsão, para se dirigir à natureza como se ela fosse um sujeito como ele próprio — como algo que pode se submeter às suas ordens e ser manipulado por suas súplicas.*

Essa tentativa seria acusada por várias pessoas de superstição e idolatria. Mas, mesmo que coloquemos o pensamento mágico de lado, ainda permanece na mentalidade religiosa a reflexão central de outro sujeito, o deus ao qual nossos pensamentos e sentimentos estão direcionados. A presença verdadeira não é a de uma não entidade misteriosa, um fantasma passageiro ou uma visão. É a presença de um sujeito, uma primeira pessoa do singular a quem se pode dirigir, implorar, com quem se pode refletir e a quem se pode amar. Pessoas religiosas podem não acreditar completamente que se dirigem a outro sujeito em suas preces — pois sua fé pode ser fraca ou vacilante, ou talvez entrem no momento sagrado com certa distância estética, ou de uma forma ou outra podem falhar completamente em se render à experiência imediata. Ainda assim, o estado mental delas é "dirigido a um sujeito". Ele tem a intencionalidade particular que permeia todas as nossas atitudes interpessoais e que adere a elas porque são formas de *relação* de uma pessoa para a outra: uma disposição para dar e aceitar motivos, para fazer exigências e também para responder a elas, um reconhecimento de liberdade mútua e todos os benefícios e perigos implicados por ela. Uma disposição, como podemos enfatizar, que lembra a história do Antigo Testamento sobre Jacó e o anjo, de "lutar com Deus" — a ideia contida no significado do nome *Isra-el*.

As pessoas que procuram por Deus não estão em busca da prova da existência de Deus; e nada os ajudaria menos do que serem persuadidos,

---

* O argumento de que a magia é *transcendida* pela religião, pois a primeira atua diretamente sobre a natureza enquanto a segunda invoca um ser sobrenatural que atua em nosso nome, era, na esteira da obra de Frazer, amplamente aceito — ver, por exemplo, as palestras Gifford de W. Warde Fowler publicadas sob o título de *The Religious Experience of the Roman People* (Londres: Macmillan, 1911). Tenho dúvidas de que a distinção atualmente tenha muito peso no pensamento dos antropólogos.

digamos, pela teoria de Tomás de Aquino sobre as Cinco Vias, ou pela versão de Avicena do argumento cosmológico, ou então por qualquer um desses argumentos enganosos que apareceram nos últimos anos, a respeito da improbabilidade de que o universo seja justo como aparenta, e que não há um Deus como seu criador.* Elas não buscam argumentos, mas um encontro de sujeito-com-sujeito, que ocorre nesta vida, mas que também, de alguma forma, vai além dela. Aqueles que afirmam ter encontrado Deus sempre escrevem ou falam nesses termos, como se tivessem encontrado a intimidade de um encontro pessoal e um momento de confiança. As grandes testemunhas disso — Santa Teresa de Ávila, Margery Kempe, São João da Cruz, Rumi, Pascal — certamente nos convencem de que pelo menos uma parte do encontro com Deus está na irrupção dentro da consciência de um estado mental intersubjetivo, mas que se conecta com algo que não é meramente humano. E dentro desse estado mental está o sentido da reciprocidade: o de ter sido atingido pelo Outro, o Eu em direção ao Eu.

Mas isso não é o fim da história. É evidente que ao menos desde Durkheim a religião é um fenômeno *social*, e que a busca individual por Deus responde a um anseio profundo da espécie humana. Os homens desejam "juntar suas forças" com alguma coisa para que não sejam banidos, rejeitados, *geworfen*, meros indivíduos, e que pertençam a algo, mesmo que o preço disso seja a submissão ou *islām*. As pessoas se unem de diversas maneiras, e algumas, como eremitas, procuram estar sozinhas com seu Deus. Mas a tendência usual do anseio religioso é rumo à associação, pela qual quero dizer uma rede de relações que não são nem contratuais nem negociadas, mas que podem ser recebidas como um destino e um presente. Uma das fraquezas da filosofia política moderna é que ela pouco percebe relações desse tipo — as relações de pertencimento que precedem a escolha política e que a fazem possível. Contudo, como argumentarei no capítulo 4, elas são o núcleo de todas as comunidades verdadeiras, e são reconhecidas precisamente por

---

* Ver, por exemplo, Richard Swinburne, "Argument from the Fine-Tuning of the Universe". In: John A. Leslie (org.), *Physical Cosmology and Philosophy* (Nova York: Macmillan, 1990), pp. 160-87. Essa e outras propostas semelhantes são criticadas por Elliott Sober, em "The Design Argument". In: W. Mann (org.), *The Blackwell Companion to Philosophy of Religion* (Oxford: Blackwell, 2004), pp. 117-47.

seu caráter "transcendente" — ou seja, seu caráter surge fora da arena da escolha individual. Durkheim afirmava que você não apenas *acredita* em uma religião, mas que (o que é ainda mais importante) você *pertence* a ela, e que controvérsias sobre doutrina religiosa não são, como uma regra, simplesmente discussões sobre questões confusas de metafísica e, sim, tentativas de fazer um teste viável de filiação, portanto um meio de identificar e excluir os heréticos que ameaçam a comunidade por dentro.

Religião e o sagrado

Todavia, o que distingue filiação religiosa de, digamos, afinidade, nacionalidade, lealdades tribais e a noção de território e de costumes como sendo "nossos"? Durkheim escreve que "uma religião é um sistema unificado de crenças e práticas relativo a coisas sagradas, ou seja, coisas separadas e proibidas — crenças e práticas que se unem em uma única comunidade moral, chamada de 'igreja' para todos aqueles que se juntam a ela". Mas essa definição simplesmente transfere o problema para os conceitos que estão invocados na própria religião, os conceitos do sagrado e da igreja.

A caracterização parentética de Durkheim do sagrado como "separado e proibido" é sugestiva, mas muito longe de ser satisfatória. Nós queremos saber de que maneira as coisas sagradas são separadas e como são proibidas. Elas não são proibidas da mesma forma que o chocolate é proibido pelos nossos pais, ou que dirigir embriagado é proibido pelo Estado. No contexto religioso, aquilo que é proibido para uma pessoa é permitido ou até mesmo ordenado para outra. A hóstia, que é um sacrilégio se for tocada pelo fiel comum, pode, no entanto, lhe ser ofertada pelas mãos de um padre. E, na tradição católica, o fiel é obrigado a tomar o sacramento duas vezes ao ano.

Uma coisa é clara: as velhas teorias de magia, associadas a Sir Edward Burnett Taylor, Frazer e outras escolas de antropologia do século XIX, não explicam o sagrado. Há uma qualidade prosaica na magia, uma característica de aqui e agora e também algo prático, que tem muito pouco ou nada em comum com o espantoso sobrenatural das coisas sagradas. Considerem os exemplos que nos são familiares: a Eucaristia, e os instrumentos associados a ela; as orações com as quais nos dirigimos a Deus; a Cruz, o pergaminho da Torá, as páginas do Corão. Os fiéis se aproximam disso tudo com espanto, não por seu poder mágico, mas porque parecem estar tanto *em* nosso mundo como também fora dele — uma passagem entre o imediato e o transcendental. Estão ao mesmo tempo presentes e ausentes, como o *mishkhan* e aquilo que ele oculta de nós.

Isso de fato parece ser um traço do sagrado em todas as religiões. Objetos, palavras, animais, cerimônias, lugares sagrados; tudo isso parece surgir no horizonte do nosso plano, à procura daquilo que não é deste mundo, pois pertence à esfera do divino, e também em busca do que *está* no nosso plano, para nos encontrar face a face. Por meio das coisas sagradas, podemos influenciar e ser influenciados pelo transcendente. Se há uma presença verdadeira do divino neste mundo, deve ser na forma de algum evento, lugar, momento ou encontro sagrados: pelo menos era assim que nós, seres humanos, acreditávamos.

Há verdade na visão de Durkheim de que, de alguma maneira, as coisas sagradas são proibidas. Mas o que é proibido é tratar uma coisa sagrada como se pertencesse à estrutura comum da natureza: como se ela não tivesse nenhum papel mediador. Tratar uma coisa sagrada desse modo corriqueiro é uma *profanação*.* Um passo além da profanação é a *dessacralização*, na qual um objeto sagrado é deliberadamente arrancado de seu isolamento e pisoteado ou de alguma forma reduzido a seu oposto para que se torne algo malévolo e repugnante. A tradição judaica é rica em exemplos do sagrado: o Templo era, de fato, uma espécie de repositório de objetos sagrados e se firmava como um símbolo da presença protetora de Deus através dos grandes anos de triunfo dos judeus, mesmo mais tarde, quando eles foram capazes de negociar uma autonomia suficiente para manter a Cidade Sagrada como sendo deles. A destruição do Templo pelos romanos em 70 d.C. foi acompanhada por atos de dessacralização, incluindo os vasos sagrados levados por mãos pagãs e a queima de textos

---

* Ver a discussão sobre a distinção entre sagrado/profano na pesquisa feita por Mircea Eliade a respeito dos dados antropológicos, *The Sacred and the Profane: The Nature of Religion* (Nova York: Hartcourt, Brace, 1959). [Ed. bras.: *O sagrado e o profano: A essência das religiões*. São Paulo: WMF Martins Fontes, 2001]

santos. Esses atos foram vividos pelos judeus como um profundo trauma existencial — uma repetição do trauma da primeira dessacralização, ocorrida seiscentos anos antes, que é tema central das Lamentações de Jeremias. A pergunta que ecoava na mente dos judeus quando ocorreram ambos os eventos foi a seguinte: esses objetos sagrados estão sob a proteção especial do próprio Deus — *pertencem* a ele e são de *sua posse*. Essas são as origens de suas santidades. Logo, se ele permite a sua dessacralização, isso acontece porque ele nos abandonou — rejeitou nossos presentes e as práticas pelas quais ensaiamos sua presença entre nós. Esse é o pensamento terrível nas Lamentações, um texto que tenta acertar as contas com a dessacralização do Templo ao vê-la precisamente como um modo de Deus deixar claro o fato de que se separou de todos nós, deixando desprotegidos seu lugar de adoração e seu povo.

Frazer e seus contemporâneos ficaram muito impressionados com o conceito polinésio de tabu, uma palavra que hoje está presente em vários idiomas. Objetos, pessoas, palavras e lugares são tabus quando devem ser evitados, quando não podem ser tocados, aproximados ou talvez até mesmo pensados sem o risco de contágio. Um tabu é *posto* em alguma coisa, como uma maldição; e pode se vincular a qualquer coisa — um objeto, um animal, uma comida, uma pessoa, palavras, lugares, tempos. A ideia anda de mãos dadas com a noção complementar de *mana*, a força espiritual que reside nas coisas e que irradia delas, e em virtude da qual podem provocar mudanças no ambiente humano. Há toda uma visão de mundo contida nas ideias de tabu e *mana*, e não é de surpreender que os primeiros antropólogos tentaram generalizá-las para cobrir todas as religiões. Assim, as leis alimentares que encontramos no livro de Levítico são geralmente referidas como um exemplo de tabu.* E talvez seja nos termos desse conceito que deveríamos buscar compreender o sagrado: algo se torna sagrado quando meios normais de usá-lo são tabu, e quando, em certo uso especial, ele possui um *mana* próprio. Isso não é um avanço?

---

* Embora uma tentativa heroica de justificá-las em termos diferentes e mais espirituais seja feita por Leon Kass em seu brilhante livro *The Hungry Soul: Eating and the Perfection of Our Nature* (Chicago: Chicago University Press, 1999).

Um tabu, acreditava Freud, existe para proibir algo que é intensamente desejado. É a resposta coletiva à tentação individual. A área principal desse tipo de tentação é o sexo, e o tabu principal é o incesto proibido, particularmente o incesto entre filho e mãe — algo que foi transmitido pelo pai primordial a seus herdeiros. Em *Totem e tabu*, portanto, Freud nos apresenta uma teoria da religião primitiva que vai na mesma linha da teoria do complexo de Édipo. Ela tem um corolário interessante: o de que a reverência religiosa e o sentimento do sagrado pertencem à mesma área psíquica do desejo sexual e sua ética associada de pureza e poluição. Freud chega a essa conclusão por meio da controversa, e de fato desacreditada, teoria do complexo de Édipo. Mas trata-se de uma conexão que já foi feita de muitas maneiras através dos séculos — por exemplo, no relato de Dante sobre Beatriz, o objeto proibido de seu desejo erótico, que revela a ele os mistérios do Paraíso.

Hoje, muitas pessoas diriam que o relato de Freud sobre o tabu é fantasioso, um produto da mesma coleção de temas obsessivos e hostilidades que produziu seu relato francamente inacreditável a respeito da sexualidade infantil. Mas há um pensamento interessante por trás da teoria, que é o seguinte: a qualidade proibida das coisas sagradas é uma característica tão estranha, e coloca tamanha exigência psicológica e social sobre aqueles que a recebem, que tudo isso deve ter uma explicação especial. Deve existir um jeito no qual essa ideia estranha *entra* em uma comunidade humana, transformando-a de um agrupamento frouxo de pessoas que competem entre si, para uma unidade social ligada pelo seu sentimento de significado transcendente dos rituais que seus membros compartilham. *Totem e tabu* é, portanto, a teoria da "hominização", da transição da tribo símia para a comunidade humana. De acordo com a teoria, essa transição é feita devido ao pecado original do parricídio, e o seu resultado é que a comunidade inteira fica vinculada por proibições e sujeita ao fardo inconsciente da culpa coletiva. Essa mesma concepção está por trás da igualmente imaginativa teoria do sagrado desenvolvida por René Girard em *A violência e o sagrado* (1972) e trabalhos subsequentes. É válido lembrar-se dessa teoria, já que minha discussão tocará em vários assuntos que a motivam.

Reflexões sobre Girard

Girard parte de uma observação que nenhum leitor imparcial da Bíblia hebraica ou do Corão pode deixar de fazer: a de que a religião monoteísta oferece paz, mas é também profundamente implicada na violência. O Deus que é apresentado nesses escritos é frequentemente furioso, dado a ataques insanos de destruição, e raramente merece os epítetos concedidos a ele no Corão — *al-raḥmān al-raḥīm*, "o compassivo, o misericordioso". ele faz exigências sanguinárias e ultrajantes — como ordenar que Abraão sacrifique seu filho. Essa exigência em particular, fundamental para as três religiões abraâmicas, é destacada por Kierkegaard como a derradeira prova de fé, a qual Abraão deve responder por meio de uma "resignação infinita", reconhecendo assim que tudo, inclusive seu filho, pertence a Deus. Outros pensadores, pelo contrário, veem essa história como uma provocação, um convite para condenar a religião, como uma força que pode se sobrepor até mesmo aos imperativos morais mais vinculantes.*

Entretanto, para Girard, a história tem outro significado. Ela mostra o verdadeiro papel da religião, não como a causa da violência, mas como uma solução, mesmo que tenha de tomar a forma, como acontece aqui, de uma oferenda sacrificial. A violência surge de outra fonte, e não existe sociedade sem ela, visto que é suscitada pela própria tentativa dos seres humanos de viverem juntos como indivíduos, em vez de membros de uma matilha ou de um rebanho. O mesmo pode ser dito sobre a obsessão a respeito da sexualidade: a religião não é a sua causa, e sim uma tentativa de resolvê-la. Nessas reflexões, Girard está próximo de Freud, e, de fato, *Totem e tabu* é um dos trabalhos mais citados em seus argumentos.

Girard vê a condição primordial da sociedade como a de conflito. É no esforço de resolver esse conflito que nasce a experiência do sagrado. Ela nos vem de diversas maneiras — no ritual religioso, na oração, na tragédia —, mas sua verdadeira origem está em um ato da violência grupal. As sociedades

---

* O estudo de Kierkegaard é *Fear and Trembling* (1843) [Ed. bras.: "Temor e tremor". In: Coleção *Os Pensadores*. São Paulo: Editora Abril, 1978]. Para o uso da história contra a religião transmitida por ela, ver Paul Cliteur, *The Secular Outlook: In Defence of Moral and Political Secularism*. Oxford: Wiley-Blackwell, 2010.

primitivas surgem do estado de natureza e do vínculo da vida animal, apenas para serem invadidas pelo "desejo mimético", quando rivais lutam entre si para alcançar suas aquisições sociais e materiais, aumentando assim o antagonismo e precipitando o ciclo de violência. Essa forma humana de violência não é uma "guerra de todos contra todos", do tipo atribuído por Hobbes como o estado de natureza. Já é um fenômeno social, que envolve um forte sentimento do outro como alguém igual a mim. A solução para tal violência é identificar uma vítima, alguém marcado pelo destino como um "desterrado" da comunidade e, portanto, incapaz de ser vingado — que pode ser alvo de uma intensa sede de sangue e enfim levar o ciclo de retribuição ao fim. Apontar bodes expiatórios é o modo como a sociedade encontrou para recriar a "diferença" e, assim, restaurar a si mesma. Ao se unirem contra o bode expiatório, as pessoas são liberadas de suas rivalidades e se reconciliam. Por meio de sua morte, a vítima purga a sociedade de sua própria violência. A santidade oriunda do ato é o eco de longo prazo da reverência, do alívio e da reconexão visceral à comunidade que foi experimentada através da sua morte. Por meio do incesto, da realeza ou do húbris mundano, a vítima marca a si mesma como o *outsider*, aquele que não está entre nós, e a quem podemos, portanto, sacrificar sem renovar o ciclo de vingança. A vítima é, assim, tanto sacrificada como sacralizada, a origem da peste que assola a cidade e a sua própria cura.

Por esse ponto de vista, a experiência do sagrado não é um resíduo irracional de medos primitivos, muito menos uma forma de superstição que um dia será dissipada pela ciência. De acordo com Girard, trata-se de uma *solução* para a agressão acumulada que se encontra no coração das comunidades humanas. Contudo, é uma solução que, na sua versão original, coloca a violência no cerne das coisas. Em um raciocínio muito singular, Girard sugere que Jesus foi o primeiro bode expiatório que entendeu a necessidade da sua própria morte e perdoou àqueles que a infligiram. E, ao se submeter a ela, diz Girard, Jesus deu a melhor prova, e talvez a única prova possível, da sua natureza divina. Ele era o Cordeiro de Deus, a vítima inocente, como também Emanuel, o Deus entre nós, que veio nos libertar da violência que esteve oculta no coração das nossas comunidades.* Sobre ele podem ser

---

* Ver especialmente o argumento desenvolvido em *Le Bouc émissaire*. Paris: Grasset, 1982. [Ed. bras.: *O bode expiatório*. São Paulo: Editora Paulus, 2004]

despejados todos os pecados do mundo — os pecados da inveja, da rivalidade e da malícia —, e ele aceitaria a morte que esses estados de espírito estão internamente desejando. Essa ideia mística é celebrada na Eucaristia cristã, quando os comungantes ensaiam o sacrifício do Deus que tomou os pecados deles sobre si mesmo e, dessa forma, adquiriu seu perdão.

A visão de Girard para a Eucaristia é antecipada no *Parsifal*, de Wagner, como a paz inefável que flui a partir do momento da nossa redenção. O autossacrifício do Redentor transforma conflito em perdão e violência em paz. Esse é o significado da música sublime e tranquila da Sexta-Feira Santa do terceiro ato, uma música que nos traz o rosto sorridente do mundo no dia em que o sacrifício foi feito. A teoria do sacramento de Girard foi também antecipada por Hegel, que escreve que "nos *sacramentos*, a reconciliação é levada ao sentimento, ao aqui e agora do presente e da consciência sensível; e todas as várias ações são abraçadas sob o aspecto do *sacrifício*".* Como Hegel, Girard se deixa levar na descrição das características profundas da condição humana, as quais podem ser observadas tanto nos cultos de mistério da Antiguidade e nos templos locais do hinduísmo, quanto no rito cotidiano da Eucaristia. E também como Hegel, ele deseja destacar a religião cristã para um tratamento especial. Os sacramentos cristãos ensaiam a solução que as explicações anteriores sobre o sagrado não conseguiram encontrar — a do autossacrifício de Deus.

Quaisquer que sejam os seus méritos como um apologeta cristão, a narrativa de Girard não explica o que é considerar algo como sagrado. Ele parte do fato de que o animal sacrificado é visto como sagrado por aqueles que o eliminam. Mas por quê? Sua teoria responde a essa pergunta ou supõe que já está respondida? Recontá-la na linguagem da psicologia evolucionista evita a questão. Você pode descrever um ritual como uma adaptação sem mencionar como os participantes interpretam o que estão fazendo. Você pode simplesmente sugerir que os rituais sacrificiais superam as agressões entre os membros tribais ao fornecer um alvo substituto contra o qual os rivais vão se unir. Portanto, eles perpetuam os benefícios de fazerem parte daquele

---

* G.W.F. Hegel, *Lectures on the Philosophy of Religion*. Org. de Peter C. Hodgson. Trad. do alemão de Hodgson e outros. Berkeley: University of California Press, 1988, p. 193.

grupo. Mas, novamente, há algo que falta na explicação evolucionária, mais precisamente um relato filosófico do *pensamento* no qual as nossas concepções do sagrado são construídas. E isso falta também à teoria de Girard.

Além do mais, não é fácil estender essa teoria às outras áreas nas quais estamos inclinados a falar sobre as coisas sagradas. As ideias do sagrado e do sacramental se ligam ao nascimento, à união sexual e ao casamento, e também à morte rotineira das pessoas comuns — atos colocados à parte, reverenciados (em relação direta com Deus) e que podem ser dessacralizados. Por que esses tópicos não são tão importantes quanto os aspectos mais explicitamente sacrificiais da vida religiosa? Os ritos de passagem são, sem dúvida, mais importantes do que os rituais de sacrifício — talvez sejam, às vezes, a razão para rituais de sacrifício, mas são, em si mesmos, mais necessários para a saúde psíquica e a unidade da comunidade do que o sacrifício do bode expiatório ocasional. O sentimento de sagrado certamente *precede* o ritual de sacrifício e é algo mais primitivo, mais básico, muito mais fundamental à condição humana do que quaisquer fenômenos normalmente chamados para invocá-lo. Isso não significa que os relatos genealógicos de Girard são desprovidos de valor. Eles ajudam a enfatizar traços fundamentais do fenômeno que querem explicar. Mas não o explicam, de fato. Esses relatos têm a característica — algo que analisarei no capítulo 5 deste livro — de um "mito de origem", uma história que representa as camadas da realidade social como fases em um processo temporal.

Ainda assim, agora podemos dizer algo um pouco mais definitivo sobre a intencionalidade da mentalidade religiosa. É uma tentativa de aproximação de sujeito para sujeito; busca uma relação que seja próxima, íntima e pessoal com um ser que está presente neste mundo, apesar de não ser deste mundo; e nesse aproximar-se há um movimento em direção ao sacrifício, no qual tanto o *self* como o outro podem se doar completamente e, portanto, alcançarem uma reconciliação que está além do escopo de qualquer diálogo humano. Talvez essa mentalidade esteja conectada a tais formas primitivas de violência aludidas por Girard. É certo que ela ressoa com as histórias de vítimas sacrificiais e sugere que há raízes para esse estado de espírito que são muito mais sombrias do que podemos facilmente reconhecer nas nossas vidas cotidianas. Mas a característica essencial da mentalidade religiosa é a de uma conscientização intersubjetiva na qual está, de alguma forma, contida a prontidão para o sacrifício. E, ao julgar as religiões, estamos agudamente cientes da extensão dos sacrifícios exigidos e nos perguntamos se eles são os sacrifícios dos outros ou os sacrifícios do nosso eu. Isso certamente, acima de todo o resto, entrou em nossa consciência por meio das ações dos "mártires" islamitas.

A epistemologia do sagrado

A outra grande questão permanece, a da veracidade. *Existe* alguma coisa que responda por essa busca pelo sagrado? *É possível* o eterno estar presente entre nós de um modo que recompense a nossa busca por ele? Não devemos pensar nisso como uma mera questão teológica ou metafísica, pois é uma questão que permeia o próprio sentimento religioso. É a fonte da dúvida religiosa e também o desafio oferecido à fé. Em geral, quando uma comunidade de fiéis determina algum objeto particular, ou um rito, ou palavras como sendo algo sagrado, ela *perde* a presença da coisa em questão, a qual recua para a eternidade assim como fez o Deus de Moisés e de Abraão quando o seu templo foi destruído. O mesmo recuo para o eterno aconteceu, em um determinado período, com o Deus do Corão. Se o Corão é realmente uma revelação de Deus, falado pelo Eterno, perguntam-se os eruditos, então como ele pode existir no tempo, como um texto entre outros, a ser interpretado e aplicado através do raciocínio de meros mortais? Essa questão perturbou particularmente a escola teológica 'Asharite e a conclusão a que os estudiosos chegaram foi a de que o Corão deve ser eterno, fora do tempo e de qualquer mudança, e, portanto, jamais aberto a interpretações ou emendas. Desse momento em diante, o portão da *ijtihad* (interpretação criativa) foi fechado.* Para colocar isso em uma perspectiva cristã, o Corão deixou de ser um registro da presença de Deus entre nós e tornou-se a prova da sua ausência — o rastro deixado para

---

* Ver Robert Reilly, *The Closing of the Muslim Mind*. Wilmington, DE: ISI Books, 2010. [O título do livro de Reilly é uma referência à famosa obra de Allan Bloom, *The Closing of the American Mind*, traduzido no Brasil como *O declínio da cultura ocidental*, Rio de Janeiro: BestSeller, 1989. (*N. do T.*)]

trás assim que ele se despediu para sempre do nosso meio. Os sufistas não aceitaram isso, e as preces e as invocações de Rumi, Hafiz e Omar Khayyam chamavam novamente Deus de Amigo, aquele que se move entre nós, que se encontra conosco neste mundo, mesmo de maneira livre e imprevisível, como o *sakīnah* do Corão. Todavia, para a ortodoxia sunita, que nos diz que Deus revelou-se a si mesmo, mas somente em um livro que existe fora do tempo e do espaço, isso deixa a pergunta da presença de Deus em nosso mundo da mesma maneira que antes — uma questão sem resposta.

Talvez algo similar a isso seja também verdadeiro na tradição protestante. Paul Ricoeur argumentou que a função da religião (e ele quer dizer a religião cristã) em nossa época é completar a expulsão do sagrado da prática da fé — para que possamos confrontar Deus tal como ele é, jamais limitado a um ou a outro momento ou a um ou aquele canto do mundo.* Ainda assim, sabemos que essa extirpação do sagrado não encoraja a fé, mas apenas a retira do solo onde ela cresce. A verdadeira questão para a religião no nosso tempo não é como extirpar o sagrado, mas como redescobri-lo, para que o momento da intersubjetividade pura, no qual nada de concreto aparece, mas no qual tudo fica suspenso no aqui e no agora, possa existir na forma pura e dirigida por Deus. Apenas quando estivermos certos de que esse momento da presença verdadeira existe no ser humano que o experimenta, podemos então fazer a pergunta se isso é ou não uma revelação verdadeira — um momento não apenas de fé, mas de conhecimento e de um dom da Graça.

Em confronto com os céticos

Retornarei ao assunto do sagrado. Mas esses poucos comentários pedem observações que serão importantes para o meu raciocínio nos próximos dois capítulos. Parece-me que existem dois caminhos ao falarmos sobre teologia: o cosmológico e o psicológico. Podemos especular sobre a natureza

---

* Ver Paul Ricoeur, *Figuring the Sacred: Religion, Narrative, and the Imagination*. Org. de Mark I. Wallace. Trad. do francês de David Pellauer. Minneapolis, MN: Augsburg Fortress, 1995.

e a origem do mundo, em busca do Ser de quem a ordem natural depende. E podemos especular sobre a experiência da santidade, na qual os indivíduos encontram outra ordem de coisas, uma intrusão no mundo natural em uma esfera que vai "além" dele. Ambos os caminhos apontam rumo ao supranatural. Não poderia haver uma explicação do mundo como um todo em termos naturais já que a explicação deve ir além do reino da natureza em direção ao seu fundamento transcendental. Não poderia haver uma narrativa da santidade — do "numinoso" — que não relacionasse a experiência com um sujeito transcendental. A experiência de coisas sagradas é, como sugeri, uma espécie de encontro interpessoal. É como se você se dirigisse (e fosse dirigido) por outro Eu, mas um Eu que não possui personificação na ordem natural. A sua experiência tem um alcance "muito além" do reino empírico, rumo a um lugar que está no seu horizonte. Essa ideia é encontrada de forma vívida nos *Upanishads*, em que Brâman, o princípio criativo, é representado como transcendente e universal, e também como *atman*, o *self* pelo qual todos os nossos eus separados aspiram ser absorvidos e unificados.

A resposta cética a essas observações é dizer que elas são ilusórias. É uma ilusão afirmar que o mundo natural tem outra explicação exceto por si mesmo. Pois o que é uma explicação senão a demonstração de que algum fenômeno pertence à ordem natural, a ordem da causa e efeito tal como ela é explicada pela ciência? É uma ilusão afirmar que existem coisas sagradas, momentos sagrados, mistérios divinos, já que explicamos isso como explicamos todo o resto, ao mostrarmos seu lugar na ordem da natureza. Essas experiências surgem da pressão da vida social, que nos leva a ler intenção, razão e desejo em tudo o que nos rodeia, para que, ao não encontrarmos causa humana para aquilo que nos afeta profundamente, imaginamos, em vez disso, uma causa divina.

Se levamos a sério o argumento de Kant na *Crítica da razão pura* e o de Hume nos *Diálogos sobre a religião natural*, então seguramente nós não temos escolha exceto aceitarmos que os dois caminhos rumo ao transcendental — o cosmológico e o psicológico — estão efetivamente bloqueados. Não podemos, por motivos que ficaram claros por Kant, raciocinar além dos limites do nosso próprio ponto de vista, limitado pela lei da causalidade e pelas formas do espaço e do tempo. Não temos acesso à perspectiva transcendente pela qual a questão sobre o fundamento último da realidade seja questionada e faça sentido, muito menos que ela seja respondida. E não podemos, por razões que ficaram claras em Hume, deduzir de nossas experiências religiosas que elas não são ilusões. Para entendê-las, não devemos olhar para elas do ponto de vista de primeira pessoa, mas do de fora — como se fossem as experiências dos outros. E devemos procurar pela explicação natural, a que nos atrairia, como se estivéssemos tentando entender, como um antropólogo faria, os costumes de uma tribo estrangeira. Podemos chegar à conclusão de que a experiência do sagrado é uma adaptação vital, como o horror do incesto. Mas isso nada significa para justificar a perspectiva do fiel religioso, para quem essa experiência é uma janela aberta ao transcendente e a um encontro com o Deus oculto.

Compartilho esse ceticismo até certo ponto. Mas ele não me satisfaz, e direi rapidamente o motivo. Kant está certo ao afirmar que o conhecimento científico mostra o mundo do nosso ponto de vista — o ponto de vista da "experiência possível" — e que está vinculado pelo espaço, pelo tempo e pela causalidade. Ele também está certo, contudo, de que a razão é tentada a ir além desses limites, lutando para agarrar o mundo como um todo e de uma perspectiva transcendente. Kant acreditava que essa tentação levava a contradições, algumas das quais ele expôs no capítulo das "Antinomias" da *Crítica da razão pura*. O seu grande sucessor, Hegel, negava que essas mesmas contradições limitavam a investigação racional. A razão, para Hegel, está constantemente transcendendo seus pontos de vista parciais, na sua jornada rumo à "Ideia Absoluta". A razão almeja que a sua natureza vá em direção a uma espécie de narrativa final das coisas como são, na qual todas as contradições (que são consideradas como tal apenas por meio de uma perspectiva parcial) são superadas. Se Hegel está certo, então o caminho cosmológico aponta para além do limite do mundo como a ciência o descreve, para um lugar onde outro tipo de pergunta pode ser feita, uma pergunta que não pode ser respondida com uma causa, mas apenas com uma razão: o "porquê" feito ao mundo como um todo — a pergunta dirigida a Brâman. Podemos responder tal questão apenas se dermos um relato teológico, em vez de causal, das coisas. Esse relato não fará nenhuma diferença para (e também não terá nenhum contato com) a ciência cosmológica.

Sem dúvida, do ponto de vista científico, crenças e práticas religiosas não podem ser explicadas como o homem piedoso gostaria que fossem. Os dois séculos de racionalização cética, de Diderot a Hume, passando por Feuerbach e Renan, chegando aos psicólogos evolucionistas de hoje, devem nos alertar para a verdade evidente de que a religião é um fenômeno natural como qualquer outro, a ser explicado, em primeiro lugar, nos termos de sua função social e evolucional e, em segundo lugar, nos termos do que acontece dentro do cérebro do fiel. É claro que as religiões oferecem uma narrativa poderosa dos eventos passados e das presenças não vistas, por meio dos quais vai dotar a trivial vida das nossas espécies com uma meta e um sentido. É através dessas ficções que as pessoas compreendem a experiência das coisas sagradas. Mas as ficções não explicam a experiência nem justificam o seu clamor intrínseco para a veracidade.

Ainda assim, há muito a ser dito sobre esse assunto. É claro que existem religiões idólatras e religiões que misturam o natural e o supranatural de forma que esvaziam os dois de sentido. Mas há também religiões que recusam práticas idólatras, que nos convidam a lidar com os momentos específicos de envolvimento no ritual com uma precaução que vai precisamente além do que está presente aos sentidos, em direção à perspectiva existente no limite das coisas, que nos fala do Eu para o Eu. A narrativa de uma religião é como um comentário a esses momentos, um adereço a ser descartado quando a experiência, a *sakīnah*, foi completamente apreendida. Esse "ir além" do momento religioso não é muito diferente, devo sugerir, do anseio transcendente da própria razão. Essencialmente, os caminhos cosmológico e psicológico rumam para o mesmo destino, e ele se encontra no horizonte distante do nosso mundo.

2

Em busca das pessoas

Até o momento, meu raciocínio se preocupava apenas com um grupo de noções complicadas que nem sempre possuem um papel central na experiência religiosa: as noções de sagrado, da presença verdadeira e da procura por Deus neste mundo. Seja lá o que pensamos sobre o significado evolucionista da crença religiosa e o seu papel na seleção natural, temos de reconhecer que há outra função, muito mais transparente, que a religião parece representar: a manutenção da vida de uma pessoa. Cada aspecto da crença e da obediência religiosa contribui para isso. As religiões dão foco e ampliam o senso moral; elas cercam aqueles aspectos da vida nas quais as responsabilidades pessoais estão enraizadas — notavelmente, o sexo, a família, o território e a lei. Elas alimentam as emoções distintamente humanas, como esperança e caridade, que nos elevam acima dos motivos que regem a vida dos outros animais e nos levam a viver pela cultura, não pelo instinto.

Alguns se opõem à religião justamente por esses fundamentos — isto é, porque a fé invade a esfera moral e, de alguma forma, ignora sua reivindicação inerente à nossa obediência. Segundo os humanistas, o que é mais objetável em relação à religião é a tentativa de capturar, em nome de Deus, as fontes morais das quais nós, humanos, dependemos. Assim, de acordo com Feuerbach, o cristianismo confisca as nossas virtudes e as projeta em um reino inacessível de seres celestiais, alienando-nos da nossa própria vida moral.* Contudo, essa crítica é uma faca de dois gumes. Nas mãos de Wagner, a visão de Feuerbach sobre os deuses como projeções das nossas paixões mortais adquiriu um significado novo e redentor. Apenas o que já é espiritualmente transcendente, sugere a música de Wagner, pode ser projetado dessa forma no cenário do Valhalla. Porque os deuses vivem dos nossos sentimentos morais, eles são redimidos através de nós e dependem das nossas paixões sacrificiais. E essas paixões contêm o seu próprio valor moral dentro de si mesmas. A religião não recua diante do poder redentor das nossas paixões, mas dota a vida moral de uma narrativa que revela sua verdade interior.**

O conceito da pessoa

Os deuses não são coisas, nem mesmo animais, apesar de poderem se disfarçar dessa forma, como os deuses do Egito Antigo. Um deus é o objeto de um encontro pessoal. É assim que Isis se revela a Apuleio em *O asno de ouro*. Até mesmo as religiões metafísicas do Oriente colocam o encontro pessoal no centro de seus rituais e suas regras. Os avatares de Shiva e de Krishna vigiam as ruas das cidades hindus, e Krishna se revela a Arjuna, na *Baghavadgita*, ao oferecer um conselho muito pessoal sobre as responsabilidades que incorrem uma batalha. Krishna fala por meio da pessoa do cocheiro de Arjuna, mas ele também fala por Brâman, o Eterno, e está preocupado em insistir no problema de que não temos um modelo, dentro da nossa compreensão humana, para conceber esse ser do qual tudo procede e de que tudo depende, exceto daquilo que seria o *self* — descrito aqui como o *atman*, se usarmos o pronome reflexivo em sânscrito. O fardo do *Gita* é que precisamos colocar

---

* Ludwig Feuerbach, *The Essence of Christianity*. Trad. do alemão de George Eliot, nova edição. Cambridge: Cambridge University Press, 2011. [Ed. bras.: *A essência do cristianismo*. Petrópolis: Vozes, 2004]
** Ver R. Wagner, "Die Religion und die Kunst". In: *Gesammelte Schriften und Dichtungen*. 2. ed. Leipzig: Fritzsch, 1887-88, 10:211. [O leitor pode encontrar, em língua portuguesa, dois livros de Richard Wagner sobre esse assunto: *A obra da arte do futuro* e *A arte e a revolução*, ambos publicados em Portugal pela editora Antígona, respectivamente em 2004 e 1990. (*N. do T.*)]

nossas vidas em devoção ao Ser Supremo. Tudo o que fizemos para dar prioridade à consciência em relação à matéria, para dar poder ao *self* verdadeiro que existe dentro de nós, libertando-nos de todas as preocupações temporais e sensoriais, nos trará perto do *self* universal, o Brâman, que será o nosso refúgio final e lugar de sossego. A doutrina lembra a de Santo Agostinho, em que não temos repouso até descansarmos em Cristo, e a visão de São Paulo sobre o Espírito Santo, que faz um paralelo expresso no trecho 9:28 do *Gita*: "aqueles que me adoram com devoção (*yoga*) habitam comigo, e eu também estou neles." Por todo o *Gita*, é fato que encontramos os dois caminhos para a divindade — o cosmológico e o psicológico — mesclados constantemente em um único modo, como se o conhecimento interior do *self* fosse retrabalhado igual ao conhecimento exterior do princípio divino pelo qual flui o mundo das contingências. A procura pela fundação do mundo é a procura pelo eu que olha para nós de um ponto fora do tempo.

O mesmo ocorre com os budistas, que, quando os tempos estão difíceis, declaram que "se refugiam no Buda, no *dharma* (preceitos) e na *sangha* (comunidade sagrada)", sugerindo que um tipo de devoção pessoal tem precedência sobre o nirvana até mesmo na mais impessoal de todas as grandes crenças. Em todas as suas formas, a religião envolve uma súplica do desconhecido para revelar-se tanto como o objeto e o sujeito do amor. Olhar para Deus é olhar para a pessoa redimida, a quem você pode confiar a sua vida.

O termo "pessoa" vem do latim *persona*, e originalmente se refere à máscara teatral, e, portanto, ao personagem que falava através dela. A palavra foi emprestada pelo Direito Romano para denominar os direitos e os deveres do sujeito que está sob a lei. E encontrou um lar na filosofia, quando Boécio definiu "pessoa" como "uma substância individual de natureza racional", sugerindo que uma pessoa é *essencialmente* uma pessoa, e, portanto, não pode deixar de ser uma pessoa sem deixar de existir. Tomás de Aquino pegou essa definição e reconheceu que ela nos dá uma essência diferente daquela que nos é conferida pela filiação a uma espécie biológica. Assim surge o problema, já reconhecido por Tomás de Aquino, mas que ficou famoso com John Locke, da identidade pessoal. Uma pessoa pode ter uma história diferente do organismo humano em que está? Uma nuvem de pensamentos imaginários apareceu como insetos insanos do cadáver do problema de Locke, e não há uma maneira de recolhê-los agora que o mesmo cadáver está em decomposição.

O mais importante para o presente propósito é refazer o trabalho do conceito de pessoa na filosofia de Kant e de Hegel. Em Kant, a ideia da "substância individual" fica em segundo plano, e a razão surge para substituí-la. A característica principal do ser racional, segundo Kant, não é a unidade substancial ou a capacidade de acompanhar raciocínios, mas a autoconsciência e o uso do "Eu". Por eu poder identificar a mim mesmo na primeira pessoa que estou apto a viver a vida de um ser racional, e este fato me situa na rede de relações interpessoais da qual derivam os preceitos básicos da moralidade. (Ver especialmente as palestras de Kant publicadas como *Antropologia de um ponto de vista pragmático*.) O sujeito autoidentificado é tanto livre transcendentalmente como também dotado da "unidade transcendental de apercepção" — o conhecimento imediato do *self* como um centro unificado de consciência.[1]

Essas ideias requerem uma exposição em termos mais modernos; e o mesmo é verdadeiro sobre os acréscimos que foram feitos por Hegel a partir da visão kantiana. Para Hegel, as pessoas *conquistam* a liberdade e a autoconsciência que as distinguem, e o processo para adquirir esses atributos é o que nos enreda em relações de submissão e de dominação com outras pessoas da nossa espécie e também nos leva ao ponto de reivindicar e estar de acordo com o reconhecimento sobre o qual a ordem moral é estabelecida. Passo a me conhecer como sujeito por meio de um processo de autoalienação, no qual eu me encontro de fora, por assim dizer, como um objeto entre outros. Devo procurar a minha liberdade neste mundo de estranhos e competidores, ao exigir de outros que reconheçam que sou de fato livre e, portanto, devo ser tratado não como um meio, tal qual os objetos são tratados, mas como um fim. No processo dialético em que a liberdade surge, nós trocamos relações de poder por relações de direito e apetites solipsistas por uma vida negociada com os outros. As descrições poéticas e magistrais de Hegel sobre esse processo de conquista* tiveram uma influência duradoura na filosofia e

---

* Ver especialmente *The Phenomenology of Spirit* (1807), no capítulo intitulado "Self-Consciousness", subseção "Lordship and Bondage". [Ed. bras.: *Fenomenologia do espírito*. Petrópolis: Vozes, 2008]

novamente exigem que sejam refeitas em termos mais modernos. Devemos mostrar, particularmente, como a dialética, apresentada por Hegel de forma narrativa, não é um processo no tempo, mas na lógica interna dos nossos estados de espírito: um processo que existe somente no produto.

Compreender e explicar

Devemos começar pelo exemplo em primeira pessoa, visto que os equívocos sobre o sentido do "eu" levaram aos erros mais influentes sobre sua própria referência — inclusive o erro de Descartes, que acreditava que o pronome em primeira pessoa se referia a uma substância não física e não espacial revelada diretamente apenas a si mesma. Uma coisa é imediatamente aparente: que várias afirmações feitas no exemplo em primeira pessoa são epistemologicamente privilegiadas. Quando digo que estou com dor, querendo sair do quarto, pensando em Elizabeth ou preocupado com o meu filho, relato estados de coisas sobre os quais não posso, no caso normal, estar errado, e os quais não tenho que descobrir se existem. Esse privilégio epistemológico parece estar ligado, de alguma forma, com a *gramática* do exemplo na primeira pessoa: alguém que não usou a palavra "eu" para fazer demandas privilegiadas dessa espécie mostraria que não a entendeu. A autoconsciência pressupõe os privilégios de percepção em primeira pessoa, e a existência desses mesmos privilégios é também entendida no nosso diálogo interpessoal.

"Eu" é um termo díctico, como "aqui" e "agora". Contudo, isso não explica as peculiaridades epistemológicas as quais me referi antes. Apesar de haver um sentido no qual não posso identificar erroneamente o lugar onde estou como aqui, e o tempo no que estou falando como agora, não tenho nenhum privilégio especial sobre o que está acontecendo no aqui e no agora, além daqueles privilégios que dependem do meu uso do "eu". Por outro lado, está claro que não há um lugar para termos dícticos na ciência, e que, assim como uma ciência unificada deve substituir qualquer referência ao "aqui" e ao "agora" por posições identificadas em um espaço quadridimensional, ela deve abandonar o uso do "eu". Todavia, como Thomas Nagel apontou, isso leva a um quebra-cabeça único sobre a relação entre mim e o mundo.* Podemos imaginar uma descrição científica do mundo que identifica todas as partículas e todos os campos de força, todas as leis de movimento que governam suas mudanças, e que dá uma identificação completa das posições de tudo em um determinado tempo. Mas, mesmo que essa descrição esteja completa, há um único fato que não é mencionado e que, para mim, é o mais importante: quais desses objetos neste mundo sou eu? Onde estou, no mundo da ciência unificada? A identificação de qualquer objeto no exemplo em primeira pessoa é eliminada pelo empreendimento da explicação científica. Portanto, a ciência não pode me dizer quem sou eu, menos ainda onde, quando e como.

Mesmo assim, não podemos nos enganar em pensarmos que as pessoas têm uma existência puramente "subjetiva", que de alguma maneira as remove do contínuo espaço-temporal. Nós somos pessoas; mas as pessoas também são objetos com quem nos encontramos no mundo da nossa percepção. As pessoas afetam e são afetadas por outros objetos, e existem leis que governam o seu vir a ser e o seu falecer.

Logo, as pessoas são objetos; mas também são sujeitos. Elas se identificam na primeira pessoa, e esse modo de se identificar é uma parte imutável do modo como as descrevemos. Uma pessoa é, para nós, alguém, e não apenas alguma coisa.** As pessoas são capazes de responder à pergunta "por quê?" quando questionadas sobre seu estado, suas crenças, suas intenções, seus planos e seus desejos. Isso significa que, enquanto geralmente tentamos explicar as pessoas da maneira com que explicamos outros objetos no nosso ambiente — em termos de causa e efeito, leis de movimento e de aparência física — também temos outros tipos de acesso ao passado e à conduta futura delas. Somado à *explicação* do seu comportamento, nós queremos *entendê-las*; e o contraste entre explicação e compreensão se torna pertinente para todo o nosso modo de descrever as pessoas e o seu mundo.

---

* Ver Thomas Nagel, *The View from Nowhere*. Nova York: Oxford University Press, 1986. [Ed. bras.: *Visão a partir de lugar nenhum*. São Paulo: WMF Martins Fontes, 2004]
** Ver Robert Spaemann, *Persons: On the Difference between Someone and Something*. Trad. do alemão de Oliver Donovan. Oxford: Oxford University Press, 2006. [No Brasil, foi publicado o seguinte livro de Spaemann: *Felicidade e benevolência — ensaio sobre Ética*. São Paulo: Edições Loyola, 2001.]

A distinção feita aqui pode ser encontrada nos argumentos de Kant sobre a razão prática e na teologia kantiana de Schleiermacher. Mas geralmente as discussões mais modernas começam com Wilhelm Dilthey e sua teoria da *Verstehen*.* Segundo Dilthey, agentes racionais olham para o mundo de duas maneiras contrastantes (embora não necessariamente conflituosas): como algo a ser explicado, previsto e trazido sob leis universais; e como uma ocasião para o pensamento, a ação e a emoção. Quando olhamos para o mundo por esta última maneira, como um objeto de nossas atitudes, emoções e escolhas, o compreendemos através de concepções que usamos entre nós mesmos, e, assim, estamos engajados em justificar e influenciar a nossa própria conduta. Procuramos por razões para ações, os significados e as ocasiões apropriadas a respeito dos sentimentos. Não explicamos o mundo em termos de causas físicas, mas o *interpretamos* como um objeto das nossas reações pessoais. Nossas explicações buscam o motivo em vez da causa; e nossas descrições são também invocações e modos de se expressar.

A tese de Dilthey é tanto difícil de expor como de contradizer; e é justo afirmar que ele mesmo nunca a explicou com a clareza que seria razoavelmente necessária. Nesse aspecto, um exemplo deve ser suficiente. Imaginem uma luta moral entre dois grupos de pessoas, em que um lado finalmente vença a disputa. Tendo eliminado o inimigo, os vitoriosos retornam para casa carregando as armaduras dos derrotados, as quais exibem em um altar e as iluminam com lamparinas que queimam continuamente dia e noite. Por que fazem isto? Você pode imaginar uma explicação em termos da busca por território e o desarmamento daqueles que competem por ele. Mas todas essas explicações biológicas deixam o fato central, em certa medida, misterioso. Por que estão tratando as armaduras dos inimigos desse modo? A resposta é que, para eles, as armaduras são *troféus*. Esse conceito pertence ao raciocínio com o qual podem justificar entre si suas ações. Ele esclarece

---

* Ver especialmente W. Dilthey, *The Formation of the Historical World in the Human Sciences*. In: R. A. Makkreel e F. Rodi (org.), *Selected Works*. Princeton, NJ: Princeton University Press, 2002. v. 3. [Ed. bras.: *A construção do mundo histórico nas ciências humanas*. São Paulo: Unesp, 2010] A melhor introdução que encontrei sobre Dilthey é o verbete a respeito do seu nome encontrado na *Stanford Encyclopedia of Philosophy*, disponível gratuitamente pela internet.

o que os vencedores estão fazendo ao responderem a questão "por quê?". E expressa uma razão que é objeto de conhecimento imediato nas mentes dos próprios soldados. O conceito do troféu pertence ao *Verstehen*. Não denota uma propriedade do objeto que poderia figurar em qualquer ciência física da sua natureza; e sim faz com que esse objeto se conecte com as razões, os desejos e os motivos dos agentes que estão fazendo uso dele.

Verstehen não deve ser visto simplesmente como um meio alternativo de conceituar o mundo — embora seja isso. É um modo de conceitualizar o mundo que surge do nosso diálogo interpessoal. Quando estou me dirigindo a você como um "eu" igual a mim, descrevo o mundo em termos do útil, do belo e do bom, orno as liberações dos sentidos de cores emocionais, chamo sua atenção a coisas sob descrições como graciosa, delicada, trágica e serena. Na ciência, descrevemos o mundo para os outros; no *Verstehen*, descrevemos o mundo *pelos* outros e o moldamos de acordo com as exigências do encontro eu-você, do qual dependem nossas vidas pessoais. Para usar uma expressão de Edmund Husserl, *Verstehen* é algo dirigido ao *Lebenswelt*, o mundo da vida, o mundo aberto à ação e organizado pelos conceitos que definem os nossos atos.

Em um artigo de filosofia analítica hoje famoso,* Wilfrid Sellars diferenciou a "imagem manifesta" do mundo — a imagem representada em nossas percepções e nas razões e motivos que comandam nossa reação a ela — e a "imagem científica", que é o relato que emerge da tentativa sistemática de explicar o que observamos. As duas imagens não são comensuráveis — não há uma correspondência direta entre elas e características que pertencem à imagem manifesta podem desaparecer da ciência. Assim, cores e outras qualidades secundárias, que pertencem ao modo como percebemos o mundo, não figuram assim nas teorias da física, que se referem, em vez disso, a comprimentos de onda de luz refratada. Em seus escritos seguintes, Sellars distinguiu o espaço da lei, no qual eventos são representados de acordo com as leis da física, do espaço dos motivos (ou das razões), em que os eventos são representados de acordo com as normas de justificação e raciocínio que

---

* "Philosophy and the Scientific Image of Man". In: *Science, Perception and Reality*. Austin, TX: Ridgeview, 1963.

governam a ação humana. Essas ideias foram elaboradas em um trabalho mais recente de John McDowell e Robert Brandom, e eu suspeito que muito do que tenho a dizer encontrará um eco em seus escritos.* Contudo, acredito que a distinção feita por Sellars não vai ao centro da nossa categoria como sujeitos — a de que há, subjacente a seu relato da "imagem manifesta", uma teoria insuficiente do exemplo em primeira pessoa e o seu papel no diálogo interpessoal. Portanto, eu devo continuar no caminho que me parece mais imediatamente promissor, fazendo referências a Sellars e a seus discípulos, mas indo além de seus raciocínios específicos. Em particular, usarei a expressão de Husserl e me referirei ao *Lebenswelt*, em vez da imagem manifesta, em parte porque quero enfatizar que a distinção entre o mundo da ciência e o mundo em que vivemos é tanto um assunto de razão prática como de percepção.

Dualismo cognitivo

Entretanto, seguirei Sellars sob um aspecto. Desenvolverei uma espécie de dualismo cognitivo, de acordo com o qual o mundo pode ser compreendido em duas vias incomensuráveis, o caminho da ciência e o caminho do entendimento interpessoal. Existem outros precedentes na Filosofia para a sugestão que quero fazer. Talvez Spinoza tenha sido o primeiro a argumentar que o mundo é uma *única* coisa, visto de duas (*pelo menos* duas) formas diferentes.** O pensamento e a extensão eram, para Spinoza, dois atributos de uma única e unificada realidade. Ambos constituíam uma forma completa de conhecimento: poderíamos conhecer o mundo como uma extensão, por meio do estudo da física. E através desse estudo poderíamos conhecer, eventualmente, tudo o que há para ser conhecido.

---

* John McDowell, *Mind and World*. Cambridge, MA: Harvard University Press, 1994; Robert Brandom, *Reason in Philosophy: Animating Ideas*. Cambridge, MA: Harvard University Press, 2009.
** Eu falo por alto sobre se Spinoza achava que Deus tinha *infinitos* atributos, dos quais apenas dois nos são conhecidos: ver a discussão em meu *Spinoza: A Very Short Introduction*. Oxford: Oxford University Press, 1986. [Ed. bras.: *Espinosa: uma introdução*. São Paulo: Edições Loyola, 2002]

Mas a ciência que resulta disso não faria nenhuma menção de ideias ou da mente como o seu veículo. Da mesma forma, por meio do estudo de ideias, poderíamos conhecer o mundo como pensamento, e através desse estudo também poderíamos conhecer tudo o que há para ser conhecido. Porém, os dois estudos seriam incomensuráveis. Não poderíamos ir de um para o outro e novamente de volta, assim como não poderíamos passar de uma descrição de um rosto pintado à descrição de pinceladas coloridas e voltar novamente, esperando que se tenha um relato completo de um quadro. A analogia com a pintura é imperfeita, mas nos ajuda a ver como o que é uma coisa quando vista como um todo pode, todavia, ser entendida em detalhe de duas maneiras incomensuráveis.*

A abordagem de Kant é parecida. O nosso mundo, argumenta ele, pode ser interpretado do ponto de vista da compreensão, no qual o conhecemos como uma rede de conexões causais disposta no tempo e no espaço e sujeita a leis universais e necessárias. Mas alguns itens dentro deste mundo podem ser vistos, e de fato devem ser vistos, de uma outra maneira, da perspectiva da razão prática. Isso significa, do ponto de vista da compreensão, que eles estão sujeitos a leis biológicas que determinam o seu comportamento e que mostram que são, do ponto de vista da razão prática, um agente livre, obediente às leis da razão. Esses dois pontos de vista são incomensuráveis: isto é, não podemos deduzir de um deles uma descrição do mundo como visto pelo outro. Muito menos podemos entender como um mesmo objeto pode ser apreendido por ambas as perspectivas. De fato, talvez seja mais correto dizer que a coisa que a compreensão vê como um objeto, a razão vê como um sujeito, e que esta misteriosa identidade de sujeito e objeto é algo que sabemos que existe, embora não possamos entender *como* existe, já que não temos nenhuma perspectiva que nos permita entender ambos sujeito e objeto em um único ato mental.

Dualismo cognitivo, seja do modo spinoziano ou kantiano, é algo intrigante.** Parece tanto algo que afirma como algo que nega a unidade do

---

* Sobre a relevância da analogia para Spinoza, ver *ibid*.
** E há outra forma para isso, não menos intrigante, descrita por Donald Davidson como "monismo anômalo". Ver "Mental Events". In: *Essays on Actions and Events*. 2. ed. Oxford: Clarendon Press, 2001.

real, afirmando e negando que nós, seres humanos, somos parte da ordem natural. Mesmo assim, podemos aceitar, sem nenhuma contradição, alguma versão dele, desde que reconheçamos a prioridade *explanatória* da ciência. Descrever a "ordem da natureza" nos termos de uma ciência completa e unificada é dar uma resposta sistemática para a questão "o que existe?". Mas o mundo pode ser conhecido de outra maneira, por meio da prática do *Verstehen*. O mundo conhecido nessa outra via será um mundo "emergente", representado pelo aparato cognitivo daquele que o percebe, mas emergindo *da* realidade física, assim como o rosto emerge dos pigmentos das telas, ou a melodia aparece da sequência dos sons afinados. A relação de "emergência" é não simétrica. A ordem da natureza não vem da *Lebenswelt*; é algo, como podemos dizer ao usar a terminologia de Strawson, "anteriormente ontológico": sua própria existência é pressuposta pelo *Lebenswelt*, mas não vice-versa.*

Disso tudo surge a crença de que a ordem da natureza é *tudo o que realmente existe*. Mas chegar a essa conclusão seria um erro, por dois motivos. Em primeiro lugar, o *Lebenswelt* é irredutível. Nós entendemos e nos identificamos com ele ao usarmos os conceitos de ação e de responsabilidade que não têm lugar nas ciências físicas; para usar os termos de Sellars, o *Lebenswelt* existe no "espaço das razões" e não no "espaço da lei". Em segundo, esses conceitos de ação e de responsabilidade estendem-se além do horizonte da natureza, como se colocasse a questão que a ciência não consegue formular — a pergunta "por quê?" feita ao mundo como um todo. Essa mesma questão abre a possibilidade de que a ordem da natureza é, por sua vez, dependente. A natureza não precisa de uma explicação causal, mas talvez precise de um relato racional.

Um exemplo é útil neste momento do nosso raciocínio. Tome como exemplo o tema simples que abre o Concerto para Piano nº 3 de Beethoven. Do ponto de vista da ciência, ele consiste em uma série de sons afinados, um atrás do outro, cada um identificado por sua frequência. Mas nós não ouvimos uma sequência de sons afinados. Ouvimos uma melodia, que começa na primeira nota e sobe de dó para sol, via mi bemol, e então desce

---

* Ver capítulo 1 do livro *Individuals*, de Strawson (Londres: Routledge, 1956).

até o ponto de partida. Mas, de alguma forma, o movimento não parou, e Beethoven decide afirmá-lo com duas pausas enfáticas entre a dominante e a tônica. Então vem uma frase em resposta, desta vez harmonizada, levando-a ao lá bemol, construída como uma nona menor dissonante no acorde de sol. Ouvimos um acréscimo inesperado na tensão, e uma forte força gravitacional que puxa aquele lá bemol descendo para sol, apesar de a melodia não parar aí, uma vez que procura pela resposta das duas pausas tônica-dominante que ouvimos anteriormente, e encontra essa resposta em outro par de pausas, ainda que, desta vez, esteja em sol.

Seria possível continuar a descrever esses poucos compassos por todo um livro e não exaurir o que eles contêm de significado musical. Contudo, o ponto que quero enfatizar é que você não pode descrever o que acontece neste tema sem falar do movimento no espaço musical, de forças gravitacionais, de respostas e de simetrias, de tensão e liberação, e assim por diante. Ao descrever a *música*, você não está descrevendo os *sons* que se ouve em uma sequência; está descrevendo uma espécie de ação no espaço musical onde as coisas se movem para cima e para baixo em resposta uma a outra e que vão contra campos de força resistentes. Esses campos de força ordenam o espaço unidimensional da música, algo parecido com o modo em que a gravidade ordena o contínuo espaço-temporal. Ao descrever sons afinados como música, estamos situando-os em uma outra ordem de eventos e não na ordem da natureza.*

Um especialista em acústica poderia lhe fazer um relato completo deste tema musical — um relato que lhe permitiria reproduzi-lo ao seguir suas instruções — sem mencionar ou até mesmo escutar qualquer movimento no espaço musical. Tal especialista descreveria sequências de sons afinados, não os tons musicais. O técnico em acústica e o ouvinte musical apreendem o que escutam de dois modos diferentes. Cada modo é cognitivamente completo —

---

* O espaço para o qual chamo atenção aqui é um espaço fenomenológico, não um espaço "geométrico" — ou seja, não se trata de simplesmente mapear eventos musicais em pontos localizados em um contínuo. Tal mapeamento é possível. Ver, por exemplo, Dmitri Tymoczko, *A Geometry of Music* (Nova York: Oxford University Press, 2010). Mas sua existência diz nada sobre o que ouvimos ao escutarmos música. Ver a resenha que fiz sobre Tymoczko em *Reason Papers* (2012). Faço um relato completo do espaço musical em *The Aesthetics of Music* (Oxford: Oxford University Press, 1997).

o que significa que apreende e ordena tudo o que está ali. E os dois modos são incomensuráveis, no sentido de que uma apreciação parcial que ocorre em um deles não pode ser completada por uma apreciação parcial que ocorre com o outro. Uma descrição do tema que nos fala sobre sua ascensão por meio de uma tríade menor que vai de dó a sol e depois é sucedida por um som com 1/3 da duração do som anterior afinado em 349.2 hertz *rompe* o que estava sendo descrito (o movimento no espaço musical) e vai para outra direção (a que é exigida pela ordem da natureza, que é também a ordem dos sons afinados). Há um paralelo aqui com as pinturas. Você pode descrever completamente um quadro nos termos do sujeito representado, que é *visto* na distribuição das manchas coloridas. Mas você não pode mudá-lo de uma descrição do sujeito para uma descrição de pixels em um gráfico de duas dimensões e vice-versa, e ainda estar descrevendo o que é visto.

A incomensurabilidade se estende até mesmo aos objetos básicos a serem descritos. O que, de um ponto de vista acústico, é uma coisa, talvez seja, do ponto de vista musical, duas coisas. Assim, em uma fuga tocada em um teclado, duas vozes podem coincidir em uma única nota, criando um único som. Mas, nesse mesmo único som, escutamos dois tons distintos, movimentando-se em duas direções e pertencendo a duas linhas melódicas. Ao contrário do que pensamos, o que é acusticamente plural (uma reunião de notas simultâneas) pode ser musicalmente singular (um acorde). Isso é muito óbvio no exemplo de Beethoven, onde uma passagem de acordes responde a uma passagem de uníssonos e de oitavas, para que escutemos os acordes como se fossem indivíduos musicais, do mesmo modo que ouvimos as notas que os precedem.

Agora, se alguém quisesse inventar uma máquina capaz de tocar o concerto de Beethoven exatamente como escutamos, não o ajudaria nada a descrição do seu movimento no espaço musical. Mas lhe seria útil uma análise das afinações e de suas respectivas durações. Poderia transcrever essa análise em uma marcação digital adequada e usar o resultado para programar um aparelho capaz de produzir sons afinados aos ouvintes e assim eles escutariam o mesmo que ouvem em uma sala de concerto. De fato, isto é o que acontece com a arte da gravação. Alguém pode ser um engenheiro de gravação absolutamente brilhante, mas sem nem um pouco de ouvido musical, escutando na música apenas as sequências de sons afinados. O reducionista argumentaria que, portanto, a música é *nada além* da sequência dos sons afinados, uma vez que, se você reproduzir a sequência, reproduzirá a música. A resposta seria falar o seguinte — claro, é disto que a música depende, da sua emergência na sequência de sons. Os sons são "ontologicamente prévios". Mas para escutar a música não é suficiente apenas perceber os sons. Ela é inaudível, exceto para aqueles com a capacidade cognitiva de ouvir um movimento no espaço musical, uma orientação, a tensão e a liberação, a força gravitacional nas notas do baixo, a direção, ação e meta das melodias e assim por diante. Essas coisas que escutamos na música não são ilusões: alguém que é incapaz de escutá-las não escuta o que existe para ser ouvido, assim como alguém que falha ao ver o rosto em um quadro falha ao ver tudo o que está ali para ser visto. Certamente, a música é parte do mundo real. Mas ela é percebida apenas para aqueles que são capazes de conceitualizar e responder ao som de modo que ele não tenha um papel a desempenhar na ciência física da acústica.

Seria de extrema ajuda, neste ponto do nosso raciocínio, registrar um protesto contra aquilo que Mary Midgley chama de esquema do "nada além" [*"nothing buttery"*]. Existe um hábito disseminado de declarar as realidades emergentes como algo que são "nada além" daquilo que nós percebemos. A pessoa humana é "nada além" de um animal humano; a lei é "nada além" de relações de poder; o amor sexual é "nada além" do desejo de procriação; o altruísmo é "nada além" do que a estratégia genética dominante descrita por Maynard Smith;* a *Mona Lisa* é "nada além" do que pigmentos espalhados em uma tela; a Nona Sinfonia é "nada além" do que uma sequência de sons afinados com timbres variados. E por aí vai. Livrar-se desse hábito é, a meu ver, a verdadeira meta da filosofia. E, se conseguirmos nos livrar dele quando estamos lidando com as coisas pequeninas — sinfonias, quadros, pessoas —, conseguiremos nos livrar disso quando lidarmos também com as grandes coisas: notavelmente, quando lidamos com o mundo como um

---

* Ver J. Maynard Smith, "Group Selection and Kin Selection". *Nature*, n. 201, pp. 1145-7, 1964; e do mesmo autor, *Evolution and the Theory of Games*. Cambridge: Cambridge University Press, 1982.

todo. E então podemos concluir que isso é tão absurdo de se dizer como se o mundo não fosse nada além da ordem da natureza, assim como a física o descreve, e afirmar que a *Mona Lisa* é nada além do que pigmentos espalhados. Chegar a essa conclusão é o primeiro passo para a busca por Deus.

Retornemos agora ao exemplo das pessoas. O dualismo ontológico de Descartes sobreviveu até os tempos mais recentes como a visão sobre a qual a consciência não poderia ser reduzida a qualquer processo físico, e que a relação entre o cérebro humano e a mente humana não poderia ser decifrada ou eliminada por qualquer ciência puramente biológica. A consciência sempre seria "deixada para trás" de qualquer relato puramente físico da ação e do pensamento humanos, e sua rapidez e transparências peculiares seriam uma espécie de resíduo irredutível de uma explicação neurológica. As razões para manter essa posição eram muitas; mas as duas mais importantes foram a fenomenologia em primeira pessoa e a intencionalidade. Os dualistas argumentam que a introspecção revela um caráter interior irredutível aos nossos estados mentais, um *quale* que não pode ser classificado por qualquer teoria física. Além disso, os estados mentais têm a característica peculiar de "direcionalidade" ou "tematicidade" que não podem ser reduzidos a qualquer relação entre eventos físicos ou coisas, mas são inteiramente *sui generis* e uma marca do que é mental tal como o conhecemos.

Qualia

Parece-me que nenhuma dessas considerações é suficiente para justificar o dualismo ontológico cartesiano. A primeira consideração despreza dois fatos importantes: o de que a consciência é algo diferente da autoconsciência, e que a autoconsciência não é a consciência de um tipo especial de objeto. É evidente que consciência é distinta da autoconsciência — considere os animais não humanos, muitos dos quais são conscientes, mas poucos, se é que eles existem, são autoconscientes. Não podemos nos responsabilizar pelo comportamento dos cachorros e dos gatos se não admitirmos que eles têm percepções, sensações, assim como atitudes apetitivas e cognitivas. Todos são estados conscientes — pelos quais queremos dizer que envolvem a noção do ambiente e da própria condição da criatura. Ainda assim, não há espaço nas nossas explicações de tais criaturas para a essência interior da coisa [*whatness*] ou o *quale* dos seus estados mentais, e, embora possamos, com Thomas Nagel, levantar a questão do que é ser um morcego, não há uma resposta para ser dada em termos de *qualia*.* O que Wittgenstein chamaria de "gramática" do "como é" funciona de outra maneira. A frase não denota uma qualidade publicamente inacessível de uma experiência; ela resume o que sabemos ao termos uma experiência e o que imaginamos ao a imaginarmos. "Como é" refere-se ao "conhecimento pelo entendimento", e "saber como é" engolir um caracol é justamente ter engolido um.** Não se trata do sentimento interior especial, o ser um morcego, da experiência do morcego que nos diria como é ser um morcego. É *a forma de vida* do morcego, a qual conhecemos por observação, mas da qual não podemos participar. Sabemos que os cachorros sentem dor e que essa experiência é ruim e uma ocasião propícia para a misericórdia e o resgate. Mas não temos fundamento para supor que há alguma coisa que acontece com o cão machucado além daquilo que é observado ao olho da ciência: dor é algo que podemos ver, assim como vemos alegria, depressão e desejo.

A ideia da "essência interior de uma coisa" [*whatness*], ou o *quale*, ganha vantagem somente do exemplo de *auto*consciência — a consciência das criaturas que, como eu, podem *dizer* o que estão sentindo, e que possuem uma percepção imediata e criteriosa do seu próprio estado mental. É a existência deste "ponto de vista subjetivo", consagrado no uso do "eu", e na atribuição em primeira pessoa dos estados mentais, que inicia a crença de que há alguma coisa a *mais* em relação a um estado mental do que o que pode ser descoberto por meios físicos. No meu próprio exemplo, como tentei demonstrar, eu sou apresentado ao processo interno *como ele é dentro de si mesmo*, e isso me mostra algo que jamais pode ser observado por outro, pela razão de estar disponível apenas pela via da introspecção.

---

* Ver "What Is It Like to Be a Bat?". In: *Mortal Questions*. Oxford: Oxford University Press, 1982. [Ed. bras.: "Como é ser um morcego". Trad. de Paulo Abrantes e Juliana Orione. In: *Cadernos de História da Filosofia da Ciência da Unicamp*, Campinas, Série 3, v. 15, n. 1, pp. 245-62, jan.-jun. 2005. O texto pode ser encontrado no seguinte endereço: <http://www.cle.unicamp.br/cadernos/pdf/Paulo%20Abrantes(Traducao).pdf>. (N. do T.)]

** Ver a minha discussão sobre esse ponto em *Art and Imagination*. Londres: Methuen, 1974, pp. 105-6.

Essa visão do exemplo em primeira pessoa foi pacientemente e, no meu entender, definitivamente demolida por Wittgenstein nas *Investigações filosóficas*, mesmo que já tenha sido feito no capítulo dos "Parologismos" da *Crítica da razão pura*, em que Kant aponta a falácia que envolve a construção da autoconsciência como a consciência de um determinado tipo de *objeto* que se destaca dos outros objetos no nosso mundo físico compartilhado. É verdade que cada pessoa tem um conhecimento privilegiado do seu atual estado mental, e que está imediatamente ciente de todo o alcance dos estados mentais que ele pode atribuir a si mesmo sem base nenhuma. A ilusão persiste de que, portanto, há algum fato especial sobre esses estados mentais, um brilho interno, como se fosse revelado apenas para si mesmo e que ele é capaz de registrar porque é imediatamente presente em sua consciência de um modo que nenhum objeto ou evento físico poderia surgir. E mais: supõe-se que esse *quale* interior é precisamente o que seria *mental* em cada estado mental. Assim, nessa visão, a "vida interior" é *essencialmente* interior: inobservável para os outros e conduzida em um mundo próprio.

Não é nada fácil dissipar essas ilusões. Mas sua característica ilusória é feita de maneira belíssima por Wittgenstein nas seções das *Investigações filosóficas*, às vezes conhecidas como "o argumento da linguagem privada".*
A conclusão a ser tirada desses trechos é que o conhecimento em primeira pessoa do mental é conhecimento sobre *base nenhuma; a fortiori*, ele não é o conhecimento de algo inobservável pelos outros. A mente está lá fora e é observável; mas, para observá-la, devemos usar outros conceitos, e fazer outras conexões, do que aquelas usadas e feitas pelas ciências naturais.

Defender essa posição não é negar que nossas experiências têm qualidades, ou que elas podem ser comparadas qualitativamente. Atribuímos qualidades para muitas das nossas experiências não por olharmos para dentro, mas por olharmos para fora, para as qualidades secundárias dos objetos.

---

* Ludwig Wittgenstein, *Philosophical Investigations*. Oxford: Oxford University Press, 1952, pt. 1, sessões 220 et seq. [Ed. bras.: *Investigações filosóficas*. Petrópolis: Editora Vozes, 2004]. Dou uma versão desse argumento no capítulo 4 de *Modern Philosophy* (Londres: Sinclair-Stevenson, 1994). Ver também a forte negação dos *qualia* dada por Michael Tye em *Consciousness, Color, and Content* (Cambridge, MA: MIT Press, 2000). Para uma visão sobre a atual e prodigiosamente abundante literatura sobre os *qualia*, ver o artigo de Michael Tye com o mesmo nome na *Stanford Encyclopedia of Philosophy*, disponível na internet.

Ver a cor vermelha é uma experiência visual distinta; mas descrever essa experiência é descrever como são as coisas vermelhas, o que, por sua vez, requer um ato de ostentação. Coisas vermelhas são coisas que são *assim*; e ver a cor vermelha é uma experiência visual que se tem quando você olha para alguma coisa *assim*. Olhar a cor vermelha é diferente de olhar a cor verde porque as coisas vermelhas são diferentes das coisas verdes. Sem dúvida, isso traz a questão sobre as qualidades secundárias — será que elas realmente estão ali, *nas* coisas que parecem as possuir? Tendo para a visão de que qualidades secundárias são disposições para extrair experiências do observador normal, mas essas mesmas experiências devem, por outro lado, ser identificadas por meio das qualidades das coisas que percebemos. A circularidade desse relato é, para mim, uma circularidade virtuosa e não viciosa.* Enquanto isso, devemos observar que, para vários estados mentais, não *há* nenhum "como é" ser neles. Não há nada de "como é" em acreditar que o dióxido de carbono é um gás, imaginar se a Lua é feita de queijo, admirar Jane em vez de Mary, duvidar das provas de Justin, entender o teorema de Pascal, ou até mesmo ler esta frase. Ainda assim, esses estados mentais fazem parte da vida interior tanto quanto sensações e percepções.

Intencionalidade

Parece-me que estes argumentos destroem os fundamentos para se pensar na consciência como um resíduo peculiar, um brilho interno que, de alguma forma, está ligado a eventos e processos que, do contrário, são descritos na linguagem e em teorias que descrevem a realidade física. Mais complicado, contudo, é o segundo argumento para um profundo dualismo ontológico: o da intencionalidade. Ele impressionou tanto Franz Brentano, que, ao colocá-lo logo no início do seu livro, propondo-se alinhavar a "psicologia de um

---

* Ver o argumento sobre sons em Scruton, *The Aesthetics of Music*, cap. 1. Para reflexões interessantes sobre o modo como a experiência subjetiva e as qualidades secundárias estão mutuamente interrelacionadas, ver Colin McGinn, *The Subjective View: Secondary Qualities and Indexical Thoughts* (Oxford: Oxford University Press, 1983) e Tye, *Consciousness, Color, and Content*.

ponto de vista empírico", se viu incapaz de ir adiante. Pois isso colocava um obstáculo insuperável para qualquer investigação empírica dos estados psicológicos. (Ver *A psicologia de um ponto de vista empírico*, v. 1 — o volume 2 jamais apareceu.) Simplificando as coisas, os estados mentais — ou de qualquer forma um conjunto central e crucial desses mesmos estados — são *sobre* coisas além de si mesmas, e essa relação de tematicidade parece não existir na realidade física. Posso pensar sobre o que não existe; eu posso querer, imaginar e decidir sobre coisas que não possuem um lugar concebível no mundo físico ou as quais, se de fato existirem ali, podem ser algo completamente diferente do que eu pensei que fossem. Posso focar os meus estados mentais em objetos que são indeterminados, mesmo que tudo o que é real seja determinado, e assim por diante. Logo, como estados mentais podem ser parte da realidade física, quando estão ligados numa relação de "tematicidade" que não pode ser seguramente vinculada ao mundo físico?

Duas respostas contemporâneas a essa questão ajudam a dissipar sua urgência: as de Daniel Dennett e de John Searle.* Dennett argumenta que expressões intencionais — como aquelas que envolvem atribuir crenças, desejos e intenções — têm um papel *explanatório*. Podemos explicar o comportamento de um organismo mais facilmente se conceitualizarmos o seu comportamento desse modo, e, ao fazer isso, tomamos uma "postura intencional" em relação a ele, interagindo com ele assim como interagimos um com o outro, perguntando o que ele quer e o que pensa, e assumindo que, em geral, o que quer é bom para ele mesmo e o que pensa é verdadeiro. A possibilidade de adotar essa postura intencional, sugere Dennett, de nenhuma maneira implica que estamos lidando com um objeto não físico, ou de que o comportamento que nos interessa não pode ser explicado de modo mais mecanicista, ou em termos de algum processo computacional escondido da visão do dia a dia. Afinal, podemos nos relacionar mais facilmente com nossos computadores se os descrevemos como pensando isto e querendo aquilo; para Dennett, podemos até mesmo ter uma postura intencional com

---

* Daniel C. Dennett, *The Intentional Stance*. Cambridge, MA: MIT Press, 1989; J.R. Searle, *Intentionality: An Essay in the Philosophy of Mind*. Cambridge: Cambridge University Press, 1983 [Ed. bras.: *Intencionalidade*. São Paulo: Martins Fontes, 2006]; *Rationality in Action*. Cambridge, MA: MIT Press, 2001.

um termostato, que "tenta" restaurar a temperatura de um quarto quando "pensa" que está muito quente, e assim por diante.

O argumento pressupõe que a criatura que está *tomando* da postura intencional — aquela que é capaz de interpretar o mundo desse modo, em termos de pensamento, percepção e desejo — pode ela mesma ser explicada de forma não intencional, que a "postura" é apenas uma postura, e que cada objeto em direção ao qual essa postura é apropriada pode ser compreendido de outra maneira, como um sistema computacional. Mas essas entidades que podem ser explicadas assim — termostatos e computadores, por exemplo — são precisamente aquelas que reconhecemos como sendo *outros* em relação a nós, máquinas sobre as quais estamos *projetando* o nosso próprio equipamento mental no que sabemos nos nossos corações serem uma metáfora elaborada.

Portanto, precisamos de mais um argumento, um que elimine inteiramente a postura intencional ou que mostre a intencionalidade como uma propriedade de sistemas físicos. O segundo caminho é feito por Searle, e também por Fodor e outros defensores da "teoria representacional da mente".[2] A resposta deles é apostar que a intencionalidade é uma característica notável das coisas que a possuem, mas argumentar isso não mostra que as coisas que a possuem não são também *físicas*. Não seria uma frase escrita uma coisa física? Será que os animais não podem existir nos estados do sistema nervoso, de tal maneira que a "tematicidade" é racionalmente assinalada a eles? De fato, não é para isso que o sistema nervoso existe? "Aqui, na minha testa", diz Hamlet, tocando na parte central do pensamento — em outras palavras, isto aqui é sobre o mundo, mas ele acontece na nossa cabeça.

Parece-me que a resposta segue uma linha correta de raciocínio, mas abre caminho para outro tipo de dualismo, o dualismo que defenderei neste livro. Quando atribuo posturas intencionais a um cachorro, é para explicar o seu comportamento. Mas é claro que somos *nós* que formulamos as explicações e que contribuímos com os conceitos usados para classificá--los. Esses conceitos selecionam as características objetivas do ambiente do cachorro e as classificam de acordo com princípios científicos que entendemos, mas os quais não têm lugar nenhum no pensamento de um cachorro. As crenças e os desejos do cão dizem respeito ao mundo como ele é apresentado à percepção do animal. O cachorro fareja uma lebre, vê um homem e escuta uma buzina. Posso saber disso somente porque identifico essas coisas no meio ambiente do cachorro e somente porque sei que ele pode reagir seletivamente ao cheiro de uma *lebre* (em oposição, por exemplo, a um coelho), à aparência de um *homem* (em oposição a um espantalho) e ao som de uma *buzina* (em oposição a um violino). O uso desses termos para descrever o conteúdo das crenças do cachorro depende da relação causal entre a experiência de percepção do cão e os objetos que o rodeiam. Não preciso olhar para nenhum "teatro da consciência" interna para descrever as crenças do cachorro; e nem poderia procurar por uma. Qualquer que seja a teoria computacional que desenvolvermos para explicar a passagem de *input* para *output* na mente de um cachorro, será em termos do mundo físico — o mundo que tem um impacto na percepção do animal — que o conteúdo intencional do estado mental do cão será descrito. Para usar o jargão técnico, ao explicar a tematicidade das mentes animais, defendemos uma perspectiva "externalista". As crenças do cachorro são crenças *de re* [das coisas], não *de dicto* [de dizer]: nós as identificamos em termos das coisas que *nós* percebemos no ambiente do cão, usando conceitos que pertencem às ciências naturais.

Novamente, o dualismo cognitivo

As coisas acontecem de outra forma conosco. Segundo Searle argumentou por vários anos e em vários livros, o mundo humano contém coisas que não existem independentemente das nossas posturas intencionais, uma vez que elas são trazidas à luz por declarações humanas. O nosso mundo é um mundo de instituições, leis e alianças. Estamos rodeados por todos os lados por coisas que surgem arbitrariamente, e cuja perpetuação depende da nossa aquiescência. Essas coisas não surgem apenas de promessas individuais, legislações e decretos; Searle diz que o mais importante é que dependem daquilo que ele chama de "intencionalidade social" — o senso compartilhado de que *nós* estamos coletivamente sob algumas obrigações. A vida humana não poderia ser entendida sem referência a esse tipo de intencionalidade coletiva, que, de acordo com a afirmação plausível de Searle, cria "razões independentes de desejo para ação". O mundo humano é uma colagem de "poderes deônticos", que pertencem a departamentos, instituições, leis e convenções que são trazidas à luz, assim como ocorrem com os contratos, pela nossa atitude ao respeitá-los.*

Essa tese por si mesma não sugere que os seres humanos devem ser compreendidos de modo completamente diferente do modo como os cachorros são entendidos. A intencionalidade coletiva pode ser um fenômeno tão natural quanto, e tão facilmente agrupada sob uma ciência unificada, a intencionalidade dos cães, gatos e pássaros. Contudo, há uma complicação com a qual, a meu ver, Searle não prestou atenção suficiente. As declarações humanas — como promessas — são compromissos feitos no exemplo da primeira pessoa, geralmente dita para o outro identificado como "você". Elas se situam na rede dos encontros eu-você, e seriam inconcebíveis sem os privilégios peculiares que se fixam no conhecimento em primeira pessoa.

O sinal da ação intencional é a habilidade do agente de dizer imediatamente, e sem nenhum fundamento, de que *isto* é o que ele está fazendo e de oferecer respostas para a pergunta "por quê?".** E intenções para o futuro são diferentes das predições pelo fato de que aqueles que as declaram estão preparados para oferecer motivos em primeira pessoa pelas quais eles estão decididos a realizá-las. Além disso, como Searle e outros observaram, as intenções têm um caráter reflexivo. Se quero realizar alguma coisa, eu não apenas pretendo que a coisa seja feita; eu pretendo que ela seja levada à minha intenção. Ao expressar a minha intenção, me faço responsável para um futuro estado das coisas: a falta de performance requer uma justificação, e se a minha intenção é expressa como parte de uma promessa, então eu devo ao outro fazer como eu havia dito.

Essas e outras características similares significam que a consciência e a responsabilidade na primeira pessoa em relação ao outro estão vinculadas à nossa intencionalidade social. Os estados mentais que são dirigidos ao

---

* Ver J. R. Searle, *The Construction of Social Reality*. Nova York: Free Press, 1995; *Making Social World: The Structure of Human Civilization*. Oxford: Oxford University Press, 2009 etc.
** Essa questão foi abordada de modo sutil por Elizabeth Anscombe, *Intention*. Oxford: Blackwell, 1957.

mundo das alianças e das instituições humanas são dirigidos a um mundo de "eus" e "vocês" e são fundamentados na assunção de que todos os participantes deste mundo sabem imediatamente, e nenhum outro fundamento, não apenas o que pretendem, mas também sobre os seus motivos (pelo menos alguns deles) ao querer realizá-los. Essa suposição coloca uma limitação radical sobre o modo como os objetos da nossa percepção social podem ser conceitualizados. Eu não olho para o outro, muito menos para mim mesmo, como se fosse um organismo, cujo comportamento é para ser explicado por algumas hipóteses em relação à natureza das posturas intencionais. Eu olho para o outro como olho para mim mesmo — como um "Eu" a quem me *dirijo* na segunda pessoa e cuja autoatribuição de motivos tem precedência, para mim, sobre qualquer visão em terceira pessoa que possa motivá-lo.

Esse ponto de vista em segunda pessoa foi discutido extensivamente por Stephen Darwall e teve um papel importante na filosofia, pelo menos desde a teoria sobre a dominação e a servidão na *Fenomenologia do espírito*, de Hegel. Ele está incluso no celebrado ensaio de Strawson, "Liberdade e Ressentimento".* O que ele desenvolve é a sugestão de que existem modos de conceitualizar as pessoas que, justamente porque respeitam o exemplo em primeira pessoa como tendo uma autoridade especial em nossos acordos mútuos, usam conceitos que não possuem nenhum papel nas ciências empíricas. Quando me dirijo à minha esposa em um diálogo interpessoal, dou procedência às afirmações em primeira pessoa dela. Os motivos que ela me dá para isso são os motivos que importam, e suas declarações sinceras de intenções e crenças formam o fundamento da minha resposta a ela. Eu a vejo como um centro livre de consciência, que se dirige a mim da perspectiva de um "Eu" unificado, individual e único como eu sou. Quando lhe pergunto, "O que você fará?", minha pergunta busca uma resposta. É algo bem diferente da pergunta "O que ele fará?", e as duas questões não são instâncias substitutas de um simples esquema "O que x fará?". Uma pergunta busca uma decisão, a outra busca uma previsão e, ao buscar decisão,

---

* Stephen Darwall, *The Second-Person Standpoint: Morality, Respect, and Accountability*. Cambridge, MA: Harvard University Press, 2006; P. F. Strawson, *Freedom and Resentment and Other Essays*. Londres: Taylor and Francis, 2008.

estou me dirigindo ao eu em você. Para fazer isso, comprometo-me àquelas "razões independentes de desejos" referidas por Searle, e essas razões são formadas por conceitos que não têm papel nenhum na descrição do mundo físico: conceitos como direito, dever, justiça, virtude, pureza, que informam nossas trocas interpessoais.

O que é central para o diálogo interpessoal é a prática da responsabilização. Nós tomamos conta de cada um, não apenas por nossas ações, mas também por nossos pensamentos, sentimentos e nossas atitudes. A pergunta "por quê?" dirigida de mim para você não é uma regra em busca de explicação, e certamente não é o tipo de explicação que um neurologista pode dar. É um perguntar por um relato de como as coisas estão, da sua perspectiva em primeira pessoa, que o tornará inteligível, e, em um caso normal, aceitável para mim. Algumas vezes, você pode estar disponível para oferecer uma justificativa pelas suas ações e pelos seus sentimentos. E outras vezes, seu relato não será capaz de justificá-las, mas irá, de qualquer forma, reconhecer a sua responsabilidade [*accountability*]. (Pense em um diálogo no qual o primeiro gesto é "Você está bravo comigo?")

O encontro eu-você é algo tão vívido e central em nossas vidas que somos naturalmente tentados a acreditar que se trata de um encontro entre os objetos, e que esses objetos existem em alguma outra dimensão daquela que contém as coisas físicas comuns. Acredito que é isso, em vez de serem os mistérios da vida "interior", que faz as pessoas abraçarem algum tipo de dualismo ontológico e acreditarem que o ser humano não é apenas uma única coisa, mas duas. Sugeri que há um dualismo cognitivo, mas não um dualismo ontológico, sublinhando a nossa resposta ao mundo humano. O encontro eu-você não é precisamente um encontro entre objetos, e, portanto, não é um encontro entre objetos de um tipo especial e ontologicamente primitivo. É um encontro entre sujeitos, que pode ser compreendido apenas se reconhecermos que a lógica da consciência em primeira pessoa é construída dentro de conceitos através dos quais nossos acordos mútuos são feitos.

Então, onde devemos buscar pessoas neste mundo? O que sugeri é que não estamos à procura de um tipo especial de objeto, mas, sim, por um objeto pelo qual podemos responder de um modo especial. Os candidatos óbvios são os seres humanos — membros da espécie natural *Homo sapiens*, cuja constituição biológica define o modo como são. Mas e o exemplo em primeira pessoa? Não é essencial para os seres humanos que se identificam em primeira pessoa; ainda assim, é essencial para as pessoas. A consciência em primeira pessoa é a premissa das relações interpessoais, e são dessas mesmas relações que depende a nossa natureza como pessoas.

É por esse motivo que achamos tão intrigante a questão da identidade pessoal. A literatura filosófica está repleta de experimentos imaginativos, de John Locke e Thomas Reid a Sydney Shoemaker e Derek Parfit, que nos lembram que a identidade da pessoa e a identidade do corpo podem ser analisadas à parte. E parece estranho dizer que a pessoa é idêntica ao ser humano, quando as condições que afirmam a identidade de um são diferentes daquelas que afirmam a identidade do outro. Talvez o exemplo seja como o da imagem e das telas, ou da melodia e da sequência de sons. Talvez devêssemos dizer que uma determinada pessoa *é reconhecida dentro* de um determinado ser humano, em vez de que ela *é idêntica a* ele — abrindo assim a possibilidade de que uma única e mesma pessoa possa ser reconhecida ora em um único corpo, ora em outro.

Todavia, nesse caso, onde exatamente está essa outra pessoa para ser encontrada? Como descobrimos a sua verdadeira natureza? E qual é a relevância do organismo humano para a nossa compreensão da pessoa? Suponha que você imagine que a pessoa individual existiu em seu corpo como algo similar a um rosto pintado que existe nos pigmentos de uma tela. Você ficaria tentado a imaginar que compreender os mecanismos do corpo não é nada além de ser relacionado à compreensão da pessoa, assim como saber a teoria química dos pigmentos seria ler o significado do rosto pintado. Haveria uma lacuna epistemológica incapaz de ser superada entre a nossa teoria do ser humano e o nosso conhecimento da pessoa. Mas seria assim mesmo? O que se segue exatamente do tipo de dualismo cognitivo sobre o qual avancei neste capítulo?

3

O que há no nosso cérebro

Quando consideramos os animais não humanos, é difícil duvidar que eles recebem informações do seu próprio corpo e do seu ambiente, e que tais informações são processadas de alguma forma pelo seu sistema nervoso central, do qual a parte mais importante é o cérebro, e que comportamento resulta disso. Portanto, quando falamos de mentes animais, podemos também falar de cérebros animais. E, se isso é verdadeiro em relação aos animais, não seria também verdadeiro em relação aos humanos? Por que resistir a essa conclusão, uma vez que abandonamos o dualismo cognitivo que eu rejeitei nos dois primeiros capítulos deste livro?

Em seu livro extremamente influente, *Neurophilosophy* [Neurofilosofia], publicado em 1986, Patricia Churchland recomenda que perguntemos a nós mesmos em que exatamente a filosofia contribuiu para a nossa compreensão dos processos mentais humanos — exatamente, isto é, comparado às descobertas extensivas da neurociência.* A resposta é pouco, muitas vezes quase nada, se depender do seu nível de exasperação. Churchland é da opinião que argumentos filosóficos sobre nossos conceitos existentes — os conceitos de "psicologia popular", como ela os chama — não têm importância real. Não que esses argumentos sejam "meramente verbais", como costumava

---

* Patricia Smith Churchland, *Neurophilosophy: Toward a Unified Science of the Mind Brain*. Cambridge, MA: MIT Press, 1986.

ser dito no passado. É que eles ignoram o fato de que os nossos conceitos populares pertencem a uma teoria — uma teoria útil, e uma que nos dá uma vantagem para lidar com a linguagem e o comportamento humanos —, mas uma teoria, de qualquer maneira. E as teorias são substituídas por outras muito melhores. É isso, nos diz ela, que está acontecendo à medida que a neurociência supera a psicologia popular, fornecendo melhores explicações do comportamento humano do que aquelas que foram obtidas por meio da linguagem antiquada da crença, da percepção, da emoção e do desejo. Faz 25 anos que o livro de Churchland foi publicado, e na esteira dele surgiram várias disciplinas orgulhosamente exibindo o prefixo "neuro-" de modo a estarem ligadas a sua bandeira. Entramos em um novo período no qual a filosofia, antes a donzela da teologia, é vista por uma comunidade substancial de seus profissionais como a donzela da neurociência, cujo papel é retirar os obstáculos que foram postos no caminho do avanço científico pelo preconceito popular e pelos modos supersticiosos de pensamento.

Por outro lado, o conceito de pessoa, que foi uma preocupação central da filosofia desde a Idade Média, resiste a ser traduzido dentro do idioma da neurociência, sendo associado aos modos de compreender e de interpretar os seres humanos que evitam as leis causais e as categorias que constroem as teorias. Como argumentei no capítulo anterior, avaliamos a conduta humana em termos de livre escolha e responsabilidade. As pessoas são destacadas do resto do nosso ambiente como receptores de amor, afeição, raiva e perdão. Nós as encaramos face a face, olho no olho, eu para eu, acreditando que cada pessoa é o centro de uma reflexão autoconsciente que responde a motivos, que toma decisões, e cuja vida forma uma narrativa contínua na qual cada identidade individual é mantida de momento a momento e de ano para ano. Todos esses aspectos da nossa compreensão interpessoal são admitidas no julgamento moral, no direito e na lei, na religião, na política e nas artes. E muitos ficam desconfortáveis com o retrato da nossa condição, defendida por muitos estudantes da neurociência, que descrevem essas supostas características da humanidade como adaptações, mais sofisticadas que as habilidades sociais a serem observadas em outros animais, mas pouco diferentes em suas origens ou funções. Eles sugerem que tais adaptações são "implantadas" no cérebro humano, para serem entendidas no sentido de suas funções no processo cognitivo subsequente, quando os *inputs* sensoriais levam a *outputs* comportamentais que serviram à causa da reprodução. Além disso, os neurocientistas gostam de insistir que os processos cerebrais representados na nossa percepção consciente são apenas um ínfimo fragmento do que acontece dentro das nossas cabeças. O "eu", segundo o símile charmoso de David Eagleman, é como um passageiro que caminha no deque de um cruzeiro oceânico enquanto convence a si mesmo de que é ele quem move o navio com seu próprio pé.*

As técnicas de neuroimagem foram usadas para lançar dúvidas sobre a realidade da liberdade humana, para rever a descrição de razão e seu lugar na natureza humana, e para questionar a validade da antiga distinção entre espécie, que separava pessoa de animal, e o agente livre do organismo condicionado. E quanto mais aprendemos sobre o cérebro e suas funções, mais as pessoas imaginam se os velhos modos de manter as nossas vidas e de resolver os nossos conflitos — os modos do julgamento moral, do processo legal e da comunicação da virtude — são os melhores modos, e se não haveria formas mais diretas de intervenção que nos levariam mais rapidamente, mais seguramente e talvez mais gentilmente ao resultado certo.

O sistema nervoso é uma rede de interruptores de sim/não, e cresce cada vez mais a convicção de que ele funciona como "portão lógico", o cérebro sendo uma espécie de computador digital, que opera carregando computações sobre a informação recebida através dos vários receptores localizados ao redor do corpo, e depois transmitindo respostas apropriadas. Essa convicção é reforçada pela pesquisa sobre as redes neurais artificiais, nas quais os portões são conectados de maneira a imitar algumas das capacidades do cérebro. A pesquisa em inteligência artificial se conecta diretamente com a "ciência cognitiva", uma disciplina que saiu originalmente das especulações feitas por Alan Turing e outros, quando a ideia de computação começou a ser estudada amplamente pelos lógicos. A maior preocupação dessa disciplina é entender o *tipo* de ligação estabelecida entre a criatura e o seu ambiente, através dos vários processos "cognitivos", como a aprendizagem e a percepção.

---

* David Eagleman, *Incognito: The Secret Lives of the Brain*. Nova York: Oxford University Press, 2011.

Em uma criatura dotada de mente, não há uma conexão direta, semelhante a uma lei, entre o *input* sensorial e o *output* comportamental. Como a criatura responde depende do que ela percebe, do que ela deseja, do que ela acredita, e assim por diante. Esses estados mentais envolvem afirmações sobre a verdade, afirmações sobre suas referências, que não são explicáveis em termos mecanicistas. A ciência cognitiva deve, portanto, mostrar como as afirmações sobre a verdade e as afirmações sobre as referências surgem e como podem ser causalmente eficazes. Muito da teoria que resulta daí vem com uma reflexão *a priori*, e sem nenhum recurso para ser experimentada. Por exemplo: a conhecida teoria modular da mente de Fodor identifica funções discretas ao refletir sobre a natureza do pensamento e sobre as conexões entre pensamento e ação, e entre pensamento e seus objetos no mundo.*
Ela diz pouco sobre o cérebro, apesar de ter sido uma inspiração para os neurocientistas, muitos dos quais foram guiados por ela na sua busca por caminhos neurais discretos e áreas localizadas do córtex.

A psicologia evolucionista nos diz para olhar o cérebro como o resultado de um processo de adaptação. Para entender o que o cérebro está fazendo, devemos nos perguntar como os genes de seu proprietário ganhariam uma vantagem competitiva ao fazer apenas *isso*, no ambiente que originalmente formou as nossas espécies. Por exemplo: de que maneira os organismos tomaram uma marcha genética, naqueles longos e difíceis anos do Pleistoceno, ao reagir não às mudanças em seu ambiente, mas às mudanças em seus próprios *pensamentos* sobre o mesmo ambiente? De que maneira eles se beneficiaram geneticamente de um senso de beleza? E assim por diante. Eu já havia afirmado que tudo isso foi dito pelos psicólogos evolucionistas a respeito do altruísmo, e de como poderia ser explicado como uma "estratégia evolutivamente estável". Um tipo de neurocientista pode se interessar em levantar o assunto, argumentando que o altruísmo está "implantado" no cérebro, e que nós devemos esperar a descoberta de caminhos e centros dedicados aos tópicos que estão assinalados. Suponha que você provou que algo chamado altruísmo é uma estratégia evolucionalmente estável para

---

* Jerry A. Fodor, *The Modularity of Mind: An Essay in Faculty Psychology*. Cambridge, MA: MIT Press, 1983.

organismos como nós; e suponha que você encontrou a rede de neurônios que disparam no seu cérebro sempre que pratica algum ato ou gesto altruísta. Isso não diz ao menos *alguma coisa* sobre os mecanismos das nossas emoções morais, e será que não põe limites severos sobre o que um *filósofo* poderia dizer?

Pode-se ver, por esse exemplo, como as três disciplinas da neurofisiologia, da ciência cognitiva e da psicologia evolucionista podem convergir, cada uma tendo um papel na definição das perguntas e cada uma tendo um papel em respondê-las. Quero levantar algumas dúvidas sobre se é correto reunir essas disciplinas e se é certo pensar que, ao fazermos isso, lançamos o tipo de luz na condição humana que nos autorizaria a nos chamar de neurofilósofos.

Sobredeterminação

Vejamos a explicação do psicólogo evolucionista sobre o altruísmo, como a encontramos de forma delicada e apaixonada por Matt Ridley, em seu livro *As origens da virtude*.* Plausivelmente, Ridley sugere que a virtude moral e o hábito da obediência ao que Kant chamou de lei moral são adaptações, sendo que a prova disso é que qualquer outra forma de conduta teria colocado os genes de um organismo em uma clara desvantagem no jogo da vida. Para usarmos a linguagem da teoria dos jogos, nas circunstâncias que prevaleceram no curso da evolução, o altruísmo é a estrutura dominante. Isso foi mostrado por John Maynard Smith em um texto publicado primeiramente em 1964, e depois desenvolvido por Robert Axelrod em seu famoso livro *The Evolution of Cooperation* [A evolução da cooperação], que surgiu em 1984.** Mas o que exatamente esses escritores querem dizer com "altruísmo"?

Eles afirmam que um organismo atua altruisticamente se beneficia outro organismo a um custo para si mesmo. O conceito se aplica igualmente à

---

* Ridley, *The Origins of Virtue*. [Ed. bras.: *As origens da virtude*. Rio de Janeiro: Editora Record, 2000]

** Smith, "Group Selection and Kin Selection"; e John Maynard Smith e G. R. Price, "The Logic of Animal Conflict". *Nature* 246, pp. 15-18, 1973; Robert Axelrod, *The Evolution of Cooperation*. Nova York: Basic Books, 1984.

formiga-soldado que marcha em direção às chamas que ameaçam o formigueiro, e ao oficial que se joga contra a granada que ameaça o seu pelotão. O conceito de altruísmo, entendido dessa forma, não consegue explicar, ou até mesmo reconhecer, a diferença entre esses dois casos. Embora certamente exista toda uma diferença entre a formiga que marcha instintivamente em direção às chamas, incapaz de compreender o que está fazendo ou de temer os resultados de sua ação, e o oficial que conscientemente sacrifica a sua vida pela tropa.

Se Kant estiver correto, um ser racional tem uma motivação para obedecer à lei moral, independentemente da vantagem genética. Esse motivo surgiria mesmo se o resultado normal de levá-lo às últimas consequências fosse aquilo que os gregos viram com assombro na Batalha das Termópilas, ou os anglo-saxões na Batalha de Maldon. Nesses momentos, observa-se uma comunidade inteira abraçando a morte, com plena consciência do que está fazendo, pois a morte seja a opção honrosa. Mesmo se você não acredita que o raciocínio de Kant seja o correto, o fato é que o seu motivo é observável universalmente nos seres humanos, e é completamente diferente daquilo que acontece com a formiga-soldado, pois tal motivo é fundamentado na consciência do imperativo no custo de fazer o que é o certo e no chamado para renunciar à vida em benefício dos outros que dependem de você ou para quem você deve a sua própria vida.

Colocando de outra maneira: na abordagem dos psicólogos evolucionistas, a conduta dos espartanos na Batalha das Termópilas é algo sobredeterminado. A explicação da "estratégia reprodutiva dominante" e a explicação do "sacrifício honroso" são ambas suficientes para explicar essa conduta. Então qual seria a verdadeira explicação? Ou a explicação do "sacrifício honroso" é apenas uma história que contamos a nós mesmos para depois colocarmos medalhas no peito da "máquina de sobrevivência" arruinada que morreu em obediência a seus genes?

Todavia, suponhamos que a explicação moral seja genuína e suficiente. A isso, seguiria que a explicação genética é trivial. Se os seres racionais são motivados a se comportar desse modo, independentemente de qualquer estratégia genética, então é suficiente explicar o fato de que eles se comportam dessa maneira. E estar disposto a se comportar dessa maneira é uma adaptação — e tudo isso significa que as pessoas que estão dispostas por natureza a se comportar de qualquer outra maneira estariam mortas, independentemente das razões que possam ter tido para se comportarem assim.

Isso nos leva novamente ao paralelo com a matemática que discuti no primeiro capítulo. Podemos mostrar facilmente que a competência matemática é uma adaptação. Mas isso não diz nada sobre a diferença entre provas válidas e inválidas, e não nos dá qualquer apreensão do raciocínio matemático. Há uma disciplina *interna* envolvida aqui, que não será iluminada por qualquer forma de psicologia, assim como há uma disciplina interna de pensamento moral que leva por conta própria à conclusão que uma determinada ação é obrigatória.* Claro, é um fato em relação aos seres humanos que eles estão dispostos a fazer o que acham que deveriam fazer. Mas é o julgamento moral, mais do que algum tipo de instinto cego, que os compele. O paralelo não é exato. Contudo, ilustra o modo como explicações evolucionistas se reduzem à trivialidade, quando a coisa a ser explicada contém seus próprios princípios de persuasão.

Além disso, como a matemática, o pensamento moral desdobra diante de nós uma visão de mundo que transcende a expressão dos sentidos e que é difícil de explicar como o subproduto da competição evolucionista. Os julgamentos morais são enquadrados na linguagem da necessidade, e nenhum canto do nosso universo escapa da sua jurisdição. A moralidade nos fornece outro exemplo do modo como a intencionalidade "vai muito além" da ordem da natureza, nos relacionando em pensamentos ao cosmos como um todo. E a moralidade faz todo o sentido apenas se existirem razões para ações que são normativas e obrigatórias. É difícil aceitar isso e ainda assim resistir à conclusão feita por Thomas Nagel, de que o universo é ordenado por leis teleológicas.**

---

* Ver novamente O'Hear, *Beyond Evolution*.
** Ver novamente *Mind and Cosmos*.

A ideia de informação

A ciência cognitiva lida com o modo como a informação é processada por criaturas que são direcionadas pela verdade. E ela pretende explicar a percepção, a crença e a decisão em termos de funções processuais da informação que elas encapsularam. Contudo, há uma noção única de informação em funcionamento aqui? Quando eu lhe informo algo, também lhe informo *sobre aquela* alguma coisa: por exemplo, digo que o avião que leva a sua esposa acabou de pousar. Nesse sentido, a informação é um conceito intencional, que descreve estados que podem ser identificados apenas através do seu conteúdo. A intencionalidade, o foco nas representações, é um obstáculo bem conhecido no caminho de todos os relatos de estímulo e resposta dos estados cognitivos; mas por que não é um obstáculo no caminho da ciência cognitiva?

É certamente óbvio que o conceito de informação como informação *sobre aquilo* não foi o conceito que evoluiu na ciência da computação ou nos modelos cibernéticos dos processos mentais humanos. Nesses modelos, informação significa as instruções acumuladas para se tomar esta ou aquela saída de um caminho binário. A informação é transmitida por algoritmos, relacionando *inputs* a *outputs* dentro de um sistema digital. Esses algoritmos não exprimem opinião; não comprometem o computador a viver de acordo com eles ou a incorporá-los em suas decisões, pois o computador não toma decisões nem tem opiniões.

O que quero dizer pode ser esclarecido por um exemplo. Suponha que um computador está programado para "ler", como dizemos, um *input* codificado digitalmente, que é traduzido em *pixels*, produzindo a exibição do retrato de uma mulher em sua tela. Para descrever esse processo, não precisamos nos referir à mulher no retrato. O processo inteiro pode ser descrito em termos do *hardware* que traduz os dados digitais em *pixels*, e o *software*, ou algoritmo, que contém as instruções para realizar isso. Não há a necessidade, muito menos o direito, neste caso, de usar conceitos como os de ver, pensar, observar, ao descrever o que o computador está fazendo; nem temos a necessidade ou o direito de descrever a coisa observada no retrato como se estivesse desempenhando algum papel causal, ou qualquer papel, na operação do computador. É claro que *nós* vemos a mulher no retrato. E, para nós, o retrato contém informações bastante diferentes do que está codificado nas instruções digitais para produzi-la. Ele transmite informações sobre uma mulher e como é a sua aparência. É impossível descrever esse tipo de informação sem o uso de uma linguagem intencional — uma linguagem que descreve o conteúdo de certos pensamentos em vez do objeto aos quais esses pensamentos se referem.

Tomemos como exemplo a famosa pintura de Botticelli, *O nascimento de Vênus*. Você sabe muito bem que não há tal cena na realidade como a que está sendo descrita, que não há tal deusa como Vênus, e que essa imagem inesquecível é uma imagem de algo irreal. Mas ela está lá, apesar de tudo. Na verdade, existiu uma mulher real que foi a modelo de Botticelli — Simonetta Vespucci, a amante de Lourenço de Medici. Mas o quadro não é *de* ou *sobre* Simonetta. Ao olhar para ele, você está olhando para uma ficção, e isso é algo que você sabe, e algo que, independentemente das condições da sua interpretação, pode dar-lhe um significado. Ela é a deusa do amor erótico — mas na versão erótica de Platão, segundo a qual o desejo nos chama para além do mundo das ligações sensuais, rumo à forma ideal do belo (que era, incidentalmente, o que Simonetta significava para Botticelli). Esse quadro nos ajuda a tornar a teoria de Platão tanto clara como verossímil — é uma obra de pensamento concentrado que muda, ou deveria mudar, a visão de mundo de qualquer um que a observe por um longo tempo. Há um mundo de informação contido nessa imagem — mas é uma informação *sobre* alguma coisa, uma informação sobre *aquilo*, que não é capturada pelo algoritmo que um computador tenha usado para traduzir, *pixel* por *pixel*, naquela tela.

A pergunta é como irmos de um conceito de informação para o outro? Como explicamos o surgimento de pensamentos sobre *aquela* alguma coisa a partir de processos que são inteiramente explicados pela transformação de dados visualmente decodificados? A ciência cognitiva não nos diz nada a respeito disso. E os modelos computacionais do cérebro também não nos dirão. Eles podem nos mostrar como imagens são codificadas em um formato digitalizado e transmitidas naquele formato por vias neurais em direção ao centro onde são "interpretados". Mas esse mesmo centro não *interpreta* de fato — a interpretação é um processo que *nós* realizamos, ao chegarmos a conclusões, recuperarmos informações sobre *aquilo* e vermos o que existe diante de nós. E também aquilo que *não* está lá, como a deusa Vênus no quadro de Botticelli. Um cético sobre intencionalidade talvez diga que isso simplesmente mostra que, em uma última análise, há apenas um *único* conceito cientificamente respeitável de informação — e que não há, na realidade, nada como tematicidade, e, portanto, nenhuma questão sobre como devemos proceder de um conceito de informação para o outro.* Mas precisaríamos de um argumento forte e independente antes de chegarmos a essa conclusão. Afinal, a ciência não seria *sobre* o mundo, e não consistiria precisamente na espécie de informação que o cético recusa admitir que existe?

A falácia mereológica

No controverso livro *The Philosophical Foundations of Neuroscience* [Os fundamentos filosóficos da neurociência], Max Bennett e Peter Hacker descrevem algo que chamam de a "falácia mereológica", que vem de *meros*, uma parte, e "mereologia", o ramo da lógica que estuda a relação entre a parte e o todo.** Esta é a falácia, como eles supõem que exista, de explicar alguma característica de um objeto ao atribuir *essa mesma característica* a uma parte do mesmo objeto. Um caso comum é a falácia bem-conhecida do homúnculo na filosofia da mente, algumas vezes associada a Descartes, que tentou explicar a consciência de um ser humano pela presença de uma alma interior, o "verdadeiro eu" que mora lá dentro. E, claramente, isso não era uma explicação, mas uma mera transferência do problema.

Bennett e Hacker acreditam que muitos cientistas cognitivos praticam essa falácia quando escrevem que o cérebro "forma imagens", "interpreta

---

* Essa posição paradoxal é defendida por Alex Rosenberg em *The Atheist's Guide to Reality: Enjoying Life Without Illusions*. Nova York: W. W. Norton and Co., 2011; bem, você pode imaginar qual é o tema do livro dele.
** Max Bennett e Peter Hacker, *The Philosophical Foundations of Neuroscience*. Oxford: Blackwell, 2003. Sobre a mereologia, ver o estudo esclarecedor de Peter Simmons, *Parts: A Study On Ontology*. Oxford: Oxford University Press, 1987.

dados", está consciente ou percebe as coisas, faz escolhas, e assim por diante. E também seria certamente uma falácia pensar que você pode explicar alguma coisa como a consciência desse modo, ao mostrar como o cérebro é consciente disto ou daquilo — a explicação seria evidentemente circular.

Dennett e outros escritores objetam que nenhum cientista cognitivo jamais quis produzir explicações desse tipo.* Para Dennett, não há uma razão por que não deveríamos usar expressões intencionais para descrever o comportamento de entidades que não são pessoas e que não são conscientes — assim como poderíamos usá-las, acredita ele, para descrever mecanismos simples de *feedback* como termostatos. Quando o termostato faz mudar um sistema refrigerador porque o quarto alcançou certa temperatura, ele está respondendo a uma informação do mundo exterior. Algumas vezes, comete erros e aquece o ambiente em vez de refrigerá-lo. Você pode "enganá-lo" se assoprar ar quente em cima dele. E, em dispositivos mais complexos, como um computador, torna-se cada vez mais óbvio que a linguagem mental que aplicamos entre nós também nos fornece um modo útil de descrever, prever e ter uma noção geral do que os computadores podem fazer. Ainda segundo Dennett, não há nada antropomórfico na minha referência sobre o que um computador pensa, o que ele quer que eu faça logo em seguida, e assim por diante. Como ressaltei nos capítulos anteriores, para Dennett, estou simplesmente usando o que ele chama de "postura intencional" em função de algo que recua a qualquer tentativa minha de explicá-lo. O comportamento do computador pode ser previsto de forma bem-sucedida ao se usar expressões intencionais. O mesmo ocorre com o cérebro: posso destinar expressões intencionais a um cérebro ou as suas partes, sem sugerir dessa forma a existência de outro indivíduo consciente — outro que não seja, no caso, a pessoa a quem pertence o cérebro. E, ao fazer isso, posso estar explicando as conexões entre *input* e *output* que observamos no organismo humano completo, e nesse sentido estar apresentando uma teoria da consciência.

Há um elemento de justiça nas observações de Dennett. Não há nenhum motivo para supor que, quando usamos expressões intencionais ao

---

* Ver Daniel C. Dennett, *Neuroscience and Philosophy: Brain, Mind, and Language*. Org. de Dan Robinson. Nova York: Columbia University Press, 2007.

descrever processos cerebrais e sistemas cognitivos de forma geral, estamos nos comprometendo a um *centro* de consciência no estilo homúnculo, que está sendo descrito exatamente como uma pessoa seria descrita ao atribuir pensamento, sentimento e intenção. Contudo, o problema é que sabemos como eliminar as expressões intencionais da nossa descrição do termostato. Também podemos eliminá-las, com um pouco mais de dificuldade, da nossa descrição do computador. Mas as descrições de ciência cognitiva do cérebro digital parecem nos levar ao ponto necessário — o ponto de explicar a *consciência* — somente se retivermos as expressões intencionais e nos recusarmos a substituí-las. Suponhamos que um dia possamos fazer um relato completo do cérebro em termos de processar a informação digitalizada entre *input* e *output*. Poderemos então renunciar da postura intencional ao descrevermos os mecanismos desse objeto, assim como com o termostato. Mas não estaremos descrevendo a consciência de uma pessoa. Estaremos descrevendo algo que ocorre quando as pessoas pensam, e que é necessário para o pensamento delas. Mas não estaremos descrevendo o pensamento delas da mesma forma que não estaríamos descrevendo o nascimento de Vênus ou a teoria do amor erótico de Platão quando especificamos todos os *pixels* em uma versão em monitor da pintura de Botticelli.

Alguns filósofos — notadamente Searle — argumentam que o cérebro é o trono da consciência, e que não há nenhum obstáculo *a priori* para descobrir as redes neurais em que, como Searle afirma, a consciência é "realizada".[1] Isto me parece ser um disparate. Não sei exatamente o que querem dizer com o termo "realizada": será que a consciência pode ser realizada em vias neurais em um único tipo de objeto, em *chips* de silicone em outro, e em cordas e níveis em mais outro? Ou ela está necessariamente conectada a redes que transmitem um tipo de conexão entre *input* e *output*? Se for assim, que tipo? O tipo que testemunhamos em animais e pessoas, quando as descrevemos como conscientes? Neste caso, não avançamos muito da posição em que a consciência é uma propriedade do animal como um todo, e da pessoa como um todo, e não de alguma parte particular dele.

Tudo isso é muito intrincado, e seguir tal linha de raciocínio conduzirá a um território que já foi trabalhado tantas vezes por filósofos contemporâneos, ao ponto de se tornar, na minha opinião, completamente estéril.

O exemplo da primeira pessoa

Além disso, não acredito que o verdadeiro problema para a ciência cognitiva seja o problema da consciência. Na verdade, nem estou certo de que isso seja um problema. A consciência é um traço que compartilhamos com os animais superiores, e vejo-a como um traço "emergente", que se torna ativa assim que o comportamento e as relações funcionais que a governam alcançam certo nível de complexidade.* O verdadeiro problema, como o vejo, é a autoconsciência — a percepção em primeira pessoa que nos diferencia dos outros animais e que nos permite identificar a nós mesmos, atribuir predicados mentais a nós mesmos, em um exemplo da primeira pessoa — exatamente os mesmos predicados que outros atribuem a nós nos exemplos em segunda e terceira pessoas.

Algumas pessoas acreditam que podemos entender isso se pudermos identificar um *self*, um monitor interior, que registra os estados mentais ocorridos dentro desse campo de percepção, e os marca, por assim dizer, em uma tela interior. Parece-me, às vezes, que António Damásio argumenta nessa linha;** mas é claro que isso imediatamente o coloca na mesma linha de raciocínio de Dennett e Hacker, e de novo duplica o problema que deveria resolver. Como o monitor se informa sobre os funcionamentos mentais que acontecem dentro do seu campo de visão? Poderia cometer erros? Poderia fazer uma atribuição incorreta de um estado mental, escolhendo o sujeito errado da consciência? Algumas pessoas defenderam que isso é o que acontece no fenômeno do "pensamento enxertado", que caracteriza certas formas de doença mental. Mas não há motivo para pensar que uma pessoa que recebe esses "pensamentos enxertados" poderia estar de alguma forma errada ao pensar que eles acontecem dentro *dela*.***

---

* Colocando o assunto de outra maneira: a consciência é parte da *vida* dos animais superiores. Ver Alva Noë, *Out of Our Heads*. Nova York: Hill and Wang, 2009.
** Ver, por exemplo, António Damásio, *Looking for Spinoza: Joy, Sorrow, and the Feeling Brain*. Nova York: Harcourt, 2003. [Ed. bras.: *Em busca de Spinoza: Prazer e dor na ciência dos sentimentos*. São Paulo: Companhia das Letras, 2005]
*** Para um resumo útil desse assunto, ver George Graham, "Self-Ascription". In: Jennifer Radden (org.), *The Philosophy of Psychiatry: A Companion*. Oxford: Oxford University Press, 2004.

A teoria do monitor é uma tentativa de ler a autoconsciência dentro do mecanismo que supostamente o explicaria. Estamos familiarizados com a característica intrigante das pessoas, em especial o fato de que, por meio do domínio do uso da primeira pessoa nos predicados mentais, elas são capazes de fazer algumas afirmações sobre si mesmas como se isso fosse uma espécie de privilégio epistemológico. As pessoas são imunes não apenas ao "erro por identificação equívoca", como escreve Shoemaker, mas também (no caso de certos estados mentais como a dor) ao "erro por atribuições equívocas".* Esta é uma das verdades mais profundas sobre a nossa condição, a de que aproveitamos essas imunidades na primeira pessoa. Se não fizéssemos isso, jamais poderíamos dialogar com cada um de nós: estaríamos sempre nos descrevendo como se fôssemos outra pessoa. Contudo, o privilégio da primeira pessoa é uma característica de todos, construída como criaturas que usam a linguagem: é uma condição ligada de alguma forma a seu domínio da autorreferência e da autopredicação. Os monitores interiores, localizados no cérebro ou em qualquer outro lugar, não são "criaturas que usam a linguagem": eles não entram na sua competência por meio da participação na rede linguística. Assim, não podem possivelmente ter competências que derivam do uso da linguagem e que estão entronizadas e dependentes da gramática profunda da autorreferência.

Isso não significa negar que há, em algum nível, uma explicação neurológica do autoconhecimento. Deve haver, assim como deve haver uma explicação neurológica de qualquer outra capacidade mental revelada no comportamento — embora não necessariamente uma explicação *completa*, uma vez que o sistema nervoso é, afinal de contas, apenas uma única parte do ser humano, que é incompleto como uma pessoa até ser levado a desenvolver relação com o mundo ao seu redor e com outros da sua espécie (pois, como argumentarei em seguida, a personalidade é uma característica relacional). Mas essa explicação não pode ser enquadrada nos termos emprestados diretamente da linguagem da mente. Ela não estará descrevendo pessoas, mas gânglios e neurônios, sinapses digitalmente organizadas e

---

* Sidney Shoemaker, *Self-Knowledge and Self-Identity*. Ithaca, NY: Cornell University Press, 1963.

processos que são apenas figurativamente descritos pelo uso de linguagem mental do mesmo modo que o meu computador é apenas figurativamente descrito quando me refiro a ele como infeliz ou zangado. Sem dúvida há uma causa neurológica para "pensamentos enxertados", mas ela não será enquadrada nos termos de pensamentos no cérebro que, de alguma forma, estão conectados erroneamente no monitor interno. É provável que não haja um modo em que nós possamos, ao olharmos profundamente, adivinhar qual seria a desordem neural que os cria.

Palavras como "eu", "escolher", "responsável" e assim por diante não têm qualquer participação na ciência neurológica, o que pode explicar por que um organismo pronuncia essas palavras, mas não pode oferecer nenhum conteúdo material sobre elas. De fato, um dos erros mais recorrentes na neurociência é o de olhar para os referentes dessas palavras — em busca do lugar no cérebro onde o *self* reside, ou então o correlato material da liberdade humana. A animação a respeito dos neurônios-espelhos tem sua origem aqui — na crença de que descobrimos a base neural do conceito do *self* e da nossa habilidade em ver o outro também como *self*.* Mas todas essas ideias desaparecem da ciência do comportamento humano uma vez que vemos comportamento humano como o produto de um sistema nervoso organizado digitalmente.

Por outro lado, ideias sobre o *self* e sobre a liberdade não podem desaparecer das mentes dos próprios sujeitos humanos. O seu comportamento em relação ao outro é mediado pela crença na liberdade, na personalidade, no conhecimento de que eu sou eu e você é você, e cada um de nós é um centro de pensamento e ação livres e responsáveis. Além dessas crenças surge um mundo de respostas interpessoais, e é dessas relações estabelecidas entre nós que vem a nossa própria autoconcepção. Deveria ser necessário seguir o raciocínio de que precisamos clarificar os conceitos do *self*, do livre-arbítrio,

---

* A descoberta dos "neurônios-espelhos" (que disparam quando os sujeitos praticam uma ação e quando observam outra pessoa a praticando) se deve a Giacomo Rizzolatti. As especulações extravagantes surgidas com essa descoberta foram bem explicadas por V. S. Ramachandran em seu artigo sobre o assunto, "Mirror Neurons and Imitation Learning", disponível no site Edge, <http://edge.org/conversation/mirror-neurons-and-imitation--learning-as-the-driving-force-behind-the-great-leap-forward-in-human-evolution>.

da responsabilidade e do restante dos outros assuntos se queremos ter um conceito claro do que nós somos e de que nenhuma neurociência nos ajudará nessa tarefa. Vivemos na superfície, e o que nos importa não são os sistemas nervosos invisíveis que explicam como as pessoas funcionam, mas as aparências visíveis às quais respondemos quando as respondemos como pessoas. São essas aparências que interpretamos, e sobre a nossa interpretação construímos respostas que, por sua vez, devem ser interpretadas por aquelas a quem são dirigidas.

Novamente, temos um paralelo útil no estudo dos quadros. De maneira nenhuma podemos, ao olharmos com atenção o rosto da Vênus de Botticelli, recuperar a decomposição química dos pigmentos que foram usados para criá-lo. É claro que, se observarmos com atenção as telas e as substâncias que estão espalhadas nele, alcançaremos uma compreensão da sua química. Mas então não estamos observando o rosto — nem sequer *o vemos*.

Acho que podemos entender mais claramente o problema se nos perguntarmos o que aconteceria se tivéssemos uma ciência *completa* do cérebro, uma que nos possibilitasse realizar o sonho de Churchland e substituir a psicologia popular com a supostamente verdadeira teoria da mente. O que aconteceria então com a percepção em primeira pessoa? Para saber que estou em determinado estado, eu teria de me submeter a uma tomografia? Com certeza, se a *verdadeira* teoria da mente é uma teoria do que acontece nas vias neurais, eu teria de descobrir sobre os meus próprios estados mentais assim como eu descubro os seus, atingindo a certeza apenas quando os rastreasse até a sua essência neural. Minhas melhores observações seriam algo do tipo "parece que algo assim ou assado está acontecendo…". Mas o exemplo da primeira pessoa desapareceu, e apenas permanece o exemplo da terceira pessoa. Será que desapareceu mesmo? Se olharmos mais de perto, vemos que, de fato, o "eu" continua nessa situação. Pois a expressão "parece que algo…" no relato que acabei de imaginar, na verdade significa "parece a mim que algo…", o que quer dizer que "estou tendo uma experiência desse tipo", e a esta declaração se liga o privilégio da primeira pessoa. Ela não relata algo que tenho de descobrir ou que poderia estar errado. Então *o que* ela relata? De alguma maneira, o "eu" ainda está lá, no limite das coisas, e a neurociência apenas mudou o que seria esse limite. O estado consciente não é aquilo que é descrito nos termos da atividade no sistema nervoso, mas aquilo que é está sendo *expresso* na declaração "parece a mim que...".

Além disso, não é possível eliminar esse "eu", esse ponto de vista na primeira pessoa, e ainda manter as coisas sobre as quais a vida e a comunidade humanas foram construídas. Como disse nos capítulos anteriores, a relação eu-você é fundamental à condição humana. Somos responsáveis por cada um de nós, e essa responsabilidade depende da nossa capacidade de dar e receber motivos, que, por sua vez, depende da nossa percepção em primeira pessoa. Mas os conceitos que envolvem todo o processo — os conceitos de responsabilidade, intenção, culpa e assim por diante — não têm lugar na ciência do cérebro. Eles vêm junto com um esquema conceitual rival, que está, como gosto de dizer, em uma tensão inevitável com *qualquer* ciência biológica da condição humana.

De novo, o dualismo cognitivo

Então, como um filósofo deve se aproximar das descobertas da neurociência? Não quero dizer que sou algo *diferente* deste organismo que está diante de você. Esta coisa que está aqui é o que sou. O melhor modo de proceder, parece-me, é por meio do tipo de dualismo cognitivo que esbocei anteriormente, por meio do qual podemos captar a ideia de que pode haver uma *única* realidade e que ela é compreendida de mais de uma maneira. Ao descrever uma sequência de sons como uma melodia, estou situando a sequência no mundo humano: o mundo das nossas reações, das nossas intenções e do nosso autoconhecimento. Estou suspendendo os sons para fora do reino físico e os reposicionando no *Lebenswelt*, que é um mundo de liberdade, razão e do ser interpessoal. Mas não estou descrevendo algo *diferente* do que os sons ou sugerindo que há algo oculto por trás deles, algum *self* interior ou essência que se revela por si de alguma forma inacessível para mim. Estou descrevendo o que escuto *nos* sons, quando reajo a eles como música. Em algo similar situo o organismo humano no *Lebenswelt*; e, ao fazer isso, eu uso outra linguagem, com outras intenções, diferente daquelas que se aplicam às ciências biológicas.

É claro que a analogia é imperfeita, como todas as outras analogias, apesar de que retornarei a elas em breve, ao discutir o problema do significado musical. Mas ela aponta para um caminho que vai além do dilema do neurocientista. Em vez de ir pela teoria acima do pedestal recomendada por Patricia Churchland ao tentar providenciar um relato neurológico daquilo que significa quando falamos de pessoas e dos seus estados mentais, temos de ir pelo caminho do senso comum e reconhecer que a neurociência descreve um *único* aspecto das pessoas, em uma linguagem que não pode capturar o que estamos querendo dizer quando descrevemos o que pensamos, sentimos ou pretendemos. A personalidade é uma característica "emergente" do ser humano no sentido de que a música é uma característica emergente dos sons: não é algo diferente ou acima da vida e do comportamento que observamos, mas também não é reduzido a eles. Uma vez que a personalidade emergiu, é possível relacioná-la a um organismo de uma nova maneira — a maneira das relações pessoais (da mesma maneira que podemos nos relacionar com a música de formas que não podemos nos relacionar com algo que meramente escutamos igual a uma sequência de sons — por exemplo, podemos dançar ao ouvi-la). Com essa nova ordem de relação surge uma nova ordem de compreensão, na qual os motivos e os significados, e não as causas, procuram uma resposta para a questão "por quê?". Com as pessoas, estamos em um diálogo: nós as chamamos para justificar sua conduta diante dos nossos olhos, assim como devemos nos justificar diante do olhar delas. O que é fundamental nesse diálogo é a característica da autopercepção. Isso não significa que as pessoas são realmente um *self* que se esconde dentro dos seus corpos. Significa que *o seu próprio modo de descrição* de si mesmas é algo privilegiado, e não pode ser desprezado como mera "psicologia popular" que, com o tempo, originará uma neurociência apropriada.

Esse ponto apoia o raciocínio apresentado no capítulo anterior. Como argumentei aqui, o dualismo cognitivo só faz sentido se a "prioridade ontológica" está de acordo com a visão de mundo científica. O *Lebenswelt* fica diante da ordem da natureza em uma relação de emergência, mas ela não é reduzida a uma relação de um a um que ocorre entre seres particulares. Não podemos dizer de um indivíduo identificado de uma maneira que é *o mesmo indivíduo* que foi identificado de outra. Não podemos dizer "uma coisa, duas concepções", uma vez que isso faz surgir a pergunta "que coisa", que, por sua vez, levanta a seguinte pergunta: "em que concepção identificamos essa mesma coisa?" Spinoza observou esse tópico, e, portanto, eliminou completamente o conceito da "coisa" da sua ontologia, reformulando o conceito de substância como um nome para o todo do mundo. Não existem "substâncias individuais" na concepção de realidade em Spinoza.

Podemos ver claramente o problema no exemplo das pessoas, pois aqui, se digo uma coisa, duas concepções, e depois pergunto *que* coisa, a resposta vai depender do "esquema cognitivo" em que estou "dentro" naquele momento. A resposta poderia ser esta: este animal; ou poderia ser: esta pessoa. E sabemos que essas são respostas diferentes daquilo tudo que sabemos da literatura sobre os problemas da identidade pessoal. Em outras palavras: cada esquema fornece a sua própria maneira de dividir o mundo, e os esquemas são incomensuráveis. Pois, como o conceito de personalidade é muito difícil de entender, somos tentados a fugir do problema e afirmarmos que há apenas *um* único modo de identificar sobre o que falamos, usando o conceito de "ser humano" para transitar pelas vias científicas e interpessoais de ver as coisas — assim como David Wiggins faz em *Sameness and Substance* [Semelhança e substância] e também Peter Hacker na sua defesa wittgensteiniana do nosso aparato conceitual cotidiano.* Mas parece-me que, ao vermos as coisas desse modo, não damos atenção suficiente para a diferença que ocorre no exemplo em primeira pessoa. Minha autopercepção me permite identificar a mim mesmo sem nenhuma referência às minhas coordenadas físicas. Asseguro-me da minha identidade através do tempo, sem consultar a história espaçotemporal do meu corpo — e esse fato traz uma ressonância metafísica peculiar à pergunta "Onde eu estou no mundo?".

O hilomorfismo de Aristóteles joga alguma luz sobre esse assunto. Aristóteles acreditava que a relação entre corpo e alma é a da matéria e da forma — a alma seria o princípio organizador, e o corpo seria a matéria da qual o ser humano é composto. A sugestão é obscura, e as

---

* David Wiggins, *Sameness and Substance Renewed.* Cambridge: Cambridge University Press, 2007; P. M. S. Hacker, *Insight and Illusion.* Oxford: Oxford University Press, 1972, nova edição em 1986 — mas não se esqueça de visitar o site de Hacker. [Eis aqui o endereço do site de Hacker: <http://info.sjc.ox.ac.uk/scr/hacker/hacker1.html>. (*N. do T.*)]

analogias dadas por Aristóteles não são persuasivas. Mas a teoria fica clara quando é expressa em termos das relações entre o todo e as suas partes. Assim, Mark Johnston defende, em nome do hilomorfismo, a visão que a natureza essencial de algo individual é dada pelo conceito sob o qual as suas partes estão unidas em uma unidade.* Se aceitarmos essa abordagem, então penso que devemos concluir que, no caso dos seres humanos, existem dois conceitos unificadores — o do organismo humano e o da pessoa, cada um dentro de um esquema conceitual que quer explicar ou entender o seu assunto. Dessa forma, o dualismo cognitivo lança uma espécie de sombra ontológica. Os seres humanos são organizados a partir dos seus constituintes materiais de duas maneiras distintas e incomensuráveis — como animal e como pessoa. Cada ser humano é, de fato, duas coisas, mas não duas coisas separáveis, pois elas estão no mesmo lugar ao mesmo tempo, e todas as partes de um são também todas as partes da outra. Assim, surge um tipo de dualismo ontológico, como produto de um dualismo cognitivo. Ele não nos força a acreditar em um reino de entidades misteriosas que se escondem nos interstícios, por assim dizer, do mundo físico. É simplesmente uma sombra lançada por toda a ordem da natureza à luz dos nossos acordos mútuos.

Contudo, isso também levanta uma pergunta cética. Já que é um dado que nos vemos como pessoas, e, ao fazer isso, organizamos o material humano de um modo diferente de qualquer ciência natural, o que garantiria que nós não estamos lidando com ficções? Será que os conceitos de pessoa, liberdade, razão e responsabilização formam uma alucinação compartilhada, um *délibáb*, como diriam os húngaros, que desaparecerá assim que a questão da vida humana for vista como deve ser vista, com o olhar gélido da ciência? De fato, ao admitir a prioridade ontológica da "imagem científica", será que não abri o caminho para este contra-ataque? O resto deste livro será uma resposta prolongada a essa pergunta cética. E a resposta começa, como deve ser, a partir do problema do livre-arbítrio.

---

* Ver Mark Johnston, "Hylomorphism", *Journal of Philosophy* 103, n. 12, pp. 652-98, 2006.

Sujeito e objeto

Em uma conhecida série de experimentos, Benjamin Libet usou técnicas de neuroimagem para explorar os antecedentes causais da escolha humana.* Os resultados mostraram que, quando as pessoas escolhem entre movimentos alternados, há uma explosão particular de atividade nos centros motores do cérebro que as levam diretamente à ação. Mas os próprios sujeitos sempre relatam suas decisões alguns momentos depois disso ocorrer, quando a ação já está (do ponto de vista do sistema nervoso central) "em curso". A conclusão a que, em geral, se chega desses experimentos é a de que o "cérebro" decide o que fazer, e nossa consciência o segue somente algum tempo depois, quando o interruptor já foi acionado. Porém, de maneira alguma essa conclusão é uma consequência dos dados colhidos nessa experiência. Algumas vezes, uma ação intencional é precedida por uma decisão ou por uma escolha, sem dúvida; mas é comum que a ação *seja* a escolha. E o que faz dela intencional não é que surgiu de uma maneira particular, mas, sim, que o sujeito não pode dizer sob nenhum fundamento que *eu* fiz isto, ou estou fazendo isto, e, ao fazer isto, ele se fez responsável por isto. Dizer que somos livres é acentuar esse fato: precisamente, que podemos justificar e criticar nossas ações, afirmá-los como de nossa posse, e saber imediatamente e com certeza o que iremos fazer — não por prevermos o que faremos, mas por decidirmos em realizá-la. (Logo, a ideia de Ancombe de que ação intencional é diferenciada pela aplicação de um "certo senso da pergunta 'por quê?'".)** A liberdade emerge da rede de relações interpessoais e vem a ser como o corolário do "eu", do "você" e do "por quê?".

Pode-se dizer dos experimentos de Libet que eles tentam descobrir o lugar do sujeito no mundo dos objetos. Buscam o ponto de intersecção da autoconsciência livre com o mundo onde ela atua. E não conseguem encontrar esse ponto. Tudo o que encontram é uma sucessão de eventos no fluxo de objetos, dos quais nenhum pode ser identificado com uma escolha

---

* A melhor fonte sobre isso é a contribuição de Libet para *The Oxford Handbook of Free Will*, org. Robert Kane, 2. ed. Oxford: Oxford University Press, 2011.
** Ver Anscombe, *Intention*.

autoconsciente. Há um paralelo aqui com a pergunta que levantei no primeiro capítulo: a pergunta da presença de Deus no mundo. Se você olhar para o mundo com os olhos da ciência, é impossível encontrar o lugar, o tempo ou a sequência particular de eventos que podem ser interpretados como mostrando a presença de Deus. Deus desaparece do mundo assim que nos dirigimos a ele com o porquê da explicação, assim como os seres humanos desaparecem do mundo quando buscamos a explicação neurológica dos seus atos. Pois Deus, se ele existe, é uma pessoa como nós, cujas identidade e vontade estão ligadas à sua natureza como um sujeito. Talvez o encontremos no mundo onde estamos apenas se insistirmos em invocá-lo com o porquê da causa e, em vez disso, conjurá-lo com o porquê da razão. E o porquê da razão é dirigido do eu para você. O Deus dos filósofos desapareceu por trás do mundo porque ele foi descrito na terceira pessoa, e não foi comentado na segunda.

Aqui, há uma conexão com a teologia cristã da Encarnação. Em Filipenses 2:7, São Paulo descreve Cristo como tendo "se esvaziado" ('εαυτον εκενωσεν) e tomado a forma de um escravo, para que se "tornasse obediente na morte". Essa passagem é o que dá autoridade para a visão de que Deus pode estar presente entre nós somente por meio de um autoesvaziamento (*kenosis*), no qual os atributos divinos estão, de alguma forma, deixados de lado, ficando inoperantes devido a uma postura sacrificial da qual somente Deus é completamente capaz. Simone Weil complementa que Deus pode mostrar a si mesmo neste mundo somente se ele se retirar: surgir diante de nós vestido em seus atributos divinos seria absorver e aniquilar aquilo que *não é* Deus, e isso seria desfazer o trabalho de criação.* Amar Deus é amar uma ausência, e essa ausência está presente para nós em Cristo, a pessoa cujo ser é também uma autoabnegação. É claro que o pensamento de Weil é misterioso, beirando o autocontraditório. Mas o crente dirá que isso não deveria nos surpreender, pois aqui estamos no limite da ordem natural, ao explorarmos o horizonte do nosso mundo. Não podemos confrontar o criador no

---

* Simone Weil, *Gravity and Grace*. Londres: Routledge and Kegan Paul, 1952. [Ed. port.: *A gravidade e a graça*. Lisboa: Editora Relógio D'Água, Lisboa, 2004]

encontro direto do eu-para-você, pois isso levaria à nossa aniquilação: "Tu não podes ver o meu rosto, pois nenhum homem pode me ver e viver" (Êxodo 33:20). Mas, em seu autoesvaziamento em Cristo, Deus mostra a sua liberdade e faz com que nos seja possível dirigir-se a ele como um Tu. Esse autoesvaziamento é ensaiado na Eucaristia, o ato de comunhão representado "em memória de mim" — em outras palavras, no reconhecimento da presença de Deus entre nós como um eu.

Intencionalidade ampliada

Retornarei mais tarde a esses pensamentos místicos. Enquanto isso, contudo, é necessário abordar o tema da autoconsciência, para fundamentar o meu argumento subsequente. Muitos filósofos se referiram ao "mistério" da consciência, como se ela fosse uma característica peculiar do mundo que não pode ser reconciliada com os pressupostos comuns da física. Mas isso é algo profundamente errôneo. Se há um mistério aqui, não está em alguma coisa peculiar, ou fato, ou região no mundo dos objetos. Tal como ele é, o mistério surge da visão privilegiada do sujeito, e está no horizonte dentro do mundo onde o próprio sujeito atua. Nenhuma tentativa de diminuir o sujeito no mundo dos objetos foi realmente bem-sucedida. Você pode extrair da pessoa quantas partes do corpo dela quiser, mas jamais encontrará o lugar onde ela está, o lugar do qual o sujeito se dirige a mim e do qual eu, por minha vez, me dirijo a ele. O que importa para nós não são os sistemas nervosos invisíveis que explicam como as pessoas funcionam, mas as aparências visíveis às quais reagimos quando reagimos a elas como pessoas. São essas aparências que interpretamos, e sobre nossa interpretação construímos reações que, por sua vez, devem ser interpretadas por aqueles a quem são endereçadas. Essas reações são endereçadas não a algum item no mundo que compartilhamos, mas ao horizonte, o eu, que identifica o ponto de vista do outro, e o qual apenas o outro pode ocupar. Parece então que há uma lacuna metafísica intransponível entre o objeto humano e o sujeito livre com quem nos relacionamos como pessoa. Mesmo assim, atravessamos constantemente essa lacuna. Como?

Kant argumenta que toda investigação filosófica começa e termina no ponto de vista do sujeito. Se eu me pergunto o que posso saber ou o que devo fazer, ou o que espero, então a questão é sobre o que *eu* posso saber, e assim por diante, dadas as limitações da minha perspectiva. Não se trata de uma pergunta sobre o que Deus pode saber, o que é reconhecível a partir de determinado ponto de vista que jamais posso alcançar, ou o que é reconhecível a partir de nenhum ponto de vista. Para responder à pergunta, portanto, devo primeiro entender a minha própria perspectiva — o que significa compreender o que deve ser verdadeiro em mim, se serei eu a fazer a pergunta filosófica.

Sei que sou um único e unificado sujeito de experiência. Esse pensamento corrente, essa dor, essa esperança e essa memória são características de uma *única* coisa, e esta coisa é o que eu sou. Sei disso sem nenhum fundamento, sem ter nenhuma espécie de confirmação e, de fato, sem usar nenhuma espécie de critério — é isso o que significa (ou deveria significar) o termo "transcendental". A unidade do sujeito autoconsciente não é a conclusão de qualquer investigação, mas a pressuposição de todas as investigações. A unidade da consciência "transcende" qualquer argumento, uma vez que é a premissa sem a qual o argumento não faz qualquer sentido.

Essa "unidade transcendental de apercepção" também possui uma identidade através do tempo. Eu me atribuo estados mentais — lembranças, esperanças, intenções, e assim por diante — que alcançam o passado e o futuro e me representam como duradouro através do tempo. Como isso é possível e com que garantia eu afirmo a minha própria identidade como uma verdade objetiva sobre o mundo? Essas perguntas sublinham o raciocínio sobre a "dedução transcendental das categorias" de Kant, e aqui não é lugar para discuti-las. Mais importante é a versão ampliada de Kant do sujeito transcendental, conforme ele desenvolve isso em sua teoria ética e também (apesar de isso não ser notado com frequência) em sua estética.

A pergunta fundamental da razão prática é dirigida a *mim*, e ela questiona, "O que *eu* devo fazer?". Posso respondê-la apenas com a suposição de que sou livre. Essa mesma suposição tem um fundamento transcendental, pois é a premissa de qualquer raciocínio prático e nunca a conclusão dele. A liberdade transcendental, como a unidade transcendental de apercepção, pertence à minha perspectiva no mundo. Não se trata de uma perspectiva que poderia ser adotada por um animal, já que depende do uso da palavra "eu" — a capacidade de me identificar na primeira pessoa e de dar e aceitar motivos para acreditar no que acredito, fazer o que faço, e sentir o que sinto.

Fichte e Hegel desenvolveram esses mesmos pensamentos para fornecer um novo olhar para a condição humana. A consciência imediata que caracteriza a posição do sujeito é, como argumentou Hegel, abstrata e indeterminada. Não envolve nenhuma determinação concreta *do que* seria conhecido ou pretendido pelo sujeito. Se fôssemos sujeitos puros, existindo em um vazio metafísico, tal como imaginou Descartes, jamais avançaríamos ao ponto do conhecimento, nem mesmo do conhecimento de nós mesmos, muito menos seríamos capazes de pretender determinada meta. Nossa consciência continuaria abstrata e vazia, uma consciência de nada determinado ou concreto. Mas como um sujeito transcendental, não fico meramente no limite do meu mundo. Eu encontro outros dentro deste mundo. Eu sou eu para mim mesmo apenas porque, e na medida em que, eu sou você para outro. Portanto, devo ser capaz de ter um diálogo livre no qual assumo a minha presença diante da sua presença. Isso é o que significa entender o exemplo de primeira pessoa. E é porque eu entendo esse exemplo que tenho uma consciência imediata da minha condição. A posição que, para Kant, define a premissa da filosofia, e a qual está pressuposta em todo argumento, também se apoia na pressuposição — a pressuposição do outro, daquele com quem estou em competição e em diálogo. O "eu" requer o "você", e os dois se encontram em um mundo de objetos.

Essa sugestão é exemplificada por Hegel em uma série de parábolas sobre a "realização" do sujeito — a sua *Entäussereung*, ou objetificação — no mundo dos objetos. Algumas dessas parábolas (fico relutante em chamá-las de argumentos) são discutidas na literatura da ciência política; a mais famosa delas é a do senhor e do escravo. Muitas transmitem verdades profundas sobre a condição humana e sobre a natureza social do *self*. Contudo, a metafísica idealista à qual a narrativa de Hegel supostamente nos leva — a metafísica da "ideia absoluta" — não é, me parece, nem defensável nem completamente inteligível. O sentido duradouro do que Hegel quer dizer pode ser apreendido, acredito, apenas se aderirmos intimamente ao conceito a partir do qual se inicia a narrativa, que é o conceito do sujeito como a característica definidora da condição humana, e a característica à qual se deve o mistério do mundo.

Contido nesse conceito está aquilo que chamo de "intencionalidade excessiva de atitudes interpessoais". Em todas as nossas reações ao outro, seja de amor ou ódio, afeição ou desprezo, aprovação ou desaprovação, fúria ou desejo, nós olhamos para *dentro* do outro, em busca daquele horizonte inatingível do qual ele ou ela se dirige a nós. Somos animais que nadam na corrente da casualidade, que se relacionam um com o outro no espaço e no tempo. Mas, no encontro eu-você, não vemos um ao outro dessa maneira. Cada objeto humano é também um sujeito, se dirigindo a nós com olhares, gestos e palavras, do horizonte transcendental do "eu". Nossas respostas aos outros se dirigem para aquele horizonte, indo além do corpo para o ser que ele encarna. É essa característica das nossas respostas interpessoais que dá tamanha força ao mito da alma, do verdadeiro, porém oculto, *self* que está coberto pela carne. E é por isso que nossas reações interpessoais se desenvolvem de uma determinada maneira: vemos um ao outro como embrulhados por essas reações, por assim dizer, e nos abraçamos para nos responsabilizarmos por elas como se tivessem sido concebidas *ex nihilo* a partir do centro unificado do *self*. Você pode dizer que, quando nos vemos dessa forma, estamos dando crédito a uma doutrina metafísica, talvez até mesmo a um mito metafísico. Mas não se trata da doutrina de Descartes sobre a substância da alma, nem obviamente de um mito. Além disso, uma doutrina entronizada nas nossas emoções pessoais mais básicas, que não pode ser eliminada sem solapar a relação eu-você sobre a qual depende a nossa compreensão da primeira pessoa, não pode ser rejeitada como um erro simples. Ela tem algo do prestígio que Kant atribui à unidade original da consciência — o status de uma pressuposição do nosso pensamento, incluindo o pensamento que pode nos levar a duvidar dela. De fato, a compreensão desse assunto, a aderência a essa pressuposição e a prática que vem dela é justamente o que significa a liberdade transcendental de Kant.

A presença indispensável em nossas vidas dessa intencionalidade ampliada está na raiz da filosofia, e é a verdadeira razão pela qual as pessoas acham as perspectivas evolucionistas e reducionistas sobre a condição humana tão difíceis de aceitar. Também explica a reclamação recorrente de que, embora nossas sociedades seculares deem espaço para a moralidade, para o conhecimento e para a vida da mente, elas sofrem de um déficit espiritual. Ouvimos que os seres humanos têm uma dimensão "espiritual", com anseios e valores espirituais, e as pessoas dizem tais coisas embora resistam a qualquer religião, embora rejeitem o velho mito da alma, ou a vejam como uma metáfora elaborada. Acredito que o motivo seja este: a "intencionalidade ampliada" das nossas atitudes interpessoais não é um dado inalterável; pode ser educada, levada a novas direções, disciplinada por meio de virtudes e corrompida por meio de vícios. Em alguns casos de autismo extremo, ela pode estar faltando, como no caso dos animais. Mas aprender a dirigir suas atitudes para o horizonte do outro, do qual, por sua vez, ele também dirige o seu olhar — isso requer uma disciplina que vai além do mero respeito. Em tudo o que toca aquilo que é mais profundo e mais permanente em nossas vidas — a fé religiosa, o amor erótico, a amizade, os laços familiares e o deleite da arte, música e literatura —, nós nos dirigimos ao horizonte do qual o olhar do outro está à nossa procura. A educação moral envolve a manutenção dessa intencionalidade ampliada, para tornar possível, nas circunstâncias mais difíceis, olhar a outra pessoa no eu. Isso é o que as pessoas querem dizer com disciplina "espiritual", e é o que Platão chamou de "o cuidado da alma".[2] É algo que está desaparecendo do nosso mundo atual, por motivos que não preciso elaborar aqui. Mas, no que se segue, tentarei mostrar por que é importante.

4

A primeira pessoa do plural

No capítulo anterior, dei motivos para pensar que o nosso entendimento como pessoas não pode ser substituído por qualquer ciência natural do ser humano. Não neguei que somos animais, ou que o nosso comportamento e a nossa vida mental são governados, em sua maioria, pelos processos computacionais que ocorrem em nossos cérebros. Mas sugeri que conhecemos a nós mesmos e um ao outro por meio de um conceito que não denota uma espécie natural e que tira o seu sentido da rede das nossas interações livres: o conceito da pessoa, ele mesmo explicado nos termos do conhecimento em primeira pessoa e do encontro eu-para-você. Uma consequência disso é que não podemos substituir nosso modo de entender um ao outro com alguma ciência, por mais abrangente que seja, do cérebro humano. O mundo humano, ordenado pela percepção em primeira pessoa, emerge da ordem da natureza, enquanto permanece incomensurável com ela.

A percepção em primeira pessoa e a razão prática (o dar e o receber de motivos para realizar uma ação) são as forças que moldam a pessoa humana. Essas forças, insisto, não são afetadas pela prova de que nossas ações, nossos pensamentos e nossas percepções dependem do vasto maquinário dos processos cerebrais dos quais não estamos cientes. Como argumentei no capítulo anterior, ficamos tentados a construir o encontro eu-você como um encontro entre objetos que existem em alguma outra dimensão do mundo físico que vai além deles. Mas, repito, estou argumentando que há um dualismo cognitivo subjacente à nossa reação ao mundo humano e que qualquer dualismo ontológico (por exemplo, o dualismo do animal humano e da pessoa humana) deve ser entendido como uma sombra lançada na ordem da natureza pelo nosso modo duplo de compreender as coisas. Se esse modo duplo de compreensão é sustentado pelas leis teleológicas é uma questão com a qual ainda não estamos suficientemente equipados para lidar. É suficiente dizer que podemos descrever e entender o conhecimento da primeira pessoa sem usar qualquer recurso a um domínio "interior" misterioso, como o que foi postulado por Descartes. E podemos fazer isso mesmo enquanto reconhecemos que a divisão entre sujeito e objeto é absoluta e irreversível.

O encontro eu-você é um encontro entre sujeitos, e algo que pode ser compreendido apenas se reconhecermos que a lógica da percepção da primeira pessoa é construída por meio de conceitos através dos quais nossos acordos mútuos são formados. E esses conceitos, por sua vez, formam o *Lebenswelt*, que é um mundo de aparências, apresentado diante de nós pela experiência. Ao contrário da ordem da natureza, o *Lebenswelt* não tem nenhuma parte puramente postulada ou oculta. Ele é compreendido por meio de conceitos funcionais, morais e estéticos, por meio dos interesses que nos unem e nos dividem, e em termos que estão abertos a cada ponto das ideias de "eu", "você" e "por quê?" enquanto são dispostos no nosso diálogo mútuo. Trata-se de um mundo que contém tanto melodias como sons, tanto rostos como fisionomias, tanto significados como causas. E todos são características reais e objetivas desse mesmo mundo, ainda que nunca sejam mencionadas no livro da ciência empírica.

Tendo por inspiração a obra de J. L. Austin, John Searle enfatizou aquilo que chama de "declarações" — os atos da fala, como o nomear e o prometer, que trazem à existência as situações as quais se referem. Quando eu prometo que o visitarei amanhã, crio uma obrigação para essa visita, que, portanto, existe como um fato institucional — um fato a respeito do domínio das relações humanas.* Da mesma forma, quando um poder legislativo aprova

---

* Searle argumentou, em "How to Derive 'Ought' from 'Is'" [Como Retirar o 'Dever' do 'Ser'], *Philosophical Review* 73, n. 1, 1964, que a referência à instituição da promessa permite que alguém vá da descrição do que as pessoas podem fazer a um relato daquilo que elas devem fazer. Essa afirmação controversa levou a uma crítica irrelevante do seu argumento mais amplo. Tudo o que é necessário para esse argumento é o reconhecimento de que as pessoas tomam, aceitam e confiam coletivamente obrigações, mas não aquelas obrigações que existem como imperativos morais vinculantes da crença coletiva que existe nelas. (Link para o texto de Seale: <http://www.collier.sts.vt.edu/5424/pdfs/searle_1964.pdf>. [*N. do T.*])

uma lei, a declaração da lei cria a própria lei que a descreve, que existe, portanto, como uma obrigação que pesa sobre todos os membros da comunidade relevante. A sugestão de Searle nos fornece um útil ponto de partida para o meu raciocínio neste capítulo. Ela nos lembra de que as pessoas são capazes de se relacionar entre si não apenas indicando seus desejos, como os animais fazem, mas assumindo obrigações, fazendo promessas, comprometendo-se, e, em geral, tendo responsabilidades pelo futuro e pelo bem-estar dos outros. E, ao fazerem isso, elas criam um território de instituições e de leis nas quais se encontram cada vez mais à vontade do que elas poderiam estar em um estado de natureza. Os seres humanos criam obrigações ao declará-las, e essas obrigações, argumenta Searle, existem objetivamente como "poderes deônticos" que estruturam o mundo das instituições. Você pode ver essa teoria como um primeiro passo em direção ao detalhamento da ideia de Husserl sobre o *Lebenswelt*, ao mostrar como o mundo humano pode ser tão radicalmente diferente do mundo dos animais, apesar de nele conter, do ponto de vista científico, somente as mesmas coisas básicas.

A ordem da aliança

É um traço característico da tradição religiosa judaica ver a relação entre Deus e o seu povo fundada em uma aliança — em outras palavras, um contrato, no qual Deus ordena obediência apenas ao se colocar sob obrigações em relação àqueles que comanda. A ideia de que Deus possa estar vinculado a obrigações a respeito da sua criação tem um impacto profundo em nossa civilização, pois implica que a relação de Deus conosco é do mesmo tipo que as relações criadas por meio das nossas promessas e dos nossos contratos. Nossa relação com Deus é uma relação que ocorre entre seres livres, que tomam responsabilidade por suas ações. E a forma mais simples que essa relação pode ter é a da troca de promessas — uma forma que foi reconhecida pela lei desde os tempos antigos.* Quando

---

* Por exemplo, pelo código babilônico de Hamurabi (1792-1750 a.C.), que contém instruções sobre contratos, obrigações e responsabilidade civil.

uma pessoa obtém uma promessa em troca de outra promessa, ela está sob uma obrigação que pode, nas circunstâncias corretas, ser cumprida pela lei.

Os seres humanos passaram a entender a lógica dessas obrigações por meio da lei dos contratos. Isso é algo que eles conseguiram lidar sem os benefícios da filosofia acadêmica, ao suscitar princípios que pareciam estar implicados na própria ideia de prometer alguma coisa, e que são seguidos sempre que as pessoas tentam acertar suas disputas diante de um juiz imparcial. Apesar da existência de diferentes sistemas de lei de contrato — por exemplo, o direito romano e o inglês —, as suas diferenças resultam seja das visões sobre a natureza e o status das pessoas (em que algumas leis antigas discriminam quem são os homens livres e quem são os escravos), seja do fato de que os governos ou os grupos de interesse tentam alcançar metas que são independentes de qualquer coisa implicada no acordo contratual. Por exemplo: os governos podem garantir a segurança da posse de um imóvel para os inquilinos por meio de acordos de aluguel, independentemente dos termos do acordo. O resultado habitual dessa tentativa de ajustar os direitos dos parceiros contratuais, de acordo com algum interesse independente, é que os contratos relevantes desse mesmo tipo deixam de existir — como o que aconteceu nos contratos de aluguel quando foram efetivamente destruídos pelo UK Rent Act [Ato de arrendamento] de 1968, que garantiu a segurança da posse do imóvel com aluguéis controlados. Isso ocorre porque as pessoas não realizam contratos quando as obrigações transcendem aquelas as quais estão sendo conscientemente submetidas.[1]

Logo, o contrato na *common law* exibe maneiras de deliberação que existem em qualquer lugar, até mesmo em sociedades nas quais não há ordenamentos jurídicos escritos, e até mesmo em lugares como os parquinhos de criança onde a lei é simplesmente a instituição coletivamente aplicada do *fair play*. Aqui estão alguns princípios que são reconhecidos em qualquer lugar: um contrato feito sob coerção ou sob fraude não é automaticamente obrigatório. O contrato é válido apenas se for feito por um adulto responsável, e apenas se os termos estão claros e completamente entendidos por ambas as partes. Os contratos existem para serem honrados, e a pessoa que obtém um benefício sob o mesmo é obrigada a realizar a sua parte nele. Uma pessoa que rompe com o contrato fica obrigada a compensar a parte contrária, ao colocá-la em uma posição que ela deveria estar se o contrato fosse cumprido. Uma pessoa que realiza um contrato para receber algum benefício ou algum bem tem o direito de ter uma descrição verdadeira do item que está prestes a adquirir. Esse e outros princípios, que surgem imediatamente da natureza dos acordos humanos, fornecem as fundações da "lei natural" sobre a qual Hugo Grócio elaborou ao desenvolver a lei das nações.*

O campo da responsabilidade civil, ou da injúria, é similar ao criar princípios compartilhados que parecem estar implícitos nos nossos acordos mútuos. A responsabilidade civil não é apenas sobre as consequências deônticas do acordo, mas sobre a atribuição de responsabilidade quando as ações de uma pessoa prejudicam os interesses do outro. Como as leis de contrato, o conceito de dano na *common law* é um tesouro de raciocínios práticos comuns, que mostra a estrutura inerente das obrigações assim que surgem espontaneamente nas relações comuns de dependência. Esse ponto era evidente para J. L. Austin, que dedica alguns dos seus textos mais importantes para os conceitos oriundos do raciocínio a respeito do rumo da *common law* — mais especificamente, o conceito de desculpas, através do qual viemos a entender a diferença entre as consequências das ações de uma pessoa que podem lhe ser *imputadas*, e as consequências que surgem por meio de uma falha que não foi sua. O conceito da imputação tem uma importância vital no relato de Kant sobre o raciocínio jurídico na primeira parte de *A metafísica dos costumes* (intitulada "A ciência do Direito"), e os argumentos de Austin nos textos "A Plea for Excuses" [Um pedido de desculpas] e "Ifs and Cans" [Se e o que é possível] podem ser vistos como a reelaboração no campo de pensamento já feito por Kant e outros no século XVIII.** O ponto básico é que imputamos às pessoas todas as consequências de suas ações

---

* Grotius, *De jure belli ac pacis* (Paris, 1625); edição inglesa organizada por Richard Tuck como *The Rights of War and Peace*, livros 1-3 (Indianapolis, In: Liberty Fund, 2005).
** J. L. Austin, "Ifs and Cans" e "A Plea for Excuses", em *Philosophical Papers* (Oxford: Clarendon Press, 1955). Kant, *The Metaphysic of Morals*, org. e trad. do alemão de Mary Gregor (Cambridge: Cambridge University Press, 1996), parte 1 [Versão em língua portuguesa: *Metafísica dos costumes*, partes I e II. Lisboa: Edições 70, 2004]. Kant escreveu antes de o termo "responsabilidade" (*Verantwortung*) tornar-se comum no linguajar jurídico e moral. Em vez disso, ele se referia ao conceito da lei romana de "imputatio", traduzido como *Zurechnung*.

ou inações que podem ser trazidas para dentro da esfera da percepção em primeira pessoa e da livre escolha — que elas não podem prestar contas como "minhas", e pelas quais podem ser *chamadas* a assumirem como se fossem o "seu feito".

Essa observação nos faz lembrar que o mundo das obrigações e dos direitos não é uma imposição artificial elaborada para servir o propósito de algum poder soberano, mas, ao contrário, trata-se do crescimento natural do encontro eu-você. Juristas como Samuel Pufendorf e Hugo Grócio não estavam simplesmente explicando os termos técnicos da lei romana. Para eles, isso era uma atividade secundária, que fazia sentido apenas no contexto de um relato mais abrangente dos princípios naturais pelos quais os seres humanos vinculam a si mesmos em obrigações e direitos reconhecidos, realizam acordos e resolvem disputas. Da mesma forma, o relato da moralidade feito por Adam Smith, nos termos da decisão ponderada do "espectador imparcial", é uma generalização dos princípios que sustentam não apenas o discurso moral cotidiano, mas também a *common law*. E ele resume os princípios dos contratos, em suas palestras sobre a jurisprudência, ao dirigir-se diretamente sobre as obrigações contidas em uma promessa. Ele argumenta que, se uma promessa for aberta e claramente declarada, ela induz a uma expectativa razoável que deve ser realizada. Essa expectativa é tamanha que, assim como Smith escreve,* "um espectador imparcial deveria também acreditar nela", e é isso o que faz o contrato se tornar obrigatório, mesmo quando não há um aparato legal para cumpri-la. Em todos os nossos acordos, não existem apenas eu e você, mas também ele ou ela — em outras palavras, um agente aos olhos do espectador, um objeto de julgamento, incluindo aí o julgamento feito por nós mesmos. E isso é também o resultado inescapável da relação eu--você. Ao me ver como um você sob seus olhos, sou levado para fora de mim mesmo ao adotar uma atitude de espectador: e eu exijo o mesmo de você. O espectador imparcial surge como uma espécie de sombra das nossas relações; ele é "a terceira pessoa que sempre anda ao seu lado", cujos olhos estão sempre nos julgando. Esse sentimento também "supera" a si

---

* *Lectures on Jurisprudence*. Indianapolis, in: Liberty Press, 2001, p. 87.

mesmo e aponta para o horizonte do nosso mundo. E muito menos que isso deveria nos surpreender. Pois o sentimento de que todos nós somos julgados em todos os nossos acordos é o coração da religião.

O cálculo dos direitos

Se seguirmos esse raciocínio até o fim, parece-me que chegaremos ao conceito antigo de lei natural: o conceito de uma lei inscrito na própria razão humana, que se inicia precisamente da nossa disposição de nos vincular a um acordo livre e de viver com esses termos entre os nossos próximos. Como prefiro colocar, há um "cálculo dos direitos, das responsabilidades e dos deveres" inerente a nossa busca por um acordo, e tal cálculo especifica as restrições que devem ser obedecidas se formos chegar a uma ordem política consensual. É por meio do funcionamento desse cálculo que podemos obter uma concepção viável dos direitos humanos.*

Devemos muito nessa área de estudos a W. N. Hohfeld,** cuja tipologia dos direitos e das obrigações legais trouxe ordem à discussão. Hohfeld lidava não com os direitos naturais, mas com os direitos definidos por um sistema legal, e fazia a distinção entre as obrigações [claim rights], as faculdades [liberty rights], e ambos dos poderes que surgiam de um lado e das imunidades originadas do outro. É o primeiro tipo de distinção de direitos e a diferença entre as consequências oriundas no segundo tipo que se tornam a principal preocupação na discussão dos direitos humanos.

Tipicamente, uma obrigação legal surge de uma circunstância passada que cria um dever de uma pessoa para com outra e um direito subjetivo desta de exigir o cumprimento daquele. Por exemplo: se eu lhe transfiro minha casa por causa de um contrato de compra e venda, então posso exigir de você o

---

* Falei sobre isso de forma mais estendida em *Animal Rights and Wrongs* (Londres: Continuum, 2004), no qual argumento que, se entendermos adequadamente, o conceito de um direito depende da autoconsciência, e, portanto, em uma compreensão normal do termo, os animais não possuem direitos — o que não significa que devemos tratá-los de qualquer maneira.
** W. N. Hohfeld, *Fundamental Legal Conceptions as Applied in Judicial Reasoning*. New Haven, CT: Yale University Press, 1923.

pagamento do preço combinado, e isso é um direito subjetivo meu — em outras palavras, uma obrigação que pode ser exigida jurisdicionalmente, se houver alguma disputa. Obrigações também surgem de danos. Se você negligentemente permite que suas vacas pastem em meu pasto e isso me causa um prejuízo de US$ 5 mil, então posso exigir-lhe o pagamento desse prejuízo.

Nesses exemplos de contrato e de danos, podemos ver facilmente que cada direito subjetivo de uma pessoa define o dever jurídico da outra. De fato, Hohfeld define obrigação legal como um "dever dirigido" — um dever dirigido em relação a uma pessoa em particular que tem essa obrigação. E este dever é um fardo legal. Em geral, ele não pode ser não cumprido: a pessoa obrigada pode não ter os meios para cumprir com a obrigação. Contudo, ela deve satisfazê-la e a lei o obrigará a fazer isso com o máximo de suas forças. Além disso, o dever imposto pela lei cria uma relação de responsabilidade. Tanto no contrato como no dano — assim também ocorre nas relações de confiança —, a lei considera alguém *legalmente responsável* por uma obrigação perante outra pessoa, e essa pessoa legalmente responsável é identificada, seja como um indivíduo, seja como uma empresa ou um grupo, como tendo agido de tal maneira a *incorrer* na responsabilidade em questão. Portanto, não pode haver um cálculo de direitos e deveres que também não envolva um procedimento de "imputação". Esse procedimento define o sentido legal de "responsabilidade".

Obrigações, em casos normais, são muito diferentes de faculdades (liberdades) [*freedom rights*]. Um direito de liberdade impõe um dever geral para que os outros o respeitem; mas ele pode surgir de nenhuma relação específica, e pode não fazer nenhuma demanda específica para qualquer sujeito. É um direito que é violado por um ato de intrusão ou invasão, mas que é respeitado pela inação. O dever de respeitar uma liberdade é, portanto, nem oneroso nem uma responsabilidade especial de qualquer pessoa em particular. Este é o meu direito em relação à vida, aos meus membros e à propriedade, além de outros direitos reconhecidos tradicionalmente como oriundos da lei natural. Você os respeita ao não invadi-los, e este dever de respeitá-los recai claramente e sem nenhuma ambiguidade para todos.[2]

Isso não significa que não existam dificuldades legais para o exercício de liberdades ou que não possam existir relações especiais sobre essas. Por um lado, as liberdades podem gerar conflitos: como quando minha liberdade de plantar vegetais em meu jardim entra em conflito com a sua liberdade de plantar uma cerca de ciprestes por perto. O direito tem a sensibilidade de ver que as liberdades desse tipo são não qualificadas, e que os conflitos podem ser resolvidos por qualificações. Mesmo assim, se você realmente tem o direito de fazer algo, então você é prejudicado por qualquer decisão que lhe proíba de fazer isso. Um conflito de direito, que não pode ser resolvido por qualificações, é estritamente análogo a um dilema moral, no qual alguém é obrigado a realizar duas formas incompatíveis de ação. Essa natureza absoluta dos direitos não pode ser mal compreendida. Direitos definem aquilo que Joseph Faz chamou de razões excludentes — isto é, as razões cuja validade exclui os argumentos compensadores — e não primordiais, ou seja, as que devem prevalecer. Meu direito de fechar a porta contra você é violado por sua decisão de quebrá-la. Contudo, algo acontece que é desconhecido para mim, mas é notado por você: ocorre um incêndio no segundo andar e você arromba a porta para apagá-lo. Nesse caso, o seu dever moral é salvar minha vida e isto é primordial em relação ao meu direito de excluí-lo. De qualquer forma, a sua decisão de arrombar minha porta é a violação de um direito, e eu, nessa medida, sou prejudicado pela sua ação.*

Inflação de direitos

Obrigações surgem em contratos ou em danos — como reconhece Hohfeld. Tenho dúvidas de que, na época de Hohfeld, havia qualquer reconhecimento legal para que qualquer pessoa pudesse exigir algo de uma outra pessoa, independentemente da relação entre as partes. Contudo, isto é o tipo de direito que começou a surgir sorrateiramente nas listas dos supostos "direitos humanos" propostos por legislaturas transnacionais. A mudança de liberdades para obrigações é feita mais facilmente em razão da ambiguidade de muitas das suas formulações. Vejamos o direito à vida. Como proposto na Declaração

---

* Joseph Raz, *The Authority of Law: Essays on Law and Morality*. Oxford: Oxford University Press, 1979.

da Independência dos Estados Unidos, ele significa a liberdade de fazer as minhas coisas sem ameaça à minha vida. Isto impõe aos outros o dever de não me matar, e como isso é um dever sob um entendimento moral, aquele que, para Kant, por exemplo, era justificável *a priori*, não há nenhuma dificuldade intelectual ao incluir o direito à vida na lista dos direitos naturais.

Contudo, a expressão "direito à vida" pode adquirir facilmente outro sentido, como o direito de ser protegido contra qualquer coisa que ameace a minha vida — uma doença, por exemplo. Uma pessoa com uma doença maligna pode ser considerada, segundo esse entendimento, como alguém que sofre uma brecha nesse seu direito. E se colocarmos dessa forma, ficamos imediatamente presos à questão do dever: de quem é o dever de ajudá-lo, e como ele seria? Suponhamos que há um médico em algum lugar que pode curar a doença, mas ele está muito cansado, mora muito longe, enfastiado com as demandas sem retorno que ocorrem no seu dia a dia, e assim por diante, e portanto não atende ao pedido de ajuda. Talvez condenemos esse médico. Mas queremos concordar com o entendimento da expressão dos direitos de exigência e afirmar que ele violou o "direito à vida" do outro? No mínimo, podemos ver que isso é controverso de um modo que o entendimento dessa mesma expressão no sentido dos direitos de liberdade não é. Certamente temos outros e melhores meios para descrever os deveres envolvidos em casos como esses, meios nos quais não pensamos na exigência absoluta em relação à conduta de outrem e que está implicada na linguagem dos direitos.

Agora é fácil ver por que um libertário talvez seja contra a expansão da lista de direitos humanos na hora de incluir deveres obrigacionais — especialmente obrigações de benefícios não específicos como saúde, educação, um determinado padrão de vida e daí em diante, muitos dos quais aparecem na Declaração Universal dos Direitos Humanos com a aprovação de Eleanor Roosevelt. Pois, na ausência de qualquer relação de risco e de responsabilidade, ao especificar quem satisfaria essas exigências, elas invariavelmente apontam o Estado como o seu único provedor possível. E exigências cada vez mais amplas e cada vez mais vagas requerem uma expansão monstruosa do poder estatal, uma rendição à situação de todos os tipos de responsabilidade com as quais antes os indivíduos tinham de lidar, além da centralização da vida social na máquina governamental. Em outras palavras, deveres obrigacionais nos levam invariavelmente a uma direção que, para muitas pessoas, é moral e politicamente perigosa. Além disso, é uma direção que é diametralmente oposta àquela ideia do direito humano (natural) que foi originalmente introduzida — uma direção que envolve o aumento, e não a limitação, do poder do Estado.

Mas existe outra razão para a inquietação sobre a ideia de que os deveres obrigacionais também podem ser direitos humanos. O raciocínio de Hohfeld sugere que o conceito de um direito pertence a uma família de conceitos — responsabilidade, imunidade, dever, permissão, poder e assim por diante — que são conceitos modais, tais como possibilidade, necessidade e probabilidade, ao identificar operações interligadas do pensamento racional. O conceito de um direito pertence àquilo que alguém chamaria (em uma deferência a Quine) de um "círculo de termos jurídicos", que são interdefiníveis de forma intricada, e que, entre eles, especifica uma operação sistemática do intelecto racional. Há, repito, um "cálculo de direitos, responsabilidades e deveres", o qual os seres racionais usam para manter uma ordem em suas disputas e para chegarem a um acordo sobre assuntos de interesses comuns ou conflitantes. A disponibilidade desse cálculo é uma das coisas que nos diferenciam dos outros animais, e estaria à nossa disposição mesmo se nós não conseguíssemos apoiá-lo por meio de um sistema legal comum. O conceito de justiça pertence a este cálculo: a injustiça reside na recusa de direitos e de méritos, como uma punição imerecida, um furto, uma opressão, uma escravidão e um falso testemunho.*

O fundamento dos direitos

Há uma interessante pergunta filosófica a respeito de como é fundamentada essa "discussão sobre os direitos". E há outra pergunta, em parte filosófica, em parte antropológica, sobre a *função* dessa discussão. Por que os seres humanos usam termos jurídicos? O que ganham com isso, e por que isso se

---

* Ver W. V. Quine, "Two Dogmas of Empiricism". In: From a Logical Point of View (Cambridge, MA: MIT Press, 1956), sobre o "círculo de termos intencionais".

estabeleceu em tantas partes diferentes do mundo, para ser percebida como algo completamente natural? Quero encontrar uma resposta para essas questões. Parece-me que a "discussão sobre os direitos" tem a função de permitir que as pessoas exijam uma esfera de soberania pessoal, no qual a sua escolha torna-se a lei. E, por sua vez, as esferas de soberania pessoal têm uma função que, mais precisamente, é a de nos possibilitar aceitar obrigações de forma livre — em outras palavras, criar um domínio de fatos institucionais enfatizados por Searle na sua filosofia social. Assim, dão vantagem às relações consensuais. Elas definem os limites atrás dos quais as pessoas podem recuar e os quais não podem ser ultrapassados sem transgressão.

Portanto, a função primária da ideia de um direito é identificar algo como dentro do limite do que sou e do que tenho. Se eu tenho o direito de sentar-me em uma determinada sala, então você não pode me expulsar sem me causar algum dano. Ao determinar tais direitos, definimos os pontos fixos, os lugares de segurança, dos quais as pessoas podem negociar e concordar. Sem esses pontos fixos, negociação e acordo livre dificilmente ocorreriam, e se eles acontecem, seu resultado será dificilmente estável. Se eu não tenho direitos, então o acordo entre nós não provê garantia nenhuma de realização; a minha esfera de ação está suscetível a constante invasão por outros, e não há nada que posso fazer para definir a posição da qual estou negociando de um modo que obriga você a reconhecê-la.

Logo, os direitos nos permitem estabelecer uma sociedade nas quais as relações consensuais são a norma, e elas fazem isso definindo para cada um de nós a esfera de soberania pessoal da qual os outros estão excluídos. Isso explica o ponto de vista de Dworkin, no livro *Levando os direitos a sério*, que "os direitos são um trunfo". Um direito é parte da cerca que define o meu território soberano: ao exigi-lo, coloco um veto absoluto sobre as coisas que você possa fazer. Ele também explica a conexão direta entre o direito e o dever: a qualidade absoluta do direito é proporcional a um dever de respeitá-lo. E isto explica a natureza da soma-zero de disputas que ocorrem na corte, quando direitos são invocados para decidi-las. *[3]

---

* Ronald Dworkin, *Taking Rights Seriously*. Cambridge, MA: Harvard University Press, 1978. [Ed. bras.: *Levando os direitos a sério*. São Paulo: WMF Martins Fontes, 2004].

Se olharmos o direito dessa maneira — como instrumentos que protegem a soberania —, e então realizarmos acordos livres entre parceiros soberanos para cimentar a sociedade, então imediatamente vemos por que os direitos de liberdade têm a melhor exigência para a universalidade, e por que os deveres obrigacionais — separados de qualquer história de responsabilidade e acordo — apresentam uma ameaça à ordem consensual. Uma obrigação contra alguém, se expressada como um direito, é uma imposição de um dever. Se esse dever não surge de uma ação livre ou de uma cadeia de responsabilidade que possibilitaria uma reivindicação convincente, então, ao expressá-la como um direito, prevaleceremos sobre a soberania dos outros. Nós dizemos a ele: aqui há algo que você deve fazer ou providenciar, mesmo que o seu dever para isso surja de nada que tenha feito ou pelo qual é responsável. Isto é simplesmente uma demanda que você deve satisfazer. E isso, por sua vez, parece uma invasão dos direitos dele.

Trata-se de um caso muito diferente, pelo menos, daquele que se apresenta nos direitos de liberdade. Pois estes são, por sua própria natureza, dispositivos "protetores da soberania". Eles são vetos sobre o que os outros podem fazer contra mim ou que podem me ser retirados, em vez de demandas para que faça ou deem algo no qual tenho algum interesse. O dever que eles definem é o de não interferência, e o interesse que protegem é o interesse mais importante que possuo, mais precisamente, meu interesse de ter o poder de realizar decisões para mim mesmo naqueles assuntos que mais me dizem respeito. Direitos de liberdade existem para assegurar que cada um de nós possa aparecer na esfera pública como sujeitos livres, para assim nos engajarmos naquelas relações eu-você sobre as quais essa esfera pública é basicamente fundamentada. Portanto, o conceito de um direito é baseado no tipo de metafísica do *self* que defendi nos dois capítulos anteriores. É um instrumento fundamental de compreensão humana, definindo um caminho bastante trilhado de conflito e conciliação que ocorre no *Lebenswelt*.

Justiça e liberdade

Se existem tais coisas como "direitos naturais", então eles devem possuir o aspecto essencialmente negativo das liberdades: direitos de não ser perturbado em vez de exigências a benefícios específicos. Mas tal limitação não é reconhecida pelos órgãos que pretendem declarar direitos humanos em condições modernas. A visão de Bentham sobre o conceito de direitos naturais, como "*nonsense* de muletas", foi o primeiro reconhecimento consciente do perigo representado pela "inflação de direitos", o perigo de que as pessoas possam exigir como um direito, e sob nenhuma autoridade legal, o que é meramente um interesse, e assim obstruam o caminho da negociação e do acordo. O conceito de direitos humanos deveria prover uma posição neutra *fora* das controvérsias legais e morais, da qual a legitimidade de qualquer decisão particular possa ser avaliada. No entanto, agora são usados para *tomar partido* em controvérsias políticas. E como ninguém que faz uso da concepção, até onde posso ver, jamais se pergunta como um direito pode ser justificado, não posso deixar de pensar que essas pessoas têm tanta confiança na noção de direito quanto Jeremy Bentham.

Contudo, ao assumir o modo de limitação da doutrina dos direitos que sugeri, podemos começar a explorar uma distinção vital nos assuntos humanos, entre aqueles que são governados pela justiça e aqueles que dependem de algum outro tipo de elo entre as pessoas. Aristóteles definia a justiça como dar a cada um o que é seu. Em outras (e mais modernas) palavras, a justiça significa respeitar os direitos e os méritos. Ela é a restrição de um lado nas relações humanas que governam os nossos empreendimentos cooperativos. É uma propriedade de ações e omissões humanas, e é compreendida amplamente de forma negativa, por meio das várias maneiras em que cometemos injustiças — um ponto que é claramente explicado por Adam Smith e também por Kant. Cometo uma injustiça quando ultrapasso ou ignoro a soberania do outro, ao recusar reconhecer seus direitos e seus méritos em um assunto que o preocupa — por exemplo, ao obrigá-lo ou impedi-lo de explicar seu raciocínio, ou fraudá-lo através de mentiras e truques. Em uma passagem célebre da *Fenomenologia do espírito*, a qual já me referi, Hegel sugere que em todos nós há uma espécie de resíduo das relações de dominação e servidão, e que a nossa disposição em buscar o encontro eu--você, no qual acordo livre e reconhecimento aberto do outro substituem a ditadura, surgiu e mantém os traços da "luta da vida e morte" que precedeu o surgimento da negociação e da lei. Esse pensamento de Hegel (que aparece no relato do sacrifício feito por Girard discutido brevemente no capítulo 1) me parece completamente convincente, e um modo de expressá-lo é afirmar que a justiça é o cumprimento da liberdade humana — a forma das relações humanas em que as obrigações são tomadas livremente, e objetivamente ligadas *por essa mesma razão*. E *vencemos por meio* da justiça ao adotar, em nossos acordos mútuos, o ponto de vista do juiz imparcial.

Talvez seja válido apontar duas consequências importantes que se seguem ao vermos a justiça desse modo: em primeiro lugar, a diferença entre o justo e o injusto é interna a cada raciocínio prático do cotidiano, e pode ser entendida e acordada por todos nós; em segundo lugar, é uma diferença dentro do domínio da ação humana, e não se aplica ao estado de coisas julgados por si mesmos, e sem referência a como eles surgiram. Logo, está em desacordo com a abordagem em relação à justiça sugerida em tempos recentes por John Rawls e outros, que a vê como uma propriedade de distribuições e resultados. A disputa aqui é profunda e difícil. Mas deixem-me dizer apenas que, se olharmos a justiça como Rawls, enfraquecemos a conexão entre justiça e responsabilidade, e removemos o conceito de justiça das nossas decisões práticas cotidianas. É precisamente a ênfase nos resultados, e não nas ações, obrigações e responsabilidades, que nos levou a ultrapassar os contratos comuns e distorcer a legislação direcionada a redistribuir os prêmios. Por isso a lista crescente dos "direitos humanos" que não têm qualquer fundamento nos nossos acordos livres comuns, mas que existem para alcançar algum propósito político abrangente.

Obrigações não contratuais

Não irei mais além nesta área de discussão, pois ela tem a ver com a profunda controvérsia do nosso tempo entre socialistas e liberais clássicos a respeito do bom governo das sociedades modernas — uma controvérsia que seria tema de outro livro. Em vez disso, quero explorar o modo pelo qual o mundo humano vai *além* das fronteiras da justiça, em direção às obrigações que nos foram legadas e concedidas, em vez de criadas. Sou cético a respeito das tentativas para expandir o conceito de justiça, como se fosse para incluir as muitas exigências feitas pelos socialistas e seus correligionários. Todavia, concordo com o consenso da esquerda liberal de que estamos sobrecarregados por mais obrigações do que aquelas que explicitamente contratamos, e essa escolha livre não é o único material do qual é construído o domínio dos deveres. Como argumentarei mais tarde, a ordem da aliança requer que cheguemos além, para assumirmos obrigações que não têm sua origem no nosso consentimento em relação a elas.

Assim, muitas das relações que são mais importantes para nós não podem ser capturadas nos termos de um contrato: a afeição, a amizade, e o amor vão além dos limites do mero acordo para envolver um tipo de doação incondicional ao outro que talvez espere uma reciprocidade, mas não a exige. De fato, embora os vários poderes deônticos que nos rodeiam sejam criados no modo como Searle sugere, também nos encontramos sujeitos a eles e obrigações "transcendentes", naquilo que parece nem surgir, nem ser extinto, por acordos entre seres vivos. Esses vínculos e essas obrigações são dotados de um caráter "eterno". Faltam-lhes fronteiras temporais claras, e a habilidade de reconhecer e agir em relação a eles é fundamental não apenas para a maneira religiosa de viver, mas também para a plena elaboração do *Lebenswelt*.

Podemos entender o que está em debate aqui em termos de três contrastes — aquele entre um contrato e um voto, entre justiça e devoção e entre afeição e amor. Um contrato possui termos que definem o acordo. Quando os termos são cumpridos, o contrato termina; se eles não são cumpridos e, sim, rompidos, então a obrigação de realizá-lo é alterada para uma obrigação de compensá-lo. Contratos fraudulentos, acordos feitos por coerção ou contratos esquecidos quando a parte inocente cumpriu com seu compromisso são exemplos paradigmáticos de injustiça — nesse caso, uma pessoa trata a outra como um mero instrumento, e solapa os direitos dela. Por contraste, os votos podem não ter termos precisos, e são compromissos deixados em aberto para se fazer fidedigno em certo aspecto. Eles têm um caráter existencial, unem ambas as partes num único destino e no que já foi chamado de "unidade substancial".

Para colocar o assunto de outra maneira, um voto é uma autodedicação, um presente para si mesmo, seja completa ou parcialmente, no qual o outro é convidado a depender do que foi combinado. O exemplo paradigmático disso é o casamento, como foi concebido até os tempos mais recentes, e como ainda é concebido por várias comunidades ao redor do mundo. O casamento tradicional, visto de uma perspectiva exterior como um rito de passagem para outra condição social, é olhada de dentro como um voto. Esse voto pode ser precedido por uma promessa. Mas é algo além de uma promessa, já que as obrigações para as quais ele se dirige não podem ser articuladas em termos finitos. Um voto de casamento cria um laço existencial, jamais um conjunto de obrigações específicas. E o desaparecimento gradual de votos maritais é um exemplo especial da transição "do status para o contrato" que foi discutido anteriormente, visto pela perspectiva exterior, pelo grande antropólogo que foi Sir Henry Maine.* Mas, além disso, há algo mais a mudar. O triunfo da visão contratual sobre o casamento representa uma mudança na fenomenologia da união sexual, um recuo diante do mundo dos "laços substanciais" para um mundo de acordos negociados. E o mundo dos votos é um mundo das coisas sagradas, nos quais obrigações santas e indestrutíveis percorrem nossas vidas e nos comandam a trilhar certos caminhos, queiramos isso ou não. É essa experiência que a Igreja sempre tentou proteger, e é a que foi desafiada pelo Estado nos seus esforços de remodelar o casamento para uma era secular.

Instituições como o casamento são relativamente fáceis de entender do ponto de vista exterior — o ponto de vista do antropólogo funcionalista. O casamento é um rito de passagem — um evento na vida de um indivíduo, que também é um evento na vida da comunidade, um evento no qual parte do desejo dessa comunidade de viver é investido. Ela tem interesse em insistir que o vínculo do casamento é mais do que um contrato, ao impor aos parceiros o tipo de compromisso existencial que protegerá o futuro de qualquer criança surgida dessa união. As comunidades que não insistem mais nesse compromisso, ou que permitem a sua erosão primeiramente ao reescrevê-

---

* Sir Henry Maine, *Ancient Law*. Oxford: Clarendon Press, 1861.

-lo como um contrato e depois como uma escolha que pais podem ou não fazer, são comunidades que não oferecem mais segurança às suas crianças.

Mas o que me preocupa não é a justificativa exterior do casamento: é, em vez disso, a sua lógica interna, o que seria o ponto de vista daqueles que adentram nele. Um voto é como um contrato, que se torna um empreendimento voluntário de seres livres. Mas é diferente de um contrato por não ter termos delimitados e ao alongá-lo indefinidamente no tempo. Tem um caráter "transcendente", e esse traço é frequentemente registrado pelos participantes por um convite ou uma invocação aos deuses. Você chama os deuses como testemunhas para a realização de um voto, e, portanto, dá ao seu empreendimento um tipo diferente de permanência que poderia se vincular a qualquer contrato — está escrito nos céus ou inscrito nas runas da lança de Wotan.* Um outro modo de expressar esse tópico é afirmar que os votos, pelo menos aqueles que formam uma relação, têm uma qualidade *sacramental*. Seres sagrados estão presentes desde a sua concepção e supervisionam seu curso. Isso pode ser testemunhado em todos os ritos de passagem familiares a nós — apesar de ser controverso no cristianismo (e esse foi um dos pontos mais discutidos entre católicos e protestantes) se o casamento pode ser realmente visto como um sacramento, comparado ao batismo e à comunhão.

O segundo contraste que me interessa é aquele entre justiça e devoção. Uma obrigação de justiça é devida ao outro porque ele tem direito a ela, ou porque a merece. Os direitos e os deveres são privilégios comparáveis, mas não idênticos: os direitos são, como um todo, benefícios positivos para aquele que os mantém, enquanto os deveres podem ser negativos, como, por exemplo, uma punição merecida. Se todas as suas obrigações surgem de empreendimentos, no modo suposto por Searle, então seria natural assumir que se tratam de obrigações de justiça. Mas não é assim que ocorre. Existem obrigações de devoção — que nunca foram empreendidas, mas que são

---

* Para depois ser queimada no fogo de Loge. Além disso, quando a lança é finalmente despedaçada pela liberdade impetuosa do indivíduo que se afirma a si mesmo, todos os votos e todas as obrigações piedosas se transformam em pó — tal é o destino do mundo humano em *Götterdämmerung* [Crepúsculo dos Deuses, drama musical de Richard Wagner, de 1876, e que fecha o ciclo de *O anel dos Nibelungos*. (*N. do T.*)]

devidas aos outros em reconhecimento dos seus privilégios, ou em gratidão por sua proteção, ou simplesmente como um humilde reconhecimento de que não somos autores do nosso destino.

Em *Leviatã*, Thomas Hobbes defendia uma teoria de contrato social da obrigação política, fundamentada no fato de que "nenhum homem é obrigado a realizar algo que não surja da sua própria ação".* Essa ideia tem uma longa história subsequente; parece justificar obediência política nos mesmos termos que justificam a manutenção de promessas — mais precisamente, de que os cidadãos *colocam-se a si mesmos* sob a obrigação de obedecerem. Mas é certamente evidente que algumas das nossas obrigações mais importantes não são feitas desse modo: por exemplo, a obrigação sobre os nossos pais. Plausivelmente, Hegel argumenta que as obrigações da vida familiar pertencem à esfera da piedade (o *lares et penates* da religião romana), e algo ocorre parecido também com a obrigação política. Novamente, sem se aprofundar no tópico, vejo como evidente que um relato completo de obrigação humana deve reconhecer a piedade como uma fonte distinta dos "motivos independentes do desejo" que governam nossos deveres.

Finalmente, há o contraste entre afeição e amor. Na *Ética a Nicômaco*, Aristóteles mostra que amizades são de vários tipos, e destacou três, dando uma atenção particular — as amizades do prazer, dos negócios e da virtude, que correspondem a três tipos de motivos para ação (o agradável, o útil e o bom). Todas estão reunidas sobre a classificação geral de *philia*, oposta a *eros*, e tanto *philia* como *eros* devem ser diferenciadas daquele amor defendido nos Evangelhos sob o nome de *agape*, tradicionalmente traduzido como caridade ou amor ao próximo. Todas essas relações criam obrigações, mas apenas raramente podem ser traduzidas em termos contratuais. Além disso, a linguagem da obrigação não captura o que é especial sobre os nossos amores, ou seja, eles não podem ser generalizados. Posso ter deveres gerais de caridade, de parceria comercial, de boa vontade com o próximo — deveres que não forçam uma pessoa *específica* a ser reconhecida como seu alvo principal. Mas o amor envolve uma ligação com um indivíduo, cuja presença

---

* Hobbes, *Leviathan*, parte 2, capítulo 21. [Ed. bras.: *Leviatã*. São Paulo: WMF Martins Fontes, 2005]

e bem estar são integrais para a identidade daquele que ama — uma parte do fundamento do seu ser, para usar a formulação teológica. Portanto, o amor — entendido propriamente — preenche o mundo com outro tipo de necessidade, diferente daquela que deriva das obrigações da caridade e da preocupação com o próximo. As pessoas se reconhecem como ligadas por vínculos *não transferíveis*. Esses vínculos investem o outro de um valor único e o diferencia de todas as outras pessoas do universo. Elas encontram a sua realização desse modo, ao descobrirem objetos de atenção e de afeição pelas quais *não existem outros substitutos*.

Além da aliança

Agora, se juntarmos essas três ideias, reconhecendo que seres humanos, como pessoas, não apenas vivem em um mundo de contratos, mas também em um mundo de votos, deveres devocionais e vínculos não transferíveis, chegamos a outro aspecto da cognição interpessoal, e um que distancia ainda mais aquela maneira de cognição da visão de mundo científica. Não podemos viver em uma comunicação pessoal completa com a nossa espécie se tratarmos todas as relações como contratuais. As pessoas não estão à venda: dirigir-se ao outro como você em vez de como ele ou ela é vê-los automaticamente como um indivíduo para quem não existe nenhum substituto. Nas relações que realmente importam, os outros não são obstáculos que surgem como membros de uma classe equivalente. Eu os doto, nos meus sentimentos, com um tipo de individualidade que não pode ser representada na linguagem da ciência, mas que demanda o uso de conceitos que não seriam incluídos no esquema do senso comum das coisas — tais como os conceitos do sacrifício e do sacramento.

Um outro modo de discutir esse assunto é usando a ideia do "vínculo transcendente". Nem todas as nossas obrigações são tomadas livremente e criadas por escolha própria. Algumas recebemos por "fora da nossa vontade". São marcadas por duas características: a sua função social a longo prazo e a sua ausência de plasticidade interna. Os votos de casamento, as obrigações com os pais e as crianças, os laços sagrados para o lar e a nação: tais coisas devem ser resgatadas da corrosão da vontade e devem ser inflexíveis e "eternas" se estão ali para realizarem a sua função manifesta, ao assegurar a sociedade contra as forças do desejo egoísta. Não é surpreendente, portanto, que estejam intrincados na ordem eterna das coisas pelos momentos de reverência sacrificial.

Muito foi escrito sobre os efeitos sociais da secularização. Mas parece-me que o ponto crucial ainda não foi articulado propriamente, que é o de que o efeito principal foi no *Lebenswelt*. O mundo das obrigações foi gradualmente refeito como um mundo de contratos, e, portanto, de obrigações que são rescindíveis, finitas e dependentes da escolha individual. Há muito tempo, Burke mostrou que, em oposição à teoria do contrato social de Rousseau e seu efeito subversivo, se a sociedade é um contrato, então é um contrato em que os mortos, os vivos e os não nascidos são todos igualmente parceiros: em outras palavras, não se trata de fato de um contrato, mas de uma herança de confiança, que não pode ser reduzida ao acordo a ser vinculado.* Todas as obrigações de amor são dessa maneira.

O processo de secularização pode ser entendido pelo exemplo de Rousseau. Ele envolve remover do *Lebenswelt* todo o tecido da vigilância devocional que não pode ser substituído pela escolha livre e pelas obrigações autoimpostas. O mundo é refeito sem a referência transcendental, sem o encontro com as coisas sagradas, sem os votos de aliança e de submissão, que não têm outra justificativa senão o fardo do dever herdado. Mas acontece — e é isto que tentarei mostrar nos capítulos seguintes — que esses votos eram entrelaçados de forma muito mais profunda no tecido da nossa experiência do que pessoas esclarecidas tendem a pensar, e que o mundo sem vínculos transcendentes não é uma variação do mundo que ainda não foi purgado deles, mas algo completamente diferente, um mundo onde nós, seres humanos, não estamos verdadeiramente em casa. Essa é, pelo menos, minha alegação. Se for verdade, isso nos diz algo extremamente importante sobre a experiência religiosa e sobre a trans-

---

* Edmund Burke, *Reflections on the Revolution in France* (1791). [Ed. bras.: *Reflexões sobre a Revolução na França*. Rio de Janeiro: Topbooks, 2013]

formação do mundo que está por vir quando paramos de relacionar o seu significado a uma fonte transcendente. Em todas as sociedades duráveis, insisto, a ordem da aliança é sobrepujada por uma outra ordem, na qual as obrigações são transcendentes, os vínculos são sagrados e os contratos, dissolvidos em votos.

5

Encarando um ao outro

A formosura que aqui no rosto temos é ignorada
pelo seu próprio dono; recomenda-se
aos olhares dos outros, tão somente.
O próprio olho — o mais puro dos sentidos —
também não se contempla, não podendo
de si mesmo apartar-se; mas dois olhos
que se encontrem, um no outro cumprimenta
a forma respectiva. Não retorna
para si mesmo a vista sem que tenha
viajado e a ficar venha refletida
onde se possa ver. Nada há de estranho.

(Shakespeare, *Tróilo e Créssida*)[1]

Os fatos invocados por Shakespeare nessas linhas não nos são estranhos, pois são também o refrão constantemente repetido da vida pessoal. Mas assim que os examinamos, descobrimos serem tão estranhos quanto qualquer coisa que conhecemos. Sugeri que nosso modo de entender a pessoa emprega conceitos que não têm papel a desempenhar nas ciências explanatórias, e situa as pessoas — tanto ela mesma como a outra — de alguma forma no limite das coisas. É certo que as pessoas são objetos em um mundo de objetos. Mas nos dirigimos a elas como sujeitos, cada um com sua perspectiva distinta sobre o mundo, e cada um se dirigindo ao mundo a partir do seu próprio horizonte. Há um mistério que nos vincula ao sujeito, apesar de não se tratar de um mistério que pode ser resolvido pelo dualismo ontológico dos cartesianos. Esse mistério é o da "presença verdadeira". Como pode essa coisa que não é uma coisa, e sim uma perspectiva, *aparecer* no mundo dos objetos onde não ocupa lugar nenhum? Como pode nós não nos dirigirmos apenas ao outro, mas nos encontrarmos verdadeiramente com ele no mundo empírico? A resposta é sugerida pelo fato de que cada um de nós mostra o rosto dessa pessoa neste mesmo mundo, e o rosto, apesar de aparecer no mundo dos objetos, pertence essencialmente ao sujeito.

Discuti esse assunto em *O rosto de Deus*, e aqui faço um resumo de algumas teses defendidas por extenso naquele livro. Argumento que o conceito do rosto pertence aos mesmos conceitos de liberdade e de responsabilidade que fazem parte da compreensão interpessoal do mundo. Isto é, ao ver um conjunto de traços como um rosto, eu não o compreendo biologicamente, como a película visível que protege um cérebro e permite, por meio dos olhos e dos ouvidos, que a informação seja processada por esse órgão. Eu o compreendo como a presença verdadeira no nosso mundo compartilhado de *você*.

Meu rosto é também aquela parte de mim para a qual os outros dirigem a sua atenção, toda vez que se dirigem a mim como "você". Eu estou *atrás* do meu rosto e, ainda assim, estou presente nele, falando e olhando em um mundo de outras pessoas que, por sua vez, estão tão reveladas e disfarçadas quanto eu. Meu rosto é uma fronteira, um pórtico de passagem, um lugar onde eu apareço como o monarca aparece no balcão do palácio. (Não à toa, Dante, no seu *Convívio*, descreve os olhos e a boca como "balcões da alma".) Portanto, meu rosto está ligado ao *pathos* da minha condição. Em um certo sentido, você está sempre mais ciente do que eu posso estar e do que eu sou *dentro* deste mundo; e quando confronto o meu próprio rosto, pode ocorrer um momento de medo, pois tento encaixar a pessoa que eu conheço tão bem a esse alguém que os outros conhecem melhor. Como pode essa pessoa, que eu conheço como uma unidade contínua dos meus dias de nascimento até agora, ser idêntica com esta carne decadente que os outros se dirigiram através de todas as suas mudanças? Essa é a questão que Rembrandt explorou na sua série de autorretratos, realizada durante toda a sua vida. Para ele, o rosto é o lugar onde o *self* e a carne se dissolvem, e onde o indivíduo é revelado não apenas na vida que brilha sobre a superfície, mas também na morte que cresce nas dobras do tempo. O autorretrato de Rembrandt é aquela raridade — um retrato do eu. Mostra o sujeito encarnado no objeto, abraçado à sua própria mortalidade, e presente como a morte no limiar desconhecido das coisas.

Quando eu confronto Maria face a face, não confronto uma parte física dela, como faço, por exemplo, quando olho o ombro ou o joelho dela. Eu *a* confronto, o centro individual da consciência, o ser livre que se revela no rosto de alguém como eu. É claro que existem rostos enganosos, mas não existem cotovelos ou joelhos enganosos. Quando eu leio um rosto, estou, de alguma forma, me familiarizando com o modo como as coisas parecem para uma outra pessoa. O rosto surge no mundo de objetos como se fosse iluminado por trás. Assim torna-se o alvo e a expressão das nossas atitudes interpessoais, e os olhos, os olhares e os sorrisos transformam-se na moeda corrente das nossas afeições.

Isso significa que o rosto humano possui uma espécie de ambiguidade inerente. Pode ser visto de duas maneiras — como um veículo para a subjetividade que brilha dentro dele e como uma parte da anatomia humana. A tensão surgida aqui aparece logo que observamos o modo como nos alimentamos, como foi observado por Leon Kass e Raymond Tallis.* Não enfiamos, como os animais, nossas bocas na nossa comida para ingeri-la. Nós levamos a comida à boca enquanto mantemos a postura eieta que nos permite conversar com nossos próximos. Em todas as sociedades (antes da presente em que vivemos), comer é uma ocasião social, com um caráter ritual explícito, geralmente precedido por uma prece de agradecimento. Ela acontece em um espaço que foi santificado e ritualizado e onde os deuses foram convidados. Todos os rituais impõem disciplina diante do rosto, e isso é parte do que experimentamos enquanto nos alimentamos. Mesmo quando há um propósito biológico, o meu rosto permanece sob minha jurisdição. É o lugar onde eu sou em um mundo de objetos, e o lugar de onde eu me dirijo a você.

---

* Kass, *The Hungry Soul*; Raymond Tallis, *Hunger*. Londres: Acumen, 2008.

Sorrir, olhar, beijar, enrubescer

Logo, o rosto possui um repertório interessante de ajustes, que não podem ser meramente entendidos como mudanças físicas do mesmo tipo que observamos nos traços de outras espécies. Por exemplo: há o sorriso. Os animais não sorriem: na melhor das hipóteses, eles fazem uma careta, a maneira de um chimpanzé ou um macaco. Em *Paraíso perdido*, Milton escreve (ao narrar o amor entre Adão e Eva) sobre os "olhares e sorrisos, que decorrem da razão, falha aos brutos, [e são] alimento do amor" [*smiles from reason flow,/ To brute denied, and are love of food*].[2] O sorriso que se revela é involuntário, é a benção que uma alma confere sobre a outra, quando brilha o ser todo em um momento de autorrevelação. O sorriso ampliado, voluntário e deliberado não é mais um sorriso, e sim uma máscara. O "rosto sorridente" que todas as crianças sabem desenhar não é o retrato de um sorriso. Um rosto pode sorrir apenas quando a alma brilha a partir dele, e o sorriso geométrico não é um sorriso, e sim apenas um mostrar de dentes.

Enquanto um sorriso sincero é involuntário, um beijo sincero é algo desejado. Isso é verdadeiro, pelo menos, quando falamos do beijo de afeição. Contudo, no beijo da paixão erótica, o querer é, em parte, superado, e é nesse contexto que o beijo *puramente* desejado tem um ar de *in*sinceridade. O beijo erótico sincero é tanto uma expressão da vontade como uma rendição mútua. Logo, requer uma espécie de comando da boca, para que a alma possa exalar dele, e também se renda, naquele perímetro do ser que está ao seu lado.

O beijo erótico não tem a ver apenas com nossos lábios: os olhos e as mãos também estão envolvidos. O beijo do desejo nos traz a proeminência da mesma ambiguidade que há no rosto que também se apresenta no momento da alimentação. Os lábios oferecidos de um amante para o outro estão repletos de subjetividade: são os avatares do eu, reunindo a consciência do outro em um presente mútuo. Mas, apesar de os lábios serem oferecidos em espírito, eles respondem como carne. Pressionados pelos lábios dos outros, tornam-se órgãos sensoriais ao trazer com eles toda a armadilha fatal do prazer sexual, e se tornam prontos para se renderem a uma força que se abre no eu e que vem de fora. Assim, o beijo é o momento mais importante do desejo — o momento no qual os amantes estão plenamente face a face e também totalmente expostos um ao outro. O prazer do beijo não tem a ver com sensações, mas com a intencionalidade do eu-você e também com o que isso significa. Os beijos têm uma tematicidade própria. É claro que podem existir beijos equivocados e um prazer equivocado ao beijar, como foi vivido por Lucrécia, na versão de Benjamin Britten e Ronald Duncan para a sua história — ao beijar o homem que pensava ser o seu esposo, ela descobriu que se tratava do estuprador Tarquínio, apesar de ser tarde demais para se defender.

A presença do sujeito no rosto é ainda mais evidente nos olhos, que desempenham seu papel tanto nos sorrisos como nos olhares. Os animais podem olhar para as coisas; eles também olham um para o outro. Mas não olham *dentro* das coisas. Talvez o mais intenso de todos os atos de comunicação não verbal entre as pessoas seja o que acontece com os amantes, quando olham nos olhos um do outro. Não estão olhando para a retina ou buscando no olho suas peculiaridades anatômicas, como faria um oftalmologista. Então, para o que eles estão olhando ou o que estão buscando? A resposta é certamente óbvia: cada um busca e espera também estar olhando para o outro, como uma subjetividade livre que luta para encontrá-lo eu para o outro eu. Em sua discussão seminal em *O Ser e o Nada* sobre o olhar fixo (*le regard*, em francês), Sartre deixa muito claro que o olhar dirigido a um outro sujeito é, por si mesmo, uma revelação do sujeito — há a intencionalidade ampliada sobre a qual falei no capítulo 3. É por essa razão que o olhar fixo de uma pessoa é perturbador. Trata-se de uma invasão no mundo de um ponto além do horizonte e é uma convocação de que devo me assumir como uma subjetividade livre.

Voltar os meus olhos para você é um ato voluntário. Mas o que depois recebo de você não é da minha alçada. Como o símbolo de toda a percepção, os olhos representam aquela "transparência epistêmica" que permite que a pessoa seja revelada a outra em sua corporificação — como somos revelados em nossos olhares, nossos sorrisos e nossos enrubescimentos. A união da perspectiva que é iniciada quando um relance é correspondido por um enrubescer ou um sorriso encontra a sua realização final nos vislumbres completamente recíprocos: o "eu vendo você me vendo" da atenção raptada, na qual nenhum de nós pode dizer que faz ou sofre o que é feito.

Os olhares são voluntários. Mas a revelação completa do sujeito no rosto não é, como regra, voluntária. Sorrisos são habitualmente voluntários e os "sorrisos-presente", como podemos chamá-los, sempre são assim. Igualmente, a risada, para ser genuína, deve ser involuntária — embora a risada seja algo que apenas criaturas com intenções, razão e autoconsciência sejam capazes. O ponto importante é que, enquanto o sorriso e a risada são movimentos da boca, o rosto inteiro é iluminado por eles, para que o sujeito seja revelado neles como sua "superação". A risada e o sorriso podem ser desejados e, quando isso acontece, eles têm uma qualidade ameaçadora e macabra, como ocorre quando alguém ri cinicamente ou então se esconde atrás de um sorriso. A risada voluntária é uma espécie de armadura espiritual, com a qual a pessoa se defende de um mundo traiçoeiro o traindo.

O enrubescimento é mais como lágrimas do que como a risada, já que ambos não podem ser planejados. Apenas um ser racional pode enrubescer, embora ninguém possa enrubescer voluntariamente. Mesmo que, por algum truque, você fosse capaz de fazer o sangue fluir para a superfície das suas bochechas, isso não seria um enrubescimento, mas sim uma espécie de trapaça. E é esse caráter involuntário do enrubescimento que lhe dá o seu significado, que está no fato de que é o *outro* que o impele para isso. Olhares dirigidos aos olhares do outro têm uma "tematicidade inquisitória", por assim dizer. A pessoa que olha para o seu companheiro está também ciente de que ele está prestes a olhar *para dentro* dele. Há aqui um elemento de ampliação, o qual é herdado do encontro eu-você e o qual muda a aparência do olhar humano aos olhos da pessoa que é olhada. Enrubescer é uma resposta natural a tudo isso, um reconhecimento de que o relance originado no horizonte onde você se encontra tocou o horizonte que existe dentro de mim.

A máscara do *self*

Espero que não seja muito caprichoso da minha parte estender um pouco mais essa fenomenologia do rosto, e vê-lo como um símbolo do individual e uma amostra de sua individualidade. As pessoas são animais individuais; mas também são pessoas individuais e, como argumentei no capítulo 2, há um enigma sobre como elas podem ser ambas as coisas. Uma tradição

— associada a Locke — defende que a identidade de uma pessoa através do tempo é estabelecida pela continuidade do "eu", e não por referência à constância do corpo. Apesar de eu não aceitar isso, concordo que ser uma pessoa tem algo a ver com habilidade de lembrar o passado e planejar o futuro, enquanto mantém-se responsável por ambos. E essa conexão entre personalidade e o exemplo em primeira pessoa tem, por sua vez, algo a ver com o nosso senso de que seres humanos são indivíduos de um tipo especial e em um sentido especial que os distingue de quaisquer outros particulares no espaço-tempo. O conhecimento que tenho da minha própria individualidade, que vem da minha percepção direta e sem um critério conceitual da unidade que liga os meus estados mentais, dá substância ao ponto de vista de que me mantenho como um indivíduo, mesmo com toda mudança corporal concebível. A minha *Istigkeit* ou *haecceitas* é exemplificada em mim mesmo como algo que não posso perder. Ela é anterior a todos os meus estados e a todas as minhas propriedades, reduzível a nada deles. Nesse aspecto, também sou semelhante a um deus. E é essa percepção interior da individualidade absoluta que é traduzida para o rosto e então ali se faz carne. Os olhos que me olham são os seus olhos, e também você: a boca que fala e as bochechas que enrubescem são você.

O sentido do rosto como irradiado pela pessoa e infundido com essa autoidentidade fundamenta o poder das máscaras no teatro. No teatro clássico da Grécia, como no do Japão, a máscara era vista não apenas como essencial para aumentar a tensão do drama apresentado, mas também como o melhor modo de garantir que as emoções expressadas pelas palavras fossem refletidas no rosto. É o espectador, agarrado pelas palavras, que vê o significado delas brilhando na máscara. O obstáculo da carne humana havia sido removido, e a máscara parece mudar com cada flutuação das emoções do personagem, para se tornar o sinal exterior de um sentimento interior, mais precisamente porque a expressão da máscara se origina não por causa daquele que a usa, como também por causa daquele que a olha. Criar uma máscara que pode ser vista dessa maneira requer uma habilidade adquirida durante toda uma vida — talvez mais do que isso, como foi o caso dos artesãos de máscaras do teatro Nô no Japão, que ensinaram a sua arte para várias gerações ao permitir que os melhores exemplos desse ofício ficassem nas coleções particulares dos patronos e dos atores, para que fossem levadas a público somente em ocasiões de grande solenidade. A máscara era um símbolo de Dionísio, o deus cujo festival era o palco de várias tragédias encenadas. Ela não significava a distância do deus dos seus espectadores, pois Dionísio não era nenhum *deus absconditus*. Significava a sua presença verdadeira entre eles. Dionísio era o deus da tragédia e também do renascimento, expressado pelo vinho na alma dos seus adoradores para incluí-los na dança da sua própria ressurreição. A máscara era o rosto do deus, ressoando no palco com a voz do sofrimento humano e soando no mistério do culto como uma alegria divina e ditirâmbica.

É interessante notar que a palavra "pessoa", emprestada para exprimir todos aqueles aspectos do ser humano associados com a consciência da primeira pessoa, vem originalmente do teatro romano, no qual o termo *persona* denotava a máscara usada pelo ator e, por isso, pelo personagem interpretado.* Ao tomar emprestado essa palavra, a lei romana queria dizer que, em certo sentido, estamos sempre mascarados diante de um julgamento. Como Sir Ernest Barker escreveu: "Não é o Ego natural que entra em uma corte da lei. É uma pessoa que tem direitos e deveres, criados pela lei, que se apresenta diante dela."** Tal como a pessoa, o rosto é tanto um produto como a produção de um julgamento. Isso sugere um pensamento ao qual retornarei — o de que a condição de ser uma pessoa, como a obrigação, é trazida à vida por meio do uso desse mesmo conceito.

Devemos reconhecer também que o uso das máscaras não ocorre apenas no teatro. Existem sociedades — sendo que a mais singular é a de Veneza — onde as máscaras e os disfarces adquiriram funções complexas que as trazem ao centro da vida pública, tornando-se itens indispensáveis de vestuário, sem os quais as pessoas se sentem nuas, indecentes ou deslocadas. No carnaval veneziano, a máscara tradicionalmente servia

---

* Aqui, há etimologias conflitantes: alguns dizem que a palavra vem do latim, *per-sonare*, ou seja, "atravessar algo", outros falam que a raiz é etrusca, oriunda do culto de Perséfone, que era o assunto principal do teatro etrusco, no qual tinha um papel semelhante ao de Dionísio no teatro ático.
** Sir Ernest Barker, introdução a Otto Gierke, *Natural Law and the Theory of Society 1500-1800*. Trad. de Barker. Cambridge: Cambridge University Press, 1934, p. lxxi.

a dois propósitos: cancelar a identidade cotidiana da pessoa e também criar uma nova identidade em seu lugar — uma identidade *concedida pelo outro*. Assim como no teatro, a máscara usa a expressão projetada nela pela audiência, no carnaval ela adquire a personalidade de todas as pessoas que estão ao seu redor. Portanto, longe de isolar as pessoas umas das outras, o ato coletivo de se mascarar faz com que cada um seja produto do interesse dos outros: o momento do carnaval transforma-se na forma mais elevada de "efervescência social", para usar a significativa expressão de Durkheim. E talvez as nossas interações cotidianas sejam mais "carnavalescas" do que queremos acreditar, o resultado de um imaginar criativo e constante de que por trás de cada rosto existe algo similar a *isso* — em outras palavras, a unidade interior com a qual estamos familiarizados e para a qual nenhum de nós tem palavras.* Essa reflexão faz surgir uma outra: a de que a individualidade do outro reside *meramente* no nosso modo de vê-lo e de que tem muito pouco ou nada a ver com o seu modo de *ser*. Estamos novamente caminhando na trilha seguida por Espinoza, que nos leva à conclusão de que não existem indivíduos verdadeiros, mas apenas vórtices localizados na única coisa que é tudo.

Desejar o indivíduo

Estou inclinado à opinião de que não há uma resposta para a pergunta sobre o que me faz o indivíduo que sou que não seja uma afirmação trivial de identidade. Mas também estou inclinado à opinião de que a noção de uma individualidade absoluta surge espontaneamente das relações interpessoais mais fundamentais. Ela está implicada em todas as nossas tentativas de integridade e um estilo de vida responsável. E é construída no nosso modo de perceber assim como no nosso modo de descrever o mundo humano. Em vez de descartá-la como uma ilusão, prefiro dizer que se trata de um

---

* Devemos a palavra "carnavalesco", usada para descrever uma determinada atitude diante do real, a Mikhail Bakhtin, *Rabelais and His World*. Trad. do russo de Hélène Iswolsky. Bloomington: Indiana University Press, 1993. [Ed. bras.: *A cultura popular na Idade Média e no Renascimento — O contexto de Rabelais*. Brasília: Hucitec/UNB, 2008]

"fenômeno bem-fundamentado", no sentido de Leibniz, um modo de ver o mundo que é indispensável para nós e o qual nunca poderíamos ter razão convincente para rejeitar.

Além disso, o rosto tem esse sentido para nós porque é o portal em que o outro surge, oferecendo "esta coisa que sou eu", como um parceiro no diálogo. Essa característica vai ao âmago daquilo que é ser humano. Nossas relações interpessoais seriam inconcebíveis sem a suposição de que podemos assumir compromissos por meio de promessas, tomar responsabilidades hoje por algum evento no futuro ou no passado, fazer votos que nos vinculam permanentemente para aquele que o recebe e assumir obrigações que sabemos ser intransferíveis para qualquer um. E tudo isso lemos no rosto.

Lemos essas coisas especialmente no olhar do amor no rosto do amado. Nossas emoções sexuais são baseadas em pensamentos individualizados: é *você* que eu quero e não o tipo ou padrão. Essa intencionalidade individualizada não vem meramente do fato de que são as pessoas (em outras palavras, indivíduos) a quem desejamos. Ela vem do fato de que o outro é desejado como um sujeito corporificado, e não como um corpo.* E o sujeito corporificado é o que vemos no rosto. Não preciso enfatizar até que ponto nossa compreensão do desejo foi influenciada e de fato subvertida pela literatura, de Havelock Ellis a Freud e aos relatórios Kinsey, e que tinha a intenção de levantar o véu dos nossos segredos coletivos. Mas é válido ressaltar que, se você descreve desejo nos termos que se tornaram comuns — como a busca de sensações prazerosas nas partes privadas —, então a esfera das relações sexuais se torna completamente "desmoralizada". A atrocidade e a impureza do estupro, por exemplo, se tornam assim impossíveis de serem explicadas. Segundo esse ponto de vista, o estupro é tão ruim quanto levar uma cuspida, mas não pior. Na verdade, tudo o que envolve o comportamento sexual humano pode se tornar ininteligível — e é apenas o "charme do desencantamento" que leva as pessoas a receberem as descrições que agora estão na moda como se fossem a verdade.

---

* Defendo esse argumento com detalhes em *Sexual Desire: A Moral Philosophy of the Erotic* (Nova York: Free Press, 1986). [Ed. bras.: *Desejo sexual — Uma investigação filosófica*. Campinas: Vide Editorial, 2015]. A noção de um "sujeito corporificado" é também fundamental para a análise de percepção dada por Merleau-Ponty.

O desejo sexual, como foi entendido em qualquer época anterior ao presente, é inerentemente comprometedor, e a escolha de expressá-lo ou a ele ceder sempre foi vista como uma escolha existencial, na qual há mais em risco do que a satisfação do momento. Não é de surpreender, portanto, que o ato sexual tenha sido cercado de proibições; ele traz consigo um fardo de vergonha, culpa e ciúme, assim como alegria e felicidade. Logo, o sexo está profundamente implicado no senso de pecado original: o senso de sermos separados do que verdadeiramente somos, por meio da nossa queda no mundo dos objetos.

Há uma intuição importante no livro do Gênesis sobre o lugar da vergonha na nossa compreensão do sexo. Adão e Eva compartilharam da fruta proibida para obter o "conhecimento do bem e do mal" — em outras palavras, a habilidade de inventar por si mesmos o código que governa o comportamento deles. Deus caminha pelo jardim e eles se escondem, conscientes pela primeira vez dos seus corpos como objetos de vergonha. Essa "vergonha do corpo" é um sentimento extraordinário que apenas um animal autoconsciente poderia ter. É o reconhecimento do corpo como intimamente eu e ao mesmo tempo, de alguma forma, não eu — uma coisa que vagou no mundo dos objetos como se por escolha própria, para depois se tornar a vítima de olhares indesejados. Adão e Eva se tornaram conscientes de que não estão apenas face a face, mas unidos de outra forma, como corpos, e, na versão incomparável de Milton, o olhar de luxúria objetificador agora envenena o seu antes inocente desejo. É graças às folhas da figueira que Adão e Eva conseguem evitar o pior: asseguram, embora provisoriamente, que ainda podem ficar cara a cara, mesmo que o erótico tenha agora se tornado privado e ligado às partes íntimas. No seu conhecido afresco da expulsão do Paraíso, Masaccio mostra a diferença entre as duas vergonhas — a do corpo, que faz Eva esconder suas partes sexuais, e a da alma, que faz Adão esconder o seu rosto. Ele oculta o seu *self*; Eva mostra o *self* em toda a sua dor confusa, mas ainda assim protege o corpo — pois agora ela sabe que pode ser maculada pelo olhar dos outros.

A árvore do conhecimento que causou a queda do homem está, com certeza, descrita erroneamente como se nos desse o conhecimento do bem e do mal. Pelo contrário, ela nos dá o conhecimento de nós mesmos como objetos — caímos do reino da subjetividade para o mundo dos objetos. Aprendemos a nos olhar como objetos e a nos esquecermos do rosto e de tudo aquilo que ele significa. Perdemos aquilo que nos era mais precioso, que é o véu imaculado do *Lebenswelt*, estendendo-se de horizonte a horizonte através da matéria escura da qual todas as coisas, incluindo nós mesmos, são compostas.

O mito de origem

A história da queda do homem é um "mito de origem". Tais mitos, que são uma parte vital da religião, exibem as camadas de consciência, segundo termos *arqueológicos*, como se cada camada fosse, de alguma forma, "anterior" àquela que está sobre ela. Na mente religiosa, lemos a nossa natureza como se fosse uma "volta às origens", para entender como uma narrativa o que de fato é a verdade sobre o momento presente, ao qual estamos para sempre presos. A história da Queda, como acabei de recontá-la, registra uma verdade profunda sobre a psique humana. Ela nos diz que somos tentados a conceber as nossas relações mais íntimas em termos que as tornam objetificadas, como uma reunião de corpos em que o outro não está mais presente como um sujeito que existe em seu rosto. Mas ela representa essa verdade por meio de uma história da "Queda", a transgressão particular que ocorre em um momento particular, antes do qual desfrutamos da pureza que depois foi perdida. Essa história é uma ficção, apesar de ser uma ficção que ilustra uma verdade.

Todas as religiões envolvem essa espécie de reversão, posicionando as verdades básicas de um ser autoconsciente na forma de uma narrativa de origens. A história da criação é, ela mesma, tal narrativa — o que não é negar que o mundo é dependente de Deus e uma expressão do Seu poder de criação livre, mas sim insistir que não há "momento" de criação, de que não há um momento antes do qual não havia nada e depois do qual o tempo começou a se desdobrar. É verdade que os cientistas traçam o nosso universo a partir da "singularidade" do Big Bang, além do qual a nossa compreensão não pode apreender, pois as leis da física operam apenas na tormenta subsequente. Mas isso não implica que houve um momento da Criação que separou o tempo entre o período do nada e do alguma coisa logo em seguida. Pelo contrário, ela implica que não podemos dar nenhum conteúdo à ideia de tempo vazio — nesse caso, a narrativa de criação, segundo a qual Deus intervém para trazer o nada a um fim, é uma história sobre o nada e, portanto, não é uma história.

Descrever uma narrativa como um "mito de origem" não é rejeitá-la, mas afirmar que ela deve ser entendida de outro modo, como uma revelação das realidades presentes. Isso é lindamente ilustrado por Wagner em *O anel dos Nibelungos*, no qual a narrativa se desdobra simultaneamente tanto para a frente como para trás. Cada passo de Wotan em direção à resolução dos seus dilemas desvela alguma medida "anterior" que inexoravelmente o levou a isso, algum encontro mais profundo e primordial com a ordem da natureza. O mito tem a ver com uma origem que se encontra tão profundamente enterrada que só pode ser compreendida retroativamente, como os fragmentos enterrados são trazidos um a um à luz da consciência. O sentido desses fragmentos é revelado no "agora". Mas trata-se de um eterno "agora": esse é o fardo do Prelúdio místico no *Götterdämmerung*, no qual as Nornas tecem a corda do destino, entendendo as próprias ações apenas parcialmente, e apenas naquilo que produzem (As filhas do Reno, elas próprias atributos do eterno começo, depois descrevem a corda como a *Urgesetzes Seil* — a corda dos primórdios, de todas as leis anteriores).[3] Wagner mostra que a liberdade idealizada representada por Wotan — a liberdade de comandar um mundo e de embelezá-lo com a lei, a segurança e a propriedade — é uma quimera até ser realizada na carne mortal. Mas a liberdade é também realizada como amor, e este exige renúncia. Quando Wotan compreende isso, ele está pronto para aceitar sua própria mortalidade. A jornada espiritual de Wotan começou com sua busca pela glória imortal; e termina com a sua vontade consciente em direção à morte. Ainda assim, o "começo" e o "fim" estão eternamente presentes. Cada um contém o outro: eis a razão por que a narrativa se desenvolve dessa maneira, em ambas as direções de uma só vez.

É claro que a narrativa bíblica é muito diferente. Wagner era um dramaturgo e um antropólogo, que entendia mitos como mitos, e os apresentava com todos os seus paradoxos expostos. A narrativa bíblica, mesmo sendo claramente o produto de um intelecto astuto (ou diversos deles, se pudermos confiar nos estudiosos), pretende ser um relato do que realmente aconteceu naqueles seis dias de criação. Ela fala de uma união original do homem com Deus, dividida pelas ações livres dos nossos "primeiros pais", a partir da qual a humanidade vagou pelo mundo entre o conflito e a desolação. E o Novo Testamento oferece uma redenção final, já antecipada pelos profetas. O preço desse pecado original agora foi pago pelo próprio Deus, e o caminho de volta para a unidade com Ele finalmente está diante de nós.

Essa narrativa exemplifica um padrão que é amplamente observado, não apenas nos mitos de origem, mas também nos ritos de passagem — em que indivíduos primeiro se separam de suas tribos e depois passam por uma reincorporação ritualística. Nós o encontramos também exemplificado em certos relatos poéticos e filosóficos sobre a natureza e o destino das sociedades humanas. Eis o padrão: unidade inocente, depois a separação culposa, levando finalmente a uma unidade recuperada, em um estado de compreensão e perdão. No livro *The Mind of God and the Works of Man* [A mente de Deus e os trabalhos do homem], Edward Craig argumenta de forma persuasiva que a filosofia dominante da era romântica na Alemanha deriva do "único grande tema metafísico com o qual as mentes desse tempo estavam obcecadas: a unidade, sua perda e a sua recuperação".* E ele faz um relato nesses termos de "a grande valsa cósmica, a dialética em três fases da metafísica de Hegel".** Contudo, não são apenas os românticos alemães que viam o mundo em termos desse padrão dominante. Muitas religiões antigas têm uma estrutura comparável — notadamente os cultos de Ísis e Osíris, Átis e Adônis. O rito católico-romano da confissão, penitência e absolvição também faz parte desse padrão, que é também exemplificado em algumas tragédias gregas, mais especificamente na *Oresteia* e na narrativa estendida de Édipo, terminada em *Édipo em Colono*.

Ainda assim, Craig está certo em destacar a dialética de Hegel, pois o interesse adicional no relato de sua estrutura quase-temporal, apresentando conscientemente pressuposições lógicas como se fossem estágios de uma

---

* Edward Craig, *The Mind of God and the Works of Man*. Oxford: Clarendon Press, 1987, p. 136.
** Ibid., p. 151.

narrativa, chegando até mesmo a usar a palavra "momento" e a linguagem do "antes", "ainda não" e "depois" para expor a estrutura interior da nossa vida mental. Isso nos ajudará a entender o significado do rosto e da subjetividade humana como é revelada nele, se pararmos para considerar o que Hegel tinha em mente.

Hegel, a dialética e a autoconsciência

De acordo com Hegel, a dialética é uma estrutura que podemos elucidar em todas as práticas em que há liberdade, consciência ou conhecimento como metas a serem alcançadas. Tais práticas "começam" de um momento de imersão, no qual o sujeito tem uma consciência que é "imediata" e "abstrata". O sujeito avança em direção ao conhecimento concreto apenas por meio de um movimento que vai para fora, em direção àquilo que "limita" e "determina" as fronteiras do *self*. O sujeito experimenta esse fator limitador como alguma coisa que é um *outro*, um objeto *genuíno* de conhecimento e não simplesmente como um aspecto do *self*. O movimento para fora, ou *Entäusserung*, introduz o momento crucial de alienação ou indiferença. A procura por conhecimento gera conflito, sem o qual não pode haver nenhum reconhecimento de um mundo objetivo, ou do lugar do sujeito dentro desse mesmo mundo. O conflito é então superado, transcendido a um novo nível de liberdade, do qual o processo dialético pode começar novamente. A trajetória completa da vida consciente pode ser, e de fato deve ser, descrita nesses termos, como movimentos sucessivos que vão do abstrato e do imediato ao concreto e ao determinado, indo através do conflito até o momento de transcendência quando a oposição é superada e reconciliada. Nesse quadro, o padrão de unidade inocente, seguida pela separação culposa, depois a reconciliação em um estado de conhecimento, é apresentada como a estrutura fundamental da consciência.

Se olharmos a dialética hegeliana como um "mito de origem", tudo isso passa a ter um novo aspecto. Então podemos entender a divisão tripartite da vida consciente como uma estrutura permanente na consciência em si mesma. Não se trata de ver as coisas descritas como "momentos" ou "estágios" que se sucedem no tempo, mas sim que eles se desdobram na psique numa relação de dependência mútua. Isso pode ser ilustrado ao refletirmos sobre os dois aspectos do nosso ser que Kant destacou com uma atenção especial: a autoconsciência (que ele chamava de "apercepção") e a liberdade.

Segundo a narrativa dialética, a autoconsciência começa na percepção imediata ("sem critério") de um mundo unificado, onde o interior e o exterior ainda não estão diferenciados. Mas essa percepção exige um objeto, e o objeto da percepção, uma vez "postulado",* está fora do *self* e também entra em conflito com ele ao apresentar uma fronteira e um limite aos desejos subjetivos. Os objetos são "para serem usados". Eles impedem os meus desejos e também podem realizá-los. Por meio da minha interação com objetos, eu encontro o outro, que entra em conflito comigo por sua possessão e seu uso. Através da longa luta que se segue, que tem vários "momentos" assim como várias camadas de autoconsciência, o sujeito reconhece que ele é também um outro que entrou em conflito consigo mesmo. O seu conhecimento de si mesmo é agora "mediado" por um conceito do mundo objetivo, no qual ele está situado como um agente autoconsciente entre tantos. E esse reconhecimento abre o caminho de volta para a alienação — ou então para o caminho na direção de uma nova forma de unidade. Tal unidade não é a do *self* no seu interior, a autoidentidade vazia da qual o processo se iniciou, mas uma unidade do *self* e do outro, a reconciliação nas condutas mútuas dos sujeitos que se reconhecem como seres livres. É nesse ponto que a vida moral, a vida em sociedade, começa.

Essa narrativa deveria ser reescrita de forma "lógica", com pressuposição em vez da sucessão como a relação orientadora. O quadro final é este: eu existo como um sujeito, isto é, como um ser autoconsciente com conhecimento imediato de um domínio interior, que define o meu ponto de vista no mundo. Mas isso pressupõe que eu existo em um mundo de objetos ao qual posso me referir e com o qual eu me identifico como se fosse um outro diferente de mim. Por sua vez, a referência ao redor pressupõe outras pessoas com as quais eu compartilho uma linguagem e, portanto, uma perspectiva

---

* O verbo em alemão é *setzen*, introduzido aqui numa conexão com Fichte para nomear o poder criativo e original da subjetividade. Ver a *Wissenschaftslehre* (1794).

em primeira pessoa. E a linguagem pressupõe um mundo compartilhado, um *Lebenswelt*, no qual os outros são representados como sujeitos iguais a mim. Em suma, a autoconsciência pressupõe todos aqueles estágios "tardios" de alienação do outro, e de reconciliação com o outro, como eles são descritos na narrativa de Hegel.

Liberdade

Assim, a história da liberdade pode ser escrita de duas maneiras. De acordo com a versão do "mito de origem", o sujeito livre começa com uma liberdade original, que é imediata e "indeterminada". Essa liberdade é, como Hegel coloca, a *"bei sich selbst"* do eu: uma mera autossuficiência.* A liberdade pode se tornar real e determinada apenas se for exercida em um mundo *que é diferente e que está fora* da subjetividade do agente. Até acontecer em um mundo objetivo, a liberdade é um sonho, não apenas um exercício de escolha racional, muito menos uma forma de autodeterminação e de autoconhecimento. Mas o sujeito, ao exercer sua liberdade no mundo dos objetos, entra em conflito com outros que fazem o mesmo. Nesse conflito, cada um olha o outro como um obstáculo, um objeto a ser subjugado. Em outras palavras: os sujeitos começam a tratar uns aos outros como objetos. Sendo objetos um para o outro, cada um se torna um objeto para si mesmo, entrando no estado de alienação no qual o valor da liberdade é como que velado pela necessidade e pelo apetite. O mundo alienado é um mundo no qual o agente não encontra valor em seu próprio ser e nenhuma razão para suas ações, que são compelidas a ele em virtude da pressão dos eventos. Apenas quando ambas as partes reconhecem a si mesmas como sujeitos livres que eles passam a agir por suas razões e seus motivos. Pois eles são públicos, válidos para todos os agentes racionais, e proferidos nos termos do mundo que compartilham — o *Lebenswelt*. As razões práticas estão enraizadas no reconhecimento de que agentes livres façam um acordo entre si quando começam a aceitar um ao outro como fins em si mesmos. Em

---

* *Lectures on the Philosophy of History*, Introdução B (a).

outras palavras, a liberdade é plenamente alcançada apenas em um mundo de pessoas unidas por direitos e deveres que são reconhecidos mutuamente. É então que se torna a liberdade concreta e determinada, através da qual os agentes alcançam a plena consciência de si mesmos e de seus motivos para fazerem o que fazem.

É claro que essas não são as palavras exatas de Hegel, e a minha história resume milhares de páginas em um único parágrafo. Mas é suficiente saber mostrar que a narrativa do "mito de origem" tem similaridades com essa explicação, no qual novamente o pressuposto substitui a sucessão como a relação vinculante entre os "momentos". A liberdade do sujeito pressupõe o pertencimento de um mundo onde uma distinção pode ser feita entre os fins das ações e os meios necessários para assegurá-las. Tal distinção está disponível pela razão prática, que, por sua vez, pressupõe uma comunidade de seres racionais que se respeitam como pessoas e se reconhecem na liberdade que ocorre por meio de seus acordos e em seus projetos. Em resumo, o conhecimento imediato da minha própria liberdade, que é a premissa da razão prática, também pressupõe o mundo criado pela razão prática, o *Lebenswelt* compartilhado, estruturado por poderes deônticos.

O "mito de origem" se aproxima da autoconsciência, e a liberdade nos permite perceber a complexidade desses dois aspectos da nossa condição. Cada um pode ser desdobrado nas camadas que o compõe, e cada camada nos diz algo a mais sobre o *Lebenswelt*. O rosto é iluminado como se de dentro pela autoconsciência e pela liberdade, e cada rosto que encontramos olha para nós de fora da ordem natural. O rosto não é um objeto entre outros objetos, e, quando as pessoas nos convidam a percebê-lo como tal, como acontece com a pornografia, elas têm êxito apenas em desfigurar a forma humana. Ao descrever o papel do rosto nas relações interpessoais, tento ilustrar uma verdade importante sobre o *Lebenswelt*, e um axioma crucial do meu tipo de dualismo cognitivo. Eis a verdade que as superfícies se mostram profundas. Dobradas dentro do vislumbre, do enrubescer, do beijo e do sorriso estão todas aquelas camadas do ser que são mais facilmente exibidas no raciocínio de Hegel, através de um mito de origem, em vez de serem analisadas no modo mais familiar aos filósofos analíticos. O sujeito é revelado em seu próprio rosto como livre, autoconsciente, conhecedor de si mesmo, e adquire essas características em parte porque elas acontecem e são tornadas públicas em seu rosto. Ao encararmos os outros, ganhamos a percepção completa das limitações da razão prática e, portanto, da liberdade que o nosso pertencimento social nos outorgou.

Quando Sellars introduziu a diferença entre a imagem manifesta e a científica, ele argumentou, de um modo que não era completamente distante das minhas reflexões neste capítulo, que a ideia da pessoa é central para a imagem manifesta, e que com a ideia da pessoa vem aquela da comunidade. A imagem manifesta representa um investimento cognitivo compartilhado. Contudo, Sellars esperava estabelecer a "primazia da imagem científica" e via essa tese como fundamental para a nova tarefa filosófica. Ele acreditava que a "imagem manifesta" é de algum modo rasa, o efeito daquilo que Hume chamava de "a capacidade da mente de se espalhar sobre objetos", algo para ser *descolado*, como se para revelar a verdade do mundo, que seria a história contada pela ciência. (Logo, de acordo com um relato empirista tradicional, a ciência desnuda o mundo das qualidades secundárias, que são apenas cores que o mundo usa a partir da nossa perspectiva e o descreve apenas em termos de qualidades primárias.) Mas, quando olhamos para o exemplo do rosto, vemos que esse quadro é profundamente enganoso. A imagem manifesta é completa, rica e profunda. Os aspectos mais importantes da condição humana serão descobertos em suas dobras, isolados como se fossem harmonias de uma música e histórias que vemos nos quadros, nos dizendo o que somos, real e profundamente. O rosto é, para nós, a presença verdadeira da pessoa; é a imagem da liberdade, moldada pelas exigências da vida social.

Para dizer o que vemos quando observamos um rosto, um sorriso, um olhar, devemos usar os conceitos de uma outra linguagem em vez da linguagem da ciência, e fazer conexões de um outro tipo, diferentes daquelas que são o assunto referente às leis de causalidade. E o que testemunhamos, quando olhamos o mundo dessa forma, é algo muito mais importante para nós, e muito mais pleno de significado do que qualquer coisa que possa ser capturada pelas ciências biológicas. Por meio do exemplo do rosto entendemos um pouco daquilo que Oscar Wilde quis dizer quando disse que apenas uma pessoa muito superficial não julga pelas aparências.

6

Encarando a Terra

Mitos de origem não são contos de fada tradicionais ou explorações do sobrenatural. São tentativas de dar sentido à condição do homem, projetando a natureza humana de volta a uma origem imaginária sem o fardo da história e das instituições. O mito retrata um mundo onde as pessoas existem *desde o início* e usa esse recurso para explorar o dilema das pessoas no aqui e no agora. A narrativa de Rousseau do "bom selvagem" é tal mito; e também o é a teoria do Estado que começa com "o contrato social". E como está na natureza das pessoas florescer apenas em um estado de reconhecimento mútuo e de responsabilidade recíproca, a personalidade envolve a procura pelo o que é justo e a possibilidade da culpa. Na história da Queda, essa verdade profunda sobre a condição humana é transcrita como um mito de origem. Desse mesmo mito não deve ser dito que se trata simplesmente de uma história, sem nenhuma verdade. Pelo contrário, trata-se de algo verdadeiro, ocultado dentro de uma história. Neste capítulo, tentarei falar mais sobre essa verdade, no contexto de uma outra história.

Esses mitos contrastam de forma contundente com a ciência das origens, como esta se desenvolveu na esteira de Darwin. Hoje está na moda explicar características emocionalmente carregadas da vida pessoal como "adaptações", que significam reações selecionadas no "nosso ambiente de adaptação evolucionária". Argumenta-se que muitos dos nossos hábitos mais arraigados surgiram durante os anos das comunidades de caçadoras-coletoras. Tal comunidade tinha o benefício da linguagem e dos instrumentos manuais, mas não tinha o benefício da lei, da religião ou da agricultura, que apareceriam mais tarde, quando os humanos começaram a se assentar e a cultivar a terra. Para o psicólogo evolucionista, a natureza humana é composta, em sua maioria, dessas adaptações profundas, e elas são mais bem-compreendidas como soluções para os problemas da sobrevivência em circunstâncias que estão em grande parte desaparecidas.

Uma razão pela qual as civilizações geralmente trataram a natureza humana como um obstáculo e lutaram contra ela com todas as armas que a lei, a religião e a moralidade poderiam fornecer é porque lidamos com o mundo partindo de uma herança genética que, de certa maneira, já superamos. Os impulsos para destruir o invasor, para expulsar o crítico, para se submeter ao líder poderoso e para matar, escravizar ou violar o cativo são, sem dúvida nenhuma, adaptações das condições cruéis nas quais as tribos competem entre si por bens escassos encontrados nas feras selvagens e nos desastres naturais. Mas eles rompem o trabalho da civilização e devem ser canalizados para outras direções ou até mesmo superados completamente se quisermos florescer como as pessoas florescem, numa condição de responsabilidade mútua.* A ciência das origens traça a nossa psicologia para impulsos meramente interpessoais e que devem ser superados precisamente para nós florescermos como sujeitos livres e não como animais escravizados por nossos genes.

Então, como podemos explicar a transição da vida do animal humano para aquela da pessoa humana? Sabemos que a transição ocorreu de fato. E supomos que ela ocorreu de maneira gradual, como velhas adaptações se renderam à pressão da reciprocidade social. Mas o resultado final — o surgimento de sujeitos livres, vinculados a direitos e deveres a outros da mesma espécie — é uma condição que não pode ser entendida por meio das leis da biologia. Tal condição surgiu da ordem natural, mas não é uma parte dela. É por isso que, quando tentamos imaginar como as pessoas se

---

* Desenvolvo esse raciocínio por extenso em *The Uses of Pessimism and the Danger of False Hope*. Londres: Atlantic Books, 2010; Nova York, Oxford University Press, 2011. [Ed. bras.: *As vantagens do pessimismo e os perigos da falsa esperança*. São Paulo: É Realizações, 2015]

tornaram o que são, temos de recorrer geralmente a um "mito de origem". Contamos uma história na qual aparecemos logo no começo como se fôssemos "o homem eterno", segundo a frase de Chesterton — aquilo que nos tornamos apenas com o passar do tempo e, em uma certa maneira, de forma inexplicável.* Ao fornecer mitos desse tipo, as religiões nos ajudam a entender a nós mesmos.

Não que esses mitos não tenham fundamento. Em geral, eles podem ser reescritos em um idioma mais analítico, do modo como a dialética de Hegel pode ser reescrita nos termos de uma pressuposição em vez de uma sucessão entre os seus "momentos". Além disso, há uma outra ideia de Hegel, já explicitada em Aristóteles, que alimenta ainda mais a concepção narrativa do *Lebenswelt*. Aristóteles escrevia sobre a potência (*dunamis*) de uma entidade, e a expansão plena dessa potência em sua atividade (*energeia*) ou então em sua forma completa e realizada (*entelechia*). Seguindo Aristóteles, escritores medievais diferenciaram a potência de uma coisa do ato que a realiza. De forma bem simples, existem entidades cuja essência consiste no poder de se desenvolver de uma certa maneira. O que essas entidades são essencialmente podem ser compreendidas em sua plenitude apenas nos termos de sua forma final. É da essência de uma bolota que crescerá (exceto se for impedida por algum defeito ou alguma doença) para se tornar um carvalho. E entendemos o que um carvalho *é* apenas compreendendo o que ele se *tornará*. Da mesma maneira, enquanto existem seres humanos que não mostram as características definitivas da sua personalidade, eles são, de qualquer forma, essencialmente pessoas, já que está em sua natureza tornarem-se pessoas e se realizarem como elas. A personalidade é o *telos*, o fim, de cada um de nós.

Hegel argumentou que está na natureza da consciência lutar para a "realização" ou "objetificação" (*Entäusserung*) para que se alcance uma forma determinada e objetiva. A história contada pela dialética pode ser compreendida em uma outra maneira, atemporal, para definir o que ocorre com algo que deve se realizar plenamente. Assim, as pessoas têm sua liberdade

---

* G.K. Chesterton, *The Everlasting Man*. San Francisco: Ignatius Press, 1993. [Ed. bras.: *O homem eterno*. Campinas: Ecclesiae Editorial, 2013]

de uma forma abstrata e incondicional; mas o que essa mesma liberdade é, na verdade, só pode ser entendida em termos da sua realização objetiva nas instituições do Estado. Este contém, em si mesmo, a semente da liberdade, assim como o carvalho está contido na bolota. A narrativa de *A filosofia do direito* nos fala sobre as camadas da consciência reflexiva que acontecem de fato nas instituições políticas. E, em geral, é de muita ajuda quando tentamos entender a dependência mútua que liga essas camadas, ao providenciar uma narrativa construída em estágios em direção à realidade que é pressuposta secretamente logo no seu início. Essa narrativa não terá qualquer relação com a história narrada pelo psicólogo evolucionista. Pois os seus protagonistas são pessoas em todas essas mesmas fases, sujeitos dotados de consciência reflexiva, e, portanto, produtos de um processo evolucionista que existe em um pano de fundo oculto. A história evolucionista descreve o maquinário que existe por trás desse pano de fundo e que, mesmo revelado, não teria nenhuma relação inteligível com a ação que acontece no palco.

O assentamento e a cidade

Tal mito de origem é invocado também para descrever a relação das pessoas com os lugares em que elas habitam. Nem todo habitat é apto para elas, e o paradigma que a história nos apresenta, do ponto de vista biológico, é uma anomalia. Tudo o que sabemos da vida que nos define, sabemos por meio da história, da arte e da literatura dos povos assentados, que prepararam a terra para as formas competitivas de vida, para as plantações e que criaram, em pleno campo, a cidade como um refúgio para si mesmos e os seus deuses. A história que contam é a nossa história e nos diz como habitamos lugares que agora possuímos.

Na religião dos gregos e dos romanos da Antiguidade, a fogueira — e o fogo que brilha dela — tem um significado especial, representando a vontade de assentar da família cuja terra está ao seu redor. É um lugar preparado para os deuses do lar, e é ali que os membros da família se reúnem para o reconhecimento ritual dos ancestrais que estabeleceram a posse de onde se encontram. Os arqueólogos e os antropólogos não têm uma única opinião sobre as origens das crenças religiosas associadas, apesar de ser claro que os gregos, os romanos e os etruscos veneravam deuses cujas formas e cujos poderes também eram conhecidos na Índia antiga. A palavra em sânscrito para deus — *deva* — é renomeada como *deus* em latim e como *theos* em grego, como ocorre com certos nomes das personalidades divinas, notadamente Júpiter, o deus do céu, que é *Dyauspitr* nos Vedas.* Os Vedas exaltam *Agni*, o deus do fogo (em latim, *ignus*), que santifica a fogueira e a protege como a esfera soberana da família que se alimenta, reza e descansa em seu território.

O culto da fogueira veio junto com a adoração dos ancestrais, cuja presença é reconhecida nos rituais do lar e dos deuses (o *lares et penates*) que foram legados como uma possessão da família. Quando as pessoas estão assentadas em um lugar, experimentam um anseio metafísico dominante — o anseio pela prova definitiva de que esse lugar é *nosso*, que nós temos a sua posse e que podemos apelar à lei do universo para proteger o nosso direito para tê-lo. A adoração ancestral ajuda a alimentar esse anseio. Os mortos que estão sob a fogueira ou enterrados ao seu lado respondem às nossas preces, e a sua presença espiritual confirma a nossa propriedade, que é exercida não apenas para o nosso interesse como também para o interesse deles. O regime de posse, tão fundamental para a construção das cidades e o assentamento da terra, surge então como um imperativo religioso.

Estas observações nem um pouco surpreendentes abrem o caminho para entender outro mito de origem e outra manifestação do "pecado original". Em *A cidade antiga*, publicado em 1864, o historiador Fustel de Coulanges conta a história de uma cidade antiga a qual ele vê primeiramente como uma fundação religiosa, onde as pessoas se reúnem para proteger suas moradias, seus ancestrais e seus deuses, e cada família ganha uma base permanente. A religião e a família crescem juntas, como um único e eterno imperativo; e dessa união nasce a moradia, o regime de posse e a esfera sagrada da vida doméstica. A religião antiga era, desse modo, adaptada para uma vida agrária e também para as pequenas esferas de soberania local através das quais as pessoas conseguiam exercer sua posse da terra.

---

* Uma forma arcaica do nome em latim é *Diespieter*, "Pai Diurno", e que ocorre no uso poético (p.ex. Horácio, *Odes*, 1.34).

Pouco a pouco, de acordo com a história narrada por Fustel de Coulanges, as famílias foram reunidas em associações cada vez maiores, em gêneros, em tribos, em clãs, como as conhecemos desde as leis das cidades-estados da Grécia e de Roma. E, em um certo ponto, surgiu a ideia da Cidade, como uma associação política, e o burgo como sua corporificação física. A fundação da cidade somente foi possível devido às mudanças radicais na adoração daqueles que se fizeram os seus cidadãos. Além dos deuses da família, que sobreviveram nas esferas de soberania particular, deuses novos e públicos surgiram, com a função de unir o povo de suas diversas famílias em formas compartilhadas de adoração e uma lealdade em comum para o mesmo solo. Na história da fundação de Roma, encontramos um arquétipo da transição da adoração da fogueira para as cerimônias públicas dedicadas aos deuses da cidade — deuses com quem nenhuma família tinha uma exigência exclusiva. Cada cidade antiga foi fundada através de um ato de consagração e construída ao redor dos altares dos deuses protetores. Nas palavras de Fustel, *"toute ville était un sanctuaire; toute ville pouvait être appelée sainte"* (toda a cidade era um santuário; toda a cidade podia ter um chamado santo).

Aos olhos dos seus cidadãos, a cidade foi um dom outorgado a eles pelos deuses, que protegiam seus residentes e autenticavam suas leis. Nas escrituras dos israelitas, a cidade adquire outro tipo de mito de origem. O dom de Deus para as leis e para as alianças tem a intenção de guiar o seu povo no caminho do Senhor. Mas a lei na Bíblia hebraica não está sozinha, nem os mandamentos divinos são oferecidos como algo arbitrário e sem fundamento nas relações pessoas asseguradas e sustentadas por Deus. Pelo contrário: a lei é conectada explicitamente pelo conceito de amor filial, o amor que São Paulo chama de *agape* e o qual (para usar a expressão de Kant) é ordenado como uma lei. A vida entre os nossos próximos é aquilo que Deus regula por meio dos Dez Mandamentos — uma vida que transcende as fronteiras da família e que se estende por um território onde os ancestrais não podem fiscalizar facilmente. E Deus adiciona um outro mandamento aos Dez que já existem, mais precisamente que os israelitas construam um lar para ele — um templo no qual a arquitetura e os rituais chamarão a presença verdadeira do Senhor.

O templo

É natural acreditar que os lugares se tornaram sagrados pelo templo que foi construído nele, e pelo ato de consagração que dá início ao edifício. É o que está implicado nos mitos gregos e romanos. Contudo, no Velho Testamento, as coisas acontecem de outro modo. Os patriarcas erguem altares, fazem sacrifícios, dão nomes para lugares considerados santos por algum encontro que ocorreu com Deus e seus anjos. Isso não deveria nos surpreender. A ideia do lugar sagrado parece ser uma constante humana e universal, e foram apenas as circunstâncias especiais do povo agrário do Mediterrâneo que transformaram a fogueira em um paradigma do espaço consagrado. Para algumas culturas, deuses, espíritos e outros agentes supernaturais vivem entre nós e devem ser adorados ou pelo menos reconhecidos no local onde residem. Para outros, um lugar se torna sagrado porque está assombrado por um fantasma, talvez o fantasma de alguém que faleceu com algum desejo profundo e insatisfeito ou algum amor negado, cujo momento de crise aconteceu nesse mesmo local. Essa ideia pode ser encontrada no xintoísmo e foi dramatizada no teatro Nô do Japão. As tristezas *habitam* o mundo e assombram os lugares onde elas sofreram.

Outras culturas conectam lugares sagrados com as lendas dos heróis ou com as grandes batalhas do passado, às quais prestamos homenagens por algum sacrifício patriótico. Em todas as sociedades onde os mortos são enterrados de forma cerimoniosa, o local do sepultamento vira um "campo santo", e os atos e as palavras ritualizadas são a única coisa apropriada a se fazer quando caminhamos sobre ele. Os ritos funerários, as crenças sobre os deuses e o além-vida, as invocações dos ancestrais e as declarações de solidariedade com os mortos e os não nascidos — essas são as experiências centrais das quais derivam as culturas permanentes e encontram expressões definitivas nas lápides e nas tumbas em cada época e em cada lugar.

Os patriarcas judeus viam a Terra Prometida não como algo a ser consumido e descartado, mas como uma herança a ser cuidada e transmitida. Foi assim que justificaram a exterminação cruel, e imperdoável para os olhos modernos, dos canaanitas, como foi narrado no livro de Josué. E esse sentimento se ramificaria em outros dois: a convicção de que Deus era uma presença verdadeira entre eles e o sentido da terra como um presente — não um presente para a geração do momento a ser usado como queira, mas um presente para um povo em sua totalidade e por todos os tempos, uma fonte a ser renovada e a ser levada adiante. Isso registra uma verdade geral sobre o sagrado. Lugares santos são protegidos da espoliação; são imersos nas esperanças e nos sofrimentos daqueles que lutaram por eles — e pertencem aos outros que ainda estão por vir.

Tal sentimento ligou os israelitas à Terra Prometida e à Cidade Sagrada que foi construída nela. Deus presenteou Moisés com o projeto para um santuário (Êxodo 25:8) e é ao redor desse templo que a cidade de Jerusalém foi construída — a cidade brilhante sobre a montanha que também é o lugar sagrado onde o povo de Deus se refugia das suas tribulações. Na época dos Salmos, a santidade do templo e da cidade tornou-se uma coisa única — já que o verdadeiro assentamento é aquele em que Deus habita entre nós, e a destruição do templo é um ato de sacrilégio que muda o rosto do mundo.

> *Se eu me esquecer de ti, Jerusalém,*
> *Que me seque a mão direita!*
> *Que me cole a língua ao paladar*
> *Caso eu não me lembre de ti,*
> *Caso eu não eleve Jerusalém*
> *Ao topo da minha alegria!*[1]

A corrupção da terra e o vandalismo dos nossos habitats humanos nos incitam a um eco de desolação que o salmista registra nessas palavras: a desolação que se segue quando um lugar perde o seu *spiritus loci* e é reduzido a ruínas e cessa de ser uma casa dentro do *Lebenswelt*. E parece-me que não entenderemos o que está em jogo se não na consciência ambiental que capturou a imaginação de tantas pessoas hoje em dia se não reconhecermos uma memória religiosa no coração dela.

A mensagem de Deus em relação ao templo não foi simplesmente a fundação de um culto específico, devotado ao deus de uma tribo. Foi uma mensagem endereçada a todos nós, que nos dizia que Deus habitará entre nós apenas se também o habitarmos — e essa habitação não significa consumir a terra ou devastá-la, mas conservá-la, para fazer dela um santuário duradouro tanto para Deus como para o homem. Por isso, a promessa do reino de Deus no livro das Revelações é a promessa da "Nova Jerusalém", a Cidade Sagrada, onde vivemos lado a lado um com o outro e face a face com Deus. O tema da Cidade Sagrada, que é a medida e o ideal de todos os seus assentamentos, foi feito central para a vida cristã por Santo Agostinho em *A cidade de Deus*. Podemos resumir a mensagem no que diz respeito ao templo antigo, tanto em sua versão pagã como na judaico-cristã, da seguinte forma: uma verdadeira cidade começa por meio de um ato de consagração, e é o templo que se torna o modelo para todas as outras habitações.

Outro mito de origem

Esta história também é um mito de origem. Ela não fala sobre a nossa expulsão do Paraíso e da nossa separação de Deus. Em vez disso, fala do nosso resgate da peregrinação e do conflito que surge da decisão coletiva de habitar, para sermos novamente unidos, apesar de ser de outra maneira, com o Deus que nos expulsou do nosso lar anterior. A história começa com um templo, e esse templo deve ser apto ao deus que o habita. Deve ser um lar permanente, que expresse uma presença eterna na cidade. Assim, o templo fundador da cidade deve ser feito de pedra. Deve conter um santuário, no qual o deus pode estar oculto dos seus adoradores e ser revelado aos seus sacerdotes. Mas também deve ser um lugar público. O templo simboliza a intenção coletiva de habitar nesse local onde a comunidade fez um pedido renovado de permanência. E assim também deve ser permeável à cidade, talvez rodeado por um espaço aberto, e com colunas, corredores, claustros e arredores nos quais os cidadãos podem se associar livremente na presença benigna do deus que os observa.

Ao mesmo tempo, o templo não é completamente uma parte da cidade. Falando em termos metafísicos, é o lugar que fica no limiar da cidade, o lugar que é preenchido pelo deus. Sua arquitetura deve mostrar justamente isso — deve apontar para fora deste mundo, assim como deve estar aberto às transações do mundo. A "referência além" da arquitetura sagrada reflete a intencionalidade ampliada das nossas atitudes interpessoais. O eu do Deus reside nesse lugar, e a arquitetura nos faz cientes disso. Não se trata simplesmente de pedras que nos rodeiam, mas de uma pedra *testemunhal*, uma pedra que foi trazida à luz ao ser esculpida, moldada, com luz e sombra, para ficar diante de nós em uma postura de observação. O templo é o lugar onde o crente pode encontrar Deus. Mas ali ele também está escondido, ocultado no santuário interior ou em rituais que apenas alguns poucos podem decifrar. O templo revela Deus ao ocultá-Lo e esse paradoxo é simbolizado em sua estrutura e forma. As igrejas, as mesquitas e os templos ainda expressam esse sentimento, mesmo para aquele que entra neles com incredulidade. São lugares assombrados por uma "presença invisível", e suas formas e seus detalhes têm a aparência das coisas que são observadas por olhos invisíveis.

A origem desse sentimento na psique humana é mencionada por São Paulo na primeira epístola aos Coríntios (6:19): "Ou não sabeis que o vosso corpo é templo do Espírito Santo, que está em vós e que recebestes de Deus?".[2] O corpo humano é o lugar onde o outro está tanto presente como oculto, protegido de mim, mas ainda assim revelado quando as palavras certas são proferidas e os gestos corretos são feitos. "Existe apenas um único templo no mundo", escreveu Novalis (*Hinos à noite*), "e este é o corpo do homem... Nós tocamos o Céu quando colocamos a nossa mão sobre um corpo humano." No nosso dia a dia, não vemos as coisas desse modo. Mas, na intimidade do amor, da raiva ou do desejo, encontro o outro como *alguém assombrado por si mesmo*. Eu olho *dentro* dele, e ele torna-se uma presença que sinto, mas que escapa das minhas tentativas de chamá-lo, até que o olhar ou a palavra ou o gesto adequado o traga subitamente para repousar e ficar face a face comigo. É por essa experiência que somos atraídos quando respondemos ao templo como santuário. Deus é uma presença verdadeira em seu templo, assim como você é o mesmo em relação ao seu corpo.

O paralelo entre o corpo e o templo influencia as formas da arquitetura sagrada. Como o ser humano, o templo sempre fica de pé. Não é um mero monólito, assim como o corpo humano não é apenas um sólido contínuo. É a esfoliação do código generativo, contido dentro da unidade primeira da coluna, as dimensões que dão a medida para calcularmos o prédio inteiro. Aprendemos isso no estudo das ordens clássicas, mas não apenas delas, como

Otto von Simson nos mostrou em seu grande livro sobre a catedral gótica.*
A natureza generativa da arquitetura do templo é uma característica *espiritualizadora*. Em todos os lugares, a pedra possui a marca de uma intenção formatadora. Os elementos são combinados em conjunto naquela relação que Alberti descreveu como *concinnitas* — ou seja, a correspondência apta de parte a parte, a habilidade de um detalhe dar a resposta visual clara à pergunta "por quê?", sempre feita pelo outro.** Um templo não é simplesmente um trabalho de amontoar pedras. A coluna é cinzelada, estriada, adornada com as bases de apoio e as partes de cima, coroada por um friso ou por um arco, e unida em vãos celestiais nos quais a pedra alcança a luminosidade do céu. Através de moldes e detalhes decorativos, a pedra é preenchida com a sombra e adquire uma aparência translúcida, assim como o rosto fica translúcido para o espírito que habita dentro dele.

Cólofon imaginado

Citarei a partir de agora um trabalho de minha autoria, uma sequência aos *Diálogos de Xantipa*, chamado *Perictione em Cólofon*. O livro conta a história de Arqueanassa, identificada (de forma absurda) por Diógenes Laércio como a amante de Platão,*** que se encontra na cidade natal dela, Cólofon, e é entretida por sua sobrinha, Perictione, uma dançarina de uma casa de festas

---

* Otto von Simson, *The Gothic Cathedral*. Londres: Routledge, 1956.
** *De re aedificatoria* (1452). Trad. de Leoni, 1726.
*** Diógenes Laércio, em seu *Vidas e doutrinas dos filósofos ilustres*, atribui a Platão um poema, hoje reconhecido como um epitáfio:

Possuo Arqueanassa, cortesã de Cólofon;
até em suas rugas pousa o amor picante.
Ah! Infelizes que colhestes a flor de sua primeira viagem,
por que chamas passastes!

[Ed. bras: Diógenes Laércio, *Vidas e doutrinas dos filósofos ilustres*. Brasília: UnB, 1977] Essa explosão de ciúme sexual obsessivo da parte de Platão é explicada em *Phryne's Symposium* [O Banquete de Prínia], o último dos *Xanthippic Dialogues* [Os diálogos de Xântipa], organizados por Roger Scruton (Londres: Sinclair-Stevenson, 1992). *Perictione in Colophon* [Perictione em Cólofon] foi publicado pela St. Augustine Press (Chicago, 2001), assim como os *Xanthippic Dialogues* [Os diálogos de Xântipa].

da alta-sociedade. A cidade, agora ocupada pelos persas, foi obliterada pelas altas torres dedicadas à burocracia inescrutável que substituiu a vida livre da *polis* grega, e Perictíone, exasperada pelas reclamações de Arqueanassa contra esse desenvolvimento, pede-lhe para explicar como a cidade antiga de Cólofon foi construída. Ela responde com o seguinte mito de origem:

"Nesta colina, ao se erguer de um vale de campos e pomares, com casas simples de calcário e muros construídos de forma organizada e terraços do mesmo material, os fundadores de Cólofon construíram um templo a Artemis, e se colocaram sob a proteção da deusa, dedicando-lhe festivais em sua honra e ensinando as danças artemesianas para suas crianças. O templo era feito de pedra, com colunas iônicas, pois esse era o estilo em Lídia. Não era muito grande, mas suas proporções eram tão perfeitas que os colofonenses proibiram qualquer construção ao seu lado, e ali fizeram um jardim, com limeiras e álamos, para servir como os arredores do templo. E foi a partir desse diálogo entre o templo e o seu jardim que a cidade cresceu. Alguns trouxeram presentes de marcenaria e de decoração ao templo; outros embelezaram o jardim com arbustos e gramados e fontes de água. E a cada adição ao templo encontrou-se lá fora algum ornamento correspondente, até que o distrito tornou-se uma obra de arquitetura feita de pedra em vez de mato, madeira ou coisas que crescem.

"Muito há de se aprender com os jardins, especialmente aqueles que estou a descrever. Em tais lugares, as plantas, os edifícios e as mobílias não têm um uso especial. Há um propósito nos campos do fazendeiro e no armazém do comerciante, mas não nos gramados e nas estátuas que ficam em um jardim. Cada objeto está ali por nenhuma razão a não ser por si mesmo. E nós também, quando visitamos os arredores, deixamos os nossos propósitos para trás. Vagamos pela sombra, descansamos nossos espíritos com a visão da água fresca que cai sobre as pedras de âmbar e ouvimos os pássaros enquanto eles cantam acima de nós. E tudo sem propósito algum a não ser o nosso próprio deleite nessas coisas. Além disso, o jardim é um lugar social. As pessoas encontram umas com as outras, iniciam conversas, talvez joguem juntas ou então sentem uma ao lado da outra em paz. E esses modos de se estar em um jardim têm um significado peculiar, Perictione; pois eles também estão livres de qualquer propósito. As pessoas em um jardim estão *além* de propósitos, em um companheirismo que também é uma forma de estar alerta diante do mundo...

"Aqui, em nosso jardim municipal, estamos em paz com cada um de nós e com o mundo. E é a partir dessa paz que a cidade foi construída. Aqui vai um fato curioso. A coluna de um templo foi frequentemente comparada ao tronco de uma árvore... [Mas] a comparação é, em um sentido, altamente ilusória. O tronco da árvore é muito mais alto do que uma coluna; ele está coberto de imperfeições e irregularidades, espalha-se em ramos de diferentes formatos e tamanhos, culmina sem nenhuma meta e levanta-se do chão diretamente e sem uma base. Em resumo, não é como a coluna, exceto pelo fato de que se ergue para a nossa atenção — e até mesmo assim faz isso apenas em jardins e nos parques. Por que então as pessoas fazem tanto essa comparação? Parece-me que o ponto importante é o jogo da luz e da sombra — os raios de sol salpicados no toldo das folhas, em que uma coisa lança a sua sombra para a outra, e cada objeto que está diante de nós tem outra sombra atrás dele. A sombra é a linguagem das coisas que ficam de pé, o meio pelo qual elas dialogam conosco. E o tronco de uma árvore é o lugar das sombras, através do qual ele alcança a luz...

"Como o tronco da árvore, a coluna fica diante de nós. E também como o tronco, é o lugar da luz e da sombra. Ela se inicia de uma base, ao redor da qual molduras côncavas formam um cinto de escuridão. Ela ascende com um gesto simples ao ápice, onde floresce em volutas esculpidas, como todos os tipos de fitas, ripas e ornamentos delicados que não consigo exprimir em qualquer linguagem, mas, no caso, tenho mais familiaridade a um mero relance do que uma palavra pode fazer. Algumas vezes, para aumentar o efeito, o arquiteto acrescentará ripas ao mastro, para que a coluna se transforme em longas lâminas de luz dourada, dispostas na sombra macia. E se você quiser comparar esses ornamentos à casca da árvore, que é a maior colecionadora de sombras e de todas as luzes possíveis que nos cercam, novamente estaria incorrendo em erro. Pois a casca de uma árvore é algo que cresce, suas beiradas são frágeis e suas sombras estão como as sombras em colina, nos vales e fendas entre as encostas que sobem e descem. Contudo, o ornamento de uma coluna é uma incisão, algo esculpido por mãos exploradoras, um esvaziamento e uma recriação da pedra. Suas bordas são amoladas: elas examinam e questionam o ar, e a luz não é roubada pelo canal que a filtra, mas vive nele, igual a um sorriso no rosto. E se eu descrevesse o que é uma coluna em sua essência e o que ela é quando julgada em seu verdadeiro significado para aquele que fica diante do seu território, não devo dizer que se trata de pedra, mármore ou madeira. Devo dizer que se trata de uma luz cristalizada. E ao capturar a luz dessa maneira, nós, os gregos, educamos a nós mesmos com o seu uso. O templo se tornou o modelo para todos os outros prédios, e é isso mesmo, já que, ao seguirmos esse mesmo modelo, apenas ampliamos e decoramos o nosso lar comum.

"... Estou certa de que você percebeu que as torres da moderna Cólofon não têm qualquer orientação, nenhuma abordagem especial, nenhum gesto ou nenhuma expressão que o conduziu à nossa vizinhança. Elas encaram nada, não recepcionam nada, não sorriem e não acenam para ninguém. Logo, não podemos ficar confortáveis sob a presença delas.

"E isso não é o bastante. A torre moderna, a qual as pessoas ignorantes podem comparar com a coluna do templo, é, na verdade, o seu contrário. Pois ela não tem tudo aquilo que dá sentido à coluna. Não tem nem base nem ápice; evita os moldes, as linhas e os ornamentos como se fossem crimes, e sua superfície é vazia de sombras significativas e, portanto, vazia de luz — pois esta precisa da sombra para ser vista. A torre foge para o alto como se estivesse fugindo de si mesma; mas termina no nada — nem no entablamento nem no teto que protege o céu e que o agride com murros secos...

"Por esses mesmos motivos, apesar de a torre ser alta, ficar na vertical e ser esguia, ela não fica diante de nós. Pois não tem uma postura e não tem um repouso. Seu tamanho não expressa nenhuma ordem vertical. Pelo contrário: sua ordem é horizontal. A torre é composta como se fosse feita do chão, que logo é projetada para cima, de laje em laje, de andar a andar, até o número requisitado de escrivaninhas ou de camas ou de celas possa ser acomodado. Para o projeto ficar fácil de ser executado, o plano é regular — geralmente, um quadrado ou um retângulo. E isso significa que a torre deve ser construída em um local desabitado e ser erigida tendo, ao seu redor, terrenos vazios e ruas destruídas.

A rua e o livro dos padrões

"E talvez seja isso o que mais detesto nesta sua Cólofon — o fato de que nela não há ruas. Oh, garanto-lhe que há vias e bulevares esculpidos pela cidade como faixas em um campo de milho. Mas essas vias não são alinhadas pelas casas que ficam lado ao lado e se apoiam umas às outras. Não são supervisionadas por moradias, e suas fronteiras não são limiares entre o espaço público e privado. Nada fica diante delas em uma posição de repouso e até mesmo o ar acima é rompido e dilacerado por arames.

"No meu modo de ver, uma rua verdadeira é igual a um jardim — não um meio, não um fim. É um lugar onde você se demora e faz um balanço do que viveu; onde se encontra com alguém e conversa; onde fica diante de objetos que estão à sua frente. A nova via não é um fim e sim um meio; é um conduto que vai de um lugar a outro. Os edifícios que surgem em suas beiradas são meramente jogados aqui, ofendendo assim tanto a terra como o céu por causa de sua inabilidade de conduzir ambos.

"Assim que estas casas surgiram na antiga Cólofon, surgiram também estas ruas. Pois essas velhas casas ficavam lado a lado, diante da mesma direção. E as pessoas ficavam nos portões, conversando. Em breve, na frente de cada fileira de casas, um espaço público apareceu, um espaço que era consagrado como o jardim ao lado do templo em todos os detalhes. Para expressar seu orgulho pela cidade e para deixar claro que a terra não era apenas dele, sua ou minha, os cidadãos começaram a adornar o espaço público com acessórios. Eles o pavimentaram com calçamentos, cada um alinhado com o outro lado, repleto de lajes de ardósia polida, e erigiram pequenos santuários de pórfiro ou mármore, para que os deuses se sentissem em casa, que era a casa de todos. As ruas costuraram a cidade em uma coisa só e criou artérias através das quais a vida poderia fluir. E sua aparência agradou tanto os colofonenses que eles discutiram na assembleia como melhor conservá-la e como assegurar que esse espaço público permanecesse como algo sempre nosso e nunca dele ou dela em particular.

"Após muita deliberação, eles aprovaram uma lei que decretou que, no futuro, todas as casas, lojas e ateliês de Cólofon deveriam estar virados para as ruas — e que nenhum edifício deveria ser mais alto do que aquelas primeiras casas que ficavam no jardim de Ártemis, exceto os templos dos deuses, as salas de assembleia e a biblioteca pública, que devia ser o símbolo de seu orgulho cívico e pelo qual declaravam que o que lhes importava mais depois dos deuses era a ideia da Grécia. E assim decretaram que todas as construções em Cólofon, fosse uma casa, uma loja ou um templo, fossem erguidas em pedra e em um estilo que existisse no livro dos padrões dos colofonenses...

"O livro dos padrões não proibia inovações, mas as controlava, supondo que as atitudes de rompimento já tinham acontecido — e que a cidade precisava de um trabalho de consolidação. A arquitetura não pode progredir como a música e a poesia, que se conformam somente à necessidade do gênio. Ela é um empreendimento público: o arquiteto não constrói para um cliente específico, mas para a cidade. Todos nós somos compelidos a viver com o resultado, que, portanto, não pode ser ofensivo a ninguém. A originalidade deve estar subordinada aos bons modos. Esse exemplo não é diferente em relação ao vestuário, que deve ser original apenas se estiver adequado. O livro dos padrões é o resultado de um longo processo de tentativa e erro, no qual a aparência da cidade e os sentimentos dos cidadãos foram gradualmente se conciliando, e uma relação de agradável conversa foi estabelecida entre os edifícios e os transeuntes...

"Mas não identifiquei a verdadeira diferença entre a Cólofon antiga e a moderna, ou o verdadeiro caminho em que moldamos ou somos moldados por nossos edifícios. Parece-me que essas coisas não podem ser compreendidas em termos seculares. Nossa arquitetura vem do templo, pelo mesmo motivo que a cidade nasce do seu deus. A pedra do templo é a tradução terrena da imortalidade do deus, que, por sua vez, é o símbolo de uma comunidade e de sua vontade de viver. Como a liturgia, o templo é para sempre, e a comunidade contém não apenas os vivos, mas também os mortos e os não nascidos. E os mortos são protegidos pelo templo, que os imortaliza na pedra. Isso é o que você entende instintivamente quando olha para a arquitetura religiosa. E esse é o sentimento com o qual as cidades crescem — a vontade da tribo de permanecer...

"... Do templo que permeia a cidade veio a colunata e depois a coluna como a unidade de sentido e o princípio da nossa gramática de arquitetura. Na Cólofon antiga, os edifícios se conformaram a essa gramática, mas com tamanha variedade e variação de humor como convém aos membros de uma turba pacífica. E em cada um deles, como se fosse pressentida, mas não vista, havia uma coluna, erguida de forma imóvel como se o espírito estivesse dentro de nós, igualmente imóvel e igualmente invisível. A coluna era algo permanente em meio às mudanças e nos dava uma sensação de pertencimento. Portanto, nas nossas ruas, nos nossos templos e jardins, os colofonenses perceberam uma licença visível para habitar, uma afirmação ao nosso direito de ocupação e um lembrete de que pertencemos a uma comunidade que incluía nossos ancestrais e a nossa descendência, assim como nós mesmos. A cortesia dos nossos edifícios era um assunto de modos e de decência — pois essas são as virtudes do cidadão, daquele que se assentou no solo e renunciou aos hábitos dos nômades que tomam o que podem da terra e se dispersam, deixando seus detritos para trás.

"E então vieram os persas, no comando das novas hordas de nômades que vieram antes deles. Uma nova arquitetura surgiu e, com ela, uma nova forma de vida humana. Estas verticais desarticuladas e estas telas vazias de muros, estes desertos achatados que foram ruas, com seus terrenos vazios que ainda sentem a falta de seus lares desaparecidos — todos falam de uma fuga da cidade em direção a alguma barricada distante, onde a vizinhança expira e as pessoas vivem apenas por si mesmas. Por mais vasta e imponente que seja a nova Cólofon, não há uma aparência de permanência. A vila é como um aterro congelado e, mesmo que tenha essa aparência para sempre, parecerá eternamente temporária. A utilidade crua desses edifícios fala não a respeito de nós e do nosso direito de habitar, mas sim *deles*, dos poderes anônimos que nos usam para os seus propósitos inescrutáveis. É por isso que esses edifícios são percebidos como uma profanação: nada do sagrado permanece neles..."

O mundo decaído

As queixas de Arqueanassa contra a arquitetura moderna surgem de um mito de origem que coloca o templo consagrado no coração da cidade: o templo é o local do olhar de Deus. Possui essa característica ao se erguer e ao incitar a conversação, ao habitar o seu espaço como uma esfera de liberdade e, ao repudiar as exigências oficiosas da mera utilidade, anunciando a sua existência como um fim em si mesmo. Por contraste, as novas formas de arquitetura não fazem qualquer referência às origens sagradas da cidade, ao tratar os edifícios como instrumentos, da mesma forma que fazemos com os seres humanos. E certamente não é irrealista fazer uma conexão entre esses dois desenvolvimentos. Caímos no hábito de ver tudo, incluindo a nós mesmos, como uma coisa que deve ser usada e explorada, e é nisso que consiste a nossa queda. Minha discussão no capítulo anterior ligava esse hábito "à ética da contaminação e do tabu", como os antropólogos costumam descrever. Existe, nos assuntos humanos, uma tentação primordial de tratar as pessoas como coisas e a alma corporificada tão somente como um corpo. Esse costume de "desfigurar" o outro pode ser muito bem uma adaptação que vem do ponto de vista evolucionista; mas, do ponto de vista da religião, é também uma profanação. Como argumentei anteriormente, a tentação de olhar os outros como objetos é o que queremos dizer ou que deveríamos dizer por pecado original. Aqui segue o que escrevi:

> A árvore do conhecimento que causou a queda do mundo... nos deu o conhecimento de nós mesmos como objetos — caímos do domínio da subjetividade para o mundo dos objetos. Aprendemos a nos olhar como objetos, e a nos esquecermos do rosto e de tudo aquilo que ele representa. Perdemos aquilo que nos era mais precioso, que é o véu imaculado do *Lebenswelt*, estendendo-se de horizonte a horizonte através da matéria escura da qual todas as coisas, incluindo nós mesmos, são compostas.

Quando vemos o mundo exclusivamente como uma coleção de objetos, então nada pode ser resgatado para escambos e trocas. Isso é o que fazemos com cada um de nós e com a terra. É o que também fazemos com o nosso habitat, que deixa de ser um lar e se torna, em vez disso, uma "máquina para viver", como Le Corbusier, o ideólogo do planejamento modernista, descreveu sua casa ideal. Para retornarmos ao mito de Arqueanassa: fizemos um segundo lar após a Queda, e ele era a Cidade, o lugar consagrado onde a lei, a civilidade e os modos trouxeram uma espécie de paz — não a paz que vem depois do entendimento, que deixamos no Paraíso, mas a paz como uma posse compartilhada, manchada pela mortalidade, mas o melhor que nós, mortais, podemos fazer. E agora, ao destruir esse lar, estamos criando uma nova espécie de mundo decaído.

Devemos à cidade grega os nossos ideais de governo e livre investigação. Devemos aos romanos o dom da lei territorial e da cidade formada por essa lei. Mas a política e a lei não são o fundamento sobre o qual a cidade se assenta. Esse fundamento, diz Arqueanassa, é religioso. E ela sustenta, ao seu modo, o mito que nos foi colocado por Fustel de Coulanges. Os tipos de edifícios romanos — o arco, o sepulcro, a coluna dupla, a pilastra, a abóbada e o domo — podem ser vistos como tentativas de manter a presença sagrada da coluna nos usos da vida cívica. Podemos ver neles a interpenetração do sagrado e do secular e, assim, a santificação da comunidade humana e a humanização do divino. Essa é a fonte da sua atração e a razão da sua permanência. Com os tipos dos edifícios romanos começou a verdadeira história da arquitetura ocidental, que é também a história da *Ordem implícita*. Essa é a Ordem contida no livro dos padrões e preservada nos beirais, nas molduras das janelas, nas linhas de teto, nos rodapés das portas, nas chaminés e nos corredores, em todas as ruas da cidade antes do século XX. Portanto, até mesmo a esquina mais elaborada pode ser vista como o resultado lógico de regras inteligíveis, para se parecer menos com uma intrusão do que com uma culminação. O exemplo de Pietro da Cortona na S. Maria della Pace mostra exatamente o que quero dizer por gramática generativa da arquitetura dos templos. A esquina exterior é vista como se fosse uma forma que *chegou até nós*, não como uma forma imposta, e ela chegou por meio do poder gerador da Ordem que estava implícita nela. Isso é uma pedra, mas uma pedra com uma alma.

Edifícios tradicionais têm uma orientação específica: eles encaram o mundo, não sempre em uma única direção, mas de tal modo que se dirijam ao espaço diante deles. Não são arestas abertas ao espaço público, mas visitantes que se congregam ali. Além disso, atrás das fachadas parcialmente reveladas por meio de janelas e sugeridas por portas e as linhas de teto, há vida. Talvez seja exagerar um pouco falar neste caso de "visita e transcendência", como Levinas fala do rosto humano. Mas você pode facilmente ver por que alguém fica tentado a usar esse tipo de expressão. Nossa habilidade de dotar os prédios de rostos é igual à nossa habilidade de ver um personagem em uma máscara teatral. Os prédios que nos encaram adquirem um rosto e uma expressão muito particulares. E é certo que uma das características mais perturbadoras da paisagem modernista é o fato de que todos os edifícios não possuem rosto nenhum.

É desnecessário dizer que os escritores modernos que falam sobre arquitetura não adotam o mito de origem de Arqueanassa. Eles não veem a arquitetura como a consagração do solo em nome dos deuses que a habitam. Para o escritor moderno, tudo isso é uma metáfora, e uma metáfora que devemos abandonar. No entanto, até mesmo no século XX, tentativas sérias de capturar o verdadeiro significado da arquitetura tenderam a desconsiderar função e utilidade, em favor de valores que estão firmemente enraizados na psique. Por exemplo, para os seguidores de Melanie Klein, a arquitetura é uma representação do corpo humano, em particular o corpo da mãe, tanto amada como odiada, de quem precisamos e fugimos, carregando consigo a inscrição de nossos anseios e alegrias mais profundos*. Já para Ruskin, a arquitetura deve ser guiada pela lanterna da verdade e pela lanterna do sacrifício, que apontam sempre para a vida idealizada do espírito. Seja lá quais foram os filósofos e os críticos que pensaram seriamente sobre a diferença entre a arquitetura permanente e um abrigo temporário, eles foram em direção ao que pensava Arqueanassa, identificando algum estrato profundo e espiritual da psique humana como a fonte do conforto que sentimos quando as coisas dão certo e do nosso desconforto quando elas dão errado.

O mito de Arqueanassa deveria ser reescrito, não como uma história sobre as origens da arquitetura, mas como uma história sobre a sua essência. As vilas são lares para nós quando os edifícios nos encaram face a face. A arquitetura vernacular de todos os períodos e de todos os lugares foi adaptada à necessidade humana de se ter uma casa e um assentamento, e em cada caso evoluía de alguma variação local da postura ereta, da superfície sorridente e da ordem fractal comum às coisas crescentes.** Na tradição clássica, essas

---

* Ver, por exemplo, Adrian Stokes, *Stones of Rimini* (Londres: Faber and Faber, 1934), e a discussão de Stokes e Klein no meu *Aesthetics of Architecture* (Princeton, NJ: Princeton University Press, 1979), cap. 10.
** Ver Nikos A. Stalingaros, *A Theory of Architecture*. Solingen: Umbau-Verlag, 2006.

constantes estéticas eram digeridas na gramática, tornando-se princípios geradores de vários formatos e várias formas agradáveis e indefinidas. A Ordem implícita mantém a calma e o pano de fundo discreto dos formatos que eram (segundo o mito) tirados da natureza e consagrados ao espírito. É a licença visível para habitar, a afirmação do nosso direito de ocupação e a lembrança de que as nossas comunidades nos precedem e sobrevivem a nós.*

Diante de um lugar ou de um artefato sagrado, me coloco em uma postura de respeito. Acredito que esse pedaço do mundo é inviolável. Assim como o sujeito surge no rosto humano e apresenta diante do assassino e do abusador o "não" absoluto, o mesmo ocorre com um "eu" observador, questionador e inquisidor quando ele está no lugar sagrado e nos impele a respeitá-lo. A experiência do sagrado é interpessoal. Apenas as criaturas que pensam o "eu" podem ver o mundo desse modo, e isso depende de uma prontidão interpessoal, uma vontade para encontrar significados e motivos, até mesmo nas coisas que não têm olhos para serem vistas e que não têm nenhuma boca para falar. A meu ver, era isto que Alberti quis dizer ao querer alcançar a *concinnitas*. Os verdadeiros arquitetos não subordinam o seu material a algum propósito exterior e sim *conversam* com ele, permitindo que o material interrogue o espaço no qual eles constroem. Porque somos sujeitos, o mundo olha para nós com um olhar questionador, e nós respondemos organizando-o e contextualizando de maneiras diferentes àquelas endossadas pela ciência. O mundo como vivemos não é o mundo como a ciência o explica, assim como o sorriso da *Mona Lisa* não é apenas uma mancha de pigmentos sobre uma tela. Mas esse mundo vivido é tão real quanto o sorriso da *Mona Lisa*. E a mesma intencionalidade ampliada que influencia as nossas respostas para o rosto humano influencia também as nossas respostas ao habitat humano, que vem até nós como um lugar assombrado por aqueles que fizeram dele o seu lar.

Um espaço público não é um espaço sem proprietário, mas um espaço em que as várias esferas de propriedade se encontram para uma fronteira

---

* Martin Heidegger, "Building, Dwelling, Thinking". In: *Poetry, Language, Thought*. Trad. do alemão de Albert Hofstader. Nova York: Harper Colophon, 1971. [Ed. bras.: *A caminho da linguagem*. Petrópolis: Editora Vozes, 2014]

negociável. Essa fronteira pode ser uma rua, uma sequência de fachadas ou a linha do céu. Ela representa o assentamento feito lado a lado dos proprietários particulares e o modo de vida que compartilham. Assim, quando a fronteira é invadida ou roubada por algum interesse particular, reagimos a isso como uma profanação. Isso é especialmente verdadeiro nas cidades, cujos contornos registram um diálogo contínuo no decorrer dos séculos entre os "vizinhos" — aqueles que "vivem perto", para usar a etimologia anglo-saxã da palavra. A cultura do consumo arrasa a todos como um tornado, espalhando as imagens de modelos iguais a bonecas de plástico, que sujam os prédios e escondem seus rostos da nossa vista, como acontecem nas imagens digitais que entopem as paredes dos prédios em Bucareste, uma cidade já descrita como "a Paris do Oriente".

As ruas atulhadas das cidades modernas devem ser contrastadas com as composições amontoadas que surgiram por uma mão invisível quando as fachadas de vernáculos tradicionais foram forçadas a serem alinhadas. Tomemos como exemplo os canais de Veneza. Eles são transparentes e cada detalhe tem um uso: mas nenhum detalhe foi *ditado* por seu uso, e há uma redundância agradável que habita cada fachada. Tais exemplos nos ajudam a entender o que foi perdido quando o vernáculo modernista tomou conta de tudo e a cidade das lajes substituiu a cidade das colunas. A "máquina para viver" não é um sujeito e sim um objeto — um lugar em um mundo decaído.

Beleza e assentamento

Nós nos encontramos no território filosófico que já foi mapeado por Kant na *Crítica do juízo*. O tópico da primeira parte desse livro é o juízo da beleza — um juízo que todos nós fazemos e que precisamos fazer, conforme Kant acreditava, se quisermos chegar a um completo entendimento do mundo e das nossas capacidades racionais. A beleza está nas aparências, mas elas são também realidades e as coisas que compartilhamos. Nosso interesse nas aparências vem do desejo de estar em casa quando nos encontramos nos nossos arredores e de encontrar escrito algum registro das nossas preocupações pessoais no mundo dos objetos. É no mundo de aparências que nos tornamos o que realmente somos, e uma prova disso é o rosto humano — o lugar onde o sujeito humano vem à tona e prepara-se para o encontro com os outros.

A *Crítica da razão pura* estabelecia que as aparências não são "impressões" recebidas passivamente, oriundas de um mito empirista, mas os produtos de uma interação profunda entre o sujeito e o objeto, pelo qual impomos forma e ordem no *input* recebido por meio de nossos sentidos. Na interação do dia a dia com o mundo, os objetos da experiência surgem diante de nós como "para serem conhecidos" ou "para serem usados". Mas há outra atitude aberta para nós, na qual as aparências são ordenadas como objetos a serem contemplados. Na experiência do belo, tomamos o mundo na consciência e o deixamos flutuar ali. Para colocar de outra maneira: saboreamos o mundo como algo *dado*, e não apenas como algo recebido. Não é como o saborear de um gosto ou de um odor: ele envolve um estudo reflexivo de significados e uma tentativa de encontrar o significado humano das coisas que aparecem diante de nós, *quando* elas aparecem. Esse saborear de impressões nos leva a uma atitude crítica e a escolhas governadas pela razão. Meço o objeto observado com o sujeito que o observa e coloco ambos em questão. Desse modo, o interesse estético é a abertura culminante para o *Lebenswelt*: a maneira como olhamos o mundo como *significado de si mesmo*.

Valores estéticos são valores intrínsecos, e quando encontro beleza em algum objeto, é porque eu o vejo como um fim em si mesmo e não apenas como um meio. E, para mim, o seu significado intrínseco está no seu modo de surgir diante da minha percepção, como se fosse para me desafiar no aqui e agora. Tal maneira de encontrar objetos no mundo é tão importante quanto a minha maneira de ver as pessoas; quando elas estão diante de mim, encaram-me, e eu reconheço que sou responsável por elas e elas são responsáveis por mim. Na experiência estética, temos algo como um encontro face a face com o próprio mundo e com as coisas que ele contém, assim como temos na experiência de coisas e lugares sagrados.*

---

* Para um desenvolvimento desse tema, ver Roger Scruton, *Beauty: A Very Short Introduction*. Oxford: Oxford University Press, 2009. [Ed. bras.: *Beleza: uma introdução*. São Paulo: É Realizações, 2014]

Por definição, apesar de os valores intrínsecos não poderem ser traduzidos em valores utilitários, isso não significa que eles não tenham utilidade. Vejamos a amizade. O seu amigo lhe é valioso como a coisa que ele é. Tratá-lo como um meio — usá-lo somente para os seus propósitos — é desfazer a amizade. E, ainda assim, os amigos são úteis: eles dão ajuda em tempos de necessidade e ampliam as alegrias do cotidiano. A amizade é algo extremamente útil, desde que nós não pensemos que ela tenha utilidade. O mesmo ocorre com o habitat humano. Ganhamos os benefícios das construções quando não queremos nenhuma meta para elas e, em vez disso, as estudamos para encaixar cada parte delas em uma harmonia adequada. *Concinnitas* é a mãe da utilidade.

O tema da estética decolou quando Kant e Hume reconheceram simultaneamente (apesar de terem fundamentos bastante distintos) que a sua fruição envolvia um juízo. O meu prazer se baseia em um senso de justiça do objeto que usufruo, tal como ele é apresentado à minha atenção. Kant e Hume escreveram, a respeito deste tópico, sobre o "julgamento do gosto". Esse modo de se expressar, bem característico do século XVIII, leva a equívocos sobre o assunto, uma vez que a palavra "gosto" agora é usada para descrever as nossas preferências mais arbitrárias sobre o que comemos e o que bebemos. Isso é mais bem articulado em termos de um caráter normativo das escolhas estéticas. Os nossos juízos estéticos comuns se preocupam com o que é certo e com o que é errado, o que é adequado e o que é harmonioso, o que parece e o que soa apropriado. Ao vestir-se para uma festa, ao arrumar uma mesa, decorar uma sala e por aí vai, tudo tem como objetivo a aparência *correta*, e o deleite que vem disso é inseparável do juízo de como tudo deveria ser. Há aqui uma relação *interna* entre a preferência e o julgamento. Logo, gostemos ou não (e hoje em dia a maioria das pessoas não gosta), nos tornamos responsáveis por outros seres racionais por causa das nossas escolhas estéticas. Por meio dessas mesmas escolhas, estamos criando presenças no mundo dos outros; e o que eles pensam do resultado é parte de como isso é importante tanto para eles como para nós. O que não significa que podemos *encontrar* motivos para as nossas escolhas, e menos ainda que podemos achar motivos *justificadores*. Mas estamos, de alguma forma, comprometidos com a existência desses motivos, e a arte da crítica consiste em descobrir caminhos para eles.

Nem Kant nem Hume surgiram com um argumento que poderia sustentar essa procura pelo "padrão do gosto", apesar de ambos terem algo interessante e extenso a dizer sobre o assunto. Mas acredito que o fenômeno parece ser menos misterioso se olharmos para ele como algo que vem da relação eu-você e da nossa tendência intrínseca em direção à responsabilização. O juízo estético é um elemento fundamental na atitude descrita pelos românticos alemães como *Heimkehr* — o voltar para casa. Ao projetar os nossos arredores, estamos os trazendo para a esfera da responsabilização com os outros e de sua responsabilização em relação a nós. E nesse sentido damos um rosto ao mundo. Desfiguramos o mundo quando rabiscamos "meu" por todo ele, e convidamos os outros a fazerem o mesmo. A beleza é o rosto da comunidade, e a feiura é o ataque a esse mesmo rosto feito pelo solipsista e pelo devorador de cadáveres.

Damos forma aos nossos arredores como um lar pelo cultivo, pela construção, arrumando o mundo. Valores estéticos governam cada forma de assentamento, e são os nômades, aqueles que "estão de passagem", que não reconhecem responsabilidade pelo modo como as coisas aparecem ao seu redor. O rosto da natureza, como vemos nas grandes pinturas de paisagem de Constable e de Crome, de Courbet e de Corot, é um rosto *virado em nossa direção*, dando e recebendo tanto as carrancas como os sorrisos. E artistas subsequentes mostraram outro tipo de expressão, explicitada diante do rosto da natureza por causa do desejo urgente de encontrar o que *realmente estava ali*, independentemente dos mitos e das histórias. Nos quadros de Van Gogh, árvores, flores, pomares, campos e edifícios se abrem à pincelada do pintor, em algo similar à forma como um rosto humano se abre em resposta a um sorriso, para revelar uma intensa vida interior e a afirmação do ser. Por todo o século XIX, artistas, poetas e compositores estavam dessa forma explorando e implorando pelo rosto da natureza, ansiosos por um encontro direto do eu-com-o-eu. O desejo de perpetuar esse rosto e de salvá-lo de máculas desnecessárias motivou o movimento ambiental, que foi (pelo menos, em suas origens) a expressão política de uma sensibilidade profundamente romântica.*

---

* Ver Roger Scruton, *Green Philosophy: How to Think Seriously about the Planet* (Londres: Atlantic, 2012) [Ed. bras.: *Filosofia verde: Como pensar seriamente o planeta*. São Paulo: É Realizações, 2016]

Se o meu raciocínio neste capítulo estiver correto, ele pode ser generalizado para cobrir todo o habitat humano: não apenas a cidade, mas o ambiente onde ela está localizada, e a paisagem que a circunda. A degradação ambiental vem exatamente da mesma forma que a degradação moral, através das pessoas e dos lugares representados de maneira impessoal, como objetos a serem usados em vez de sujeitos a serem respeitados. O senso de beleza coloca um freio na destruição, ao representar o seu objeto como algo insubstituível. Quando o mundo volta-se para mim com os meus olhos, como ocorre na experiência estética, ele também se dirige à minha pessoa de outro modo. Algo me é revelado, me faz ficar diante dele e absorvê-lo. É claro que não faz nenhum sentido sugerir que existem ninfas nas árvores e dríades nos bosques. O que me é revelado na experiência da beleza é uma verdade fundamental sobre ser — que ser é um dom.

7

O espaço sagrado da música

O argumento dos dois capítulos anteriores contém uma sugestão sobre o sagrado — mais precisamente, que ele vem a nós como parte da "intencionalidade ampliada" dos nossos estados mentais interpessoais. A forma corporificada do outro, assim como ele surge diante de nós no amor, na raiva e no desejo, é compreendida como uma revelação. O outro assombra o seu corpo e é revelado nele não como algo visto em uma janela, mas como algo que foge da nossa vista, habitando solitário o "espaço das razões".* Penso que os vários filósofos franceses que meditaram sobre o papel do "outro" nas nossas atitudes e nos nossos estados mentais devem ter tido essa mesma experiência em mente.** Eles reconheceram que, embora haja um senso comum no qual tudo no meu mundo que não sou eu é algo diferente de mim, há também uma classe de entidades no meu mundo que é *ativamente* outro, cuja alteridade consiste no fato de que eu, por minha vez, sou outro em relação a eles. No olhar de tal outro, estou isolado, impelido a mim mesmo e amarrado a

---

* Tomo emprestada a expressão "o espaço das razões" de Sellars: ver o raciocínio do capítulo 2 deste livro.

** O culto do Outro na filosofia francesa do pós-guerra deve ser rastreado desde Hegel, por meio das palestras de Kojève, feitas de 1934 em diante, organizadas por Raymond Queneau, *Introduction à la lecture de Hegel*. Paris: Gallimard, 1946. [Ed. bras.: *Introdução à leitura de Hegel*. Rio de Janeiro: Contraponto Editora, 2002] Mas ver especialmente "The Existence of Others", em *Being and Nothingness*, de Sartre. Trad. do francês de Hazel E. Barnes. Londres: Routledge, 1953, pp. 235-45. [Ed. bras.: *O Ser e o Nada*. Petrópolis: Editora Vozes, 2009]

assumir responsabilidades. E eu olho para o outro exatamente da mesma forma. É esta "intencionalidade ampliada" que carregamos conosco na nossa busca por um lar, e que assegura, nas famosas palavras de Santo Agostinho, que os nossos corações permaneçam inquietos até que repousem em Ti.

Explorei o caminho no qual essa intencionalidade ampliada vai em uma busca de sentido, não apenas no rosto e na forma do ser humano, mas no mundo dos objetos do dia a dia e nos lugares de peregrinação onde desejamos estar em casa. E fiz a conexão desse fenômeno com o dualismo cognitivo que defendi no decorrer deste livro. O nosso modo duplo de ver o mundo se estende para fora, para o mundo dos objetos, e o exige como nosso: *Welt* e *Lebenswelt* contêm o mesmo material, organizado em duas formas contrastantes. Pois somos criaturas caseiras — *Der Mensch ist ein heimatliches Wesen* [O homem é um ser pátrio], como colocou a filósofa Karen Joisten* — e queremos impressionar a nós mesmos a respeito do nosso ambiente e recebermos aceitação e segurança do lugar onde nos encontramos. Mantenho que essa é a origem da estética do cotidiano, à qual dediquei algumas observações no fim do capítulo anterior.

O impulso estético é um ponto alto da nossa exigência de que o mundo tenha sentido para nós, para que ele corresponda, de uma maneira mais profunda, à intencionalidade interpessoal com a qual nos dirigimos aos nossos arredores. O estudo desse aspecto da condição humana foi uma parte fundamental, talvez a mais importante de todas, das humanidades, no período em que estas surgiram da filologia como um assunto de estudo universitário. E vale a pena voltar às tentativas atuais de rebaixar ou desprezar a compreensão humana, ou então de substituí-la com uma ciência natural do ser humano, para situar o homem na ordem da natureza e não no mundo interpessoal. Pois o que direi depende principalmente das antigas formas de pensamento e de antigos métodos de raciocínio, que foram desenvolvidos e, a meu ver, bem-sucedidos nas várias disciplinas da pesquisa humana nos últimos dois séculos.

---

* *Philosophie der Heimat: Heimat der Philosophie*. Berlim: Akademie Verlag, 2003.

Cientificismo e entendimento humano

Até recentemente, era dado como certo que, se há um método nas humanidades, não se trata do método da ciência. Não entendemos as peças de Shakespeare com pesquisas e experimentos. Não interpretamos *A arte da fuga* por meio de uma análise acústica, ou o *David*, de Michelangelo, com a cristalografia de mármore. A arte, a literatura, a música e a história pertencem ao *Lebenswelt*, o mundo que é formado pela nossa própria consciência, e nós as estudamos não para explicar como surgiram, mas para interpretar o que elas significam. A explicação tem um método, e trata-se do método da ciência. A interpretação vai à *procura* de um método, mas nunca está segura de ter encontrado algum. Desde o início do século XIX, fortes afirmações foram feitas em nome da "hermenêutica", da "fenomenologia", do "estruturalismo" — disciplinas que prometem o "método" desaparecido por meio do qual o sentido é descoberto e explorado. Mas essas afirmações têm uma tendência a evaporarem no momento do seu exame, para se tornarem um pedido especial em nome de um conjunto particular de autoridades, uma herança cultural particular ou um gosto estético particular.

Contudo, nas últimas duas décadas, o darwinismo invadiu o campo das humanidades de um modo que o próprio Darwin jamais teria previsto. A dúvida e a hesitação deram lugar à certeza, a interpretação ficou subordinada à explicação, e todo o domínio da experiência estética e do juízo literário foi reduzido como uma "adaptação", uma parte da biologia humana que existe em função do benefício que isso dá aos nossos genes. Não há mais a necessidade de ficar confuso sobre o significado de uma música ou sobre a natureza da beleza na arte. O sentido da arte e da música está agora naquilo que podem fazer pelos nossos genes. Uma vez que nós virmos que essas características da condição humana são adaptações, talvez adquiridas há alguns milhares de anos, durante a época dos nossos caçadores-coletores ancestrais, estaremos aptos a explicá-los. Saberemos o que a arte e a música *são* em sua essência ao descobrirmos o que elas fazem.

Vejamos a música, por exemplo. Uma mãe que canta para seu filho cria um vínculo por meio da sua canção. Os dois balançam conforme o seu ritmo; o som é internalizado pela criança como o som da mãe, o som da segurança.

Uma mulher que se vincula com seu filho dessa maneira dá à criança uma fonte a mais de segurança, e os dois se apoiam um ao outro de uma forma mais firme quando chega um momento de crise. Portanto, a mãe cantora confere, através da sua canção, uma leve vantagem reprodutiva aos genes que produziram a sua música — o suficiente para assegurar que, após várias gerações, o canto dos humanos prevaleça sobre os seus competidores sem ouvido musical.

Ou vejamos o sentido da beleza. Por que ela existe e o que ela faz por nós? O problema está ligado ao que se chama de a "cauda do pavão" (dado como exemplo por Geoffrey Miller).* Por que esse pássaro se despe de seus recursos, impede o seu próprio voo e, em geral, faz um presente de si mesmo para os seus predadores, apenas para mostrar um vasto conjunto de belas penas? A resposta é que apenas a beleza dá sentido a essa atitude. Ela dá sentido como se fosse um sinal de adequação reprodutiva: os atributos supérfluos são trazidos pelos organismos extraenergéticos. Logo, se as pavoas diferenciam os pavões por meio do tamanho de suas caudas, elas também, de forma desconhecida, mas com alguma certeza, serão diferenciadas nos termos de uma adequação reprodutiva. Os seus genes serão transferidos se elas se dirigirem para o pássaro com a cauda, e a pressão evolucionista irá, portanto, tornar as caudas cada vez maiores até os pássaros danificados serem superados pelo seu próprio peso. E, desse mesmo modo, sabemos que os homens se tatuam, fazem quadros, escrevem poemas, para anunciar através dessas procuras inúteis as nossas fontes biológicas devastadas que permitem justamente tudo isso. As mulheres se apaixonam por artistas pelo mesmo motivo que as pavoas se apaixonam por caudas glamorosas.

Gradualmente, as humanidades estão sendo invadidas e disciplinadas por explicações desse tipo, cujo propósito é varrer a confusão da hermenêutica e substituí-la pela ciência limpa e significativa. E as explicações dadas para esse fenômeno são igualmente absurdas como os dois exemplos que dei acima — absurdas precisamente porque procuram explicar algo que não definiram. Até definir o que a musica *é* e como ela se diferencia de um som

---

* Geoffrey Miller, *The Mating Mind*. Nova York: Random House, 2000. O problema da cauda do pavão é relacionado corretamente com aquele da formiga que se autossacrifica, feito por Helena Cronin, em *The Ant and the Peacock: Altruism and Sexual Selection from Darwin to Today*. Cambridge: Cambridge University Press, 1991.

afinado, por exemplo, você não vai saber qual é a pergunta a ser feita quando se questiona sobre as suas origens. Até reconhecer que o sentido humano da beleza é algo completamente diferente da atração sexual da pavoa, você jamais saberá o que é, acima de qualquer coisa, provado pelas suas esparsas similaridades. Você descreverá a presente motivação humana como se fosse algo que é "nada além" da sua hipótese arquetípica, e, em vez de uma ciência do desenvolvimento humano, você produzirá um novo mito de origem, do qual tudo o que for particularmente humano será colocado de lado.

E há algo pior: toda a abordagem da "adaptação" ao fenômeno humano é desordenada. Ela envolve uma aplicação, caso a caso, da teoria da seleção natural como suplementado pela genética moderna. Ela também nos diz que, se uma peculiaridade se disseminou na nossa espécie, então é porque ela foi "selecionada". Mas isso significa apenas que o traço *não é uma má adaptação*, que não é algo que desapareceria sob a pressão evolucionista. E isso não passa de uma observação trivial. De tudo o que existe, pode-se dizer que não desapareceu sob a pressão evolucionista. Isso não nos diz nada sobre como o elemento questionado veio a existir. E muito menos nos diz qualquer coisa sobre o seu sentido ou o seu significado para nós. A tentativa para explicar a arte, a música, a literatura e o sentido da beleza como meras adaptações é algo certamente tanto trivial como ciência e vazia como uma forma de compreensão. Ela não nos diz nada importante sobre o seu assunto e traz um enorme dano intelectual ao persuadir as pessoas de que, afinal de contas, não há nada para *entender* em relação às humanidades, já que elas foram todas *explicadas* — e de uma vez por todas. (Não à toa, essa é a citação feita por Alan Rosenberg em seu *The Atheist Guide to Reality* [O guia do ateu para a realidade], de 2011.)

Entendendo a música

Assim, um dos fatos mais importantes sobre a música é que ela é para ser *entendida*, e entendê-la não se trata simplesmente de explorar as vias neurais ou as relações acústicas, mas é uma questão de prestar atenção e de capturar a sua ordem intrínseca e o sentido dos eventos no espaço musical. Além disso, a música é uma *aparição*.[1] Se você procurar pela música na ordem da natureza, não a encontrará. É claro que encontrará sons, o que é o mesmo que vibrações afinadas, provocadas como uma regra pela atividade humana, e provocando os ouvidos daqueles que as escutam. Mas jamais encontrará quaisquer das características que a fazem especificamente ser *música*. Por exemplo, você não encontrará o espaço onde a música se movimenta. Você não encontra as forças gravitacionais que trazem as melodias para o repouso ou fazem as notas de um acorde serem coerentes como se fossem uma única entidade. Você não encontrará as melodias — esses elementos estranhos que começam e terminam e se movimentam pelo espaço musical entre suas vívidas arestas. Você não encontrará as tonalidades — os elementos nos quais as melodias são compostas —, mas apenas os sons afinados nos quais as ouvimos. A música é toda uma aparição, e, contudo, não é ainda uma ilusão ou uma camada superficial passageira que não podemos deixar de perceber e seria muito pior se não notássemos. Ela está *lá fora* e não *aqui dentro*, para usarmos as metáforas familiares — mas note que são metáforas que podem ser tanto esclarecedoras como enganosas quando se trata de expressá-las externamente. Isso foi o que tentei mostrar no capítulo 2 deste livro, e vale a pena retornar brevemente a este tema no exemplo que usei ali (ex.1).

A sequência de sons que você escuta no início do Terceiro Concerto para Piano de Beethoven não é ouvido simplesmente como uma sequência. Elas contêm um movimento, e esse movimento está no espaço musical. Não é movimento do tipo que se observa nas máquinas ou até mesmo nos animais. É uma expressão de intenção — a intenção contida na música (que não é necessariamente a intenção particular do compositor). Colocando de outra maneira: esse é um movimento sobre o qual você pode, em qualquer instante, perguntar-se "por quê?". Por exemplo, por que ele desce por graus conjuntos a partir da nota sol, tendo chegado ali por meio de um *arpeggio*? Por que, tendo retornado ao ponto de partida, ele enfatiza sua chegada através de dois movimentos de dominante para a tônica? Você pode achar que essas questões são difíceis de serem respondidas. Mas elas fazem sentido, assim como podem ser questionadas em função das ações humanas. As duas pausas estão ali para completar a frase, para estabelecer um fechamento no espírito do ouvinte, para preparar o caminho para um outro movimento que mexerá com tudo em direção a um outro tom. E por que isso? Essa pergunta também tem uma resposta. O tema como um todo se desdobra por meio de perguntas e respostas, como um jogo de xadrez, e isso dá substância ao sentimento difundido de que uma obra como essa nos diz algo — mas nada que possa ser colocado em palavras.

Muitas pessoas desprezam a ideia de um movimento musical, ou pelo menos tentam substituí-la por alguma coisa que se pareça mais com o que temos de realidade — por exemplo, a perda de tensão que acompanha o retorno à tônica, ou as expectativas harmônicas que se acumulam em uma linha melódica. Mas essas descrições não são menos metafóricas do que a ideia de um movimento musical, e, além disso, são aplicáveis somente a um certo tipo de música. Existe um movimento que atravessa o espaço musical na música atonal, e existem melodias — melodias pentatônicas, por exemplo — que mantêm uma tensão harmônica uniforme por todo o espaço, e que, no entanto, se movem.

Um movimento musical tem, ou parece ter, uma meta orientada. Isso significa que se move em direção a um final definido ou parcial, e estes novamente não podem ser facilmente explicados em termos de tensão harmônica. São eventos que acontecem "no espaço das razões". O idioma clássico usa esse fato para gerar a ideia de progressão musical e de consumação: um movimento cresce de um material temático, e se move através do espaço musical à procura da sua completude. E se apresenta a nós com algo que nós não encontramos na vida cotidiana, que já é muito perturbada pela aleatoriedade — em outras palavras, o gesto completo, o gesto que se completa a si mesmo fora do seu próprio conteúdo interno, que não tem nenhum propósito além de si mesmo e que, ainda assim, também *realiza* esse propósito. Para muitas pessoas, esse é o mistério central, e a recompensa mais importante, da música séria — que ela mostra a ação humana se aproximando de um fim.

O movimento musical também tem uma espécie de necessidade interna — ou, pelo menos, tende a essa direção. Em *A arte da fuga*, Bach explora as diversas maneiras nas quais os gestos musicais criam a sua própria aura da necessidade, para o que se segue pareça algo compelido e pareça também, por sua vez, compelir o gesto que vem logo a seguir. E, apesar de que em qualquer ponto existem talvez vários caminhos possíveis e indefinidos em termos de sintaxe musical, a necessidade aqui é algo que sai vitoriosa junto com a liberdade — e jamais ocorre da maneira oposta. Novamente, nos encontramos na dificuldade de descrever esse processo sem o uso de metáforas amplas — a pergunta e a resposta, a premissa e a inferência, por exemplo. Mas esse senso de compulsão é tão importante para a nossa experiência da música que estamos aptos a criticar uma peça quando ela se encontra ausente e nos irritamos pelas redundâncias e as digressões arbitrárias que nos parecem ter nada a ver com o argumento musical.

O espaço da música

Esse senso de compulsão deve ser entendido em conexão com a intencionalidade do movimento musical. Encontramos, na música, ações que são tanto necessárias como livres. A música é uma resolução consciente do conflito entre liberdade e necessidade, feita disponível em seu próprio espaço. Se você for apresentado a essa definição de música, é natural que se pergunte se é uma descrição de algo real. E eu lhe responderei que sim, apesar de ser uma realidade que não pode ser apreendida do ponto de vista cognitivo comum. Nenhuma ciência, nenhuma teoria, nenhuma forma de explicação com as quais ordenamos e prevemos o mundo físico pode fazer contato com o movimento que escutamos quando ouvimos uma melodia no espaço musical, e mapeamentos geométricos de relações musicais não são, a meu ver, relatos de espaço musical.*

Você pode ver isso bem claramente ao se perguntar sobre o que faz você se mover quando a música se inicia.[2] A melodia do Terceiro Concerto para Piano de Beethoven começa em dó e vai para um mi bemol. Mas o que se moveu? Não foi o dó, que ficará sempre ali. Nem houve nenhuma liberação por si mesma que foi daquele dó e viajou para o mi bemol — não há um ectoplasma musical que viaja através do vazio entre semitons. Se continuar a forçar perguntas como essa, chegará em breve à conclusão de que há algo

---

* Pace Tymoczko, *A Geometry of Music*. Ver novamente a minha resenha sobre o livro de Tymoczko, *Reason Papers* (2012).

contraditório na ideia de que uma nota pode se movimentar no espectro da afinação — nenhuma nota pode ser identificada independentemente do lugar que ela ocupa, o que faz com que a ideia de um *lugar* pareça, de alguma forma, ilegítima. Em todos os tipos de caminhos, o espaço musical desafia a nossa compreensão usual do que é um movimento: por exemplo, uma equivalência em oitava significa que um tema pode retornar ao seu ponto de início, apesar de se mover constantemente para cima — uma espécie de paradoxo de Escher, que não tem qualquer equivalente na geometria comum. O espaço musical tem outras características topológicas muito interessantes. Por exemplo, as coisas raramente podem ser movidas pelo espaço musical de forma a coincidir com a sua imagem refletida, tanto quanto a mão esquerda (para tomarmos o famoso exemplo de Kant) pode ser transformada no espaço físico para coincidir com a mão direita. Assim, nenhum acorde assimétrico pode ser transposto em sua forma refletida.

O resultado em cadeia dessas e de outras reflexões semelhantes é a conclusão de que nada se move *literalmente* no espaço musical, mas, de algum modo, a ideia de espaço não pode ser eliminada da nossa experiência da música. Estamos lidando com uma metáfora entrincheirada — mas não uma metáfora de palavras, mais exatamente, pois não estamos falando sobre como as pessoas descrevem a música; estamos falando sobre como elas a *experimentam*. É como se houvesse uma metáfora do espaço e do movimento *incorporada dentro* da nossa experiência e cognição da música. Essa metáfora não pode ser "traduzida", e o que ela diz não pode ser dita na linguagem da física — por exemplo, ao falar das afinações e dos timbres dos sons no espaço físico. Ainda assim, o que ela descreve — o movimento musical — é uma presença verdadeira — e não apenas para mim, mas para qualquer um com um ouvido musical.

Nada há de misterioso aqui se admitirmos o tipo de dualismo cognitivo que defendo. Nem deve nos surpreender que os termos que aplicamos na música a colocam firmemente na arena da vida pessoal. Ela se movimenta enquanto *nós* nos movemos, com motivos para o que ela faz e um senso de propósito (que, a qualquer momento, pode evaporar, como qualquer propósito de uma pessoa). Ela é a aparição externa de uma vida interior, por assim dizer, e apesar de ser escutada e jamais vista, é ouvida como a voz é escutada, e compreendida como o rosto — como a revelação de uma subjetividade livre. Contudo, ao contrário de nós, a música cria o espaço onde se movimenta. E esse espaço é ordenado por campos de força que parecem ser radiados pelas notas ocorridas dentro deles.

Vejamos o acorde, talvez a mais misteriosa de todas as entidades musicais. Nem toda a coleção de notas cria um acorde — nem mesmo se elas são notas que fazem parte da mesma tríade consoante. (Como, nas "Hóstias" da *Grande messe des morts* [Grande missa dos mortos], de Berlioz, em que uma tríade de si bemol menor tocada pelas flautas é separada por quatro oitavas do si bemol tocado pelos trombones, e este último si bemol parece não pertencer de forma alguma ao acorde, apesar de fundamental.) Na maioria da música moderna, não escutamos os acordes, mas apenas as "simultaneidades", sons de diferentes afinações e de timbres que acontecem de coincidirem, mas entre cada uma deles há um espaço vazio — em geral, um espaço assombrado, como nas obras atonais de Schoenberg. Um acorde, seja consoante ou dissonante, preenche o espaço musical entre as suas arestas. E encara outros objetos musicais dessas mesmas arestas. Você pode recheá-las com mais notas, mas, ao fazer isso, o torna mais denso, não ocupando um espaço que já estava ocupado. E aqui há outra peculiaridade do espaço musical: a de que dois objetos podem estar no mesmo espaço ao mesmo tempo, como ocorre quando vozes contrapostas se coincidem brevemente em uma única afinação, ou quando dois acordes são sobrepostos e cada uma retém sua *gestalt* à parte, como se estivesse em uma música polifônica. Os acordes têm relações distintas dos campos de força nos quais estão suspensos. Eles podem ser suaves ou desleixados, como os acordes da décima terceira que acontecem no jazz — e isso independe da sua dissonância. Podem ser duros e precisos, como os acordes finais de uma sinfonia de Beethoven — e também independem da sua consonância. Podem se render aos seus acordes mais próximos, levá-los ou afastá-los deles, ou podem ficar diante deles como sustenidos, sem ter qualquer relação.

Cultura musical

Fica evidente, ou deveria ser evidente, que a música não funciona do mesmo modo que a linguagem: ela não é organizada por regras semânticas que nos permitem assegurar uma interpretação para cada expressão musical, como se garantíssemos um sentido para cada murmúrio proferido em uma linguagem. E esse ponto importante foi enfatizado por Eduard Hanslick em seu livro *Do belo musical*, destinado a ser uma resposta às afirmações extravagantes dos wagnerianos sobre o poder expressivo da música.

Agora, qualquer abordagem sobre a questão do significado musical imediatamente estará em confronto com uma questão cética: você está falando sobre qual tipo de música? E por que não está falando sobre o *meu* tipo de música? Uma espécie de censura vigilante é mantida em nome do gosto popular, e, para romper com isso, você tem que estabelecer as suas garantias políticas de outra maneira.* Nesse aspecto, o triunfo mais notório foi o do crítico Theodor Adorno, da Escola de Frankfurt, que, vindo como exilado para a Hollywood na década de 1930, pagou a ampla hospitalidade que teve ao desprezar as pessoas que a ofereciam, em particular da indústria de entretenimento sobre a qual ele acreditava serem escravas.**

O ataque de Adorno ao jazz e à sua influência no cancioneiro americano não se preocupava diretamente com a música em si — sobre a qual ele dificilmente tinha uma palavra a dizer. Estava mais preocupado com a audição, e o que significava essa audição, agora que a comunicação em massa poderia atrair ouvidos em qualquer lar. Ele acreditava que o ato de ouvir passara por uma mudança para atender às exigências das melodias curtas e das progressões harmônicas truncadas que atribuía (sem qualquer exame, como deve ser dito) às canções feitas no idioma do jazz. Houvera, como ele avaliou, uma "regressão" no ato de ouvir, um recuo daquelas

---

* Aqui não é o lugar para confrontar os defensores do ecumenismo musical — qualquer um interessado no que eu tenho a dizer sobre música pop pode consultar o artigo "Soul Music", que foi publicado on-line na revista *American* no dia 27 de fevereiro de 2010, <http://www.american.com/archive/2010/february/soul-music>, e que vem com exemplos e vídeos musicais.
** Ver o meu artigo "Why Read Adorno?", em *Understanding Music*. Londres: Continuum, 2009.

grandes aventuras que eram postas diante de nós pela tradição sinfônica clássica, em direção às exaltações de curto fôlego que exigiam pouco ou nada como resposta.

Certamente devemos reconhecer que há uma grande diferença entre uma cultura musical baseada na audição séria sobre longos movimentos que abrigam um pensamento musical sofisticado e uma cultura musical baseada na audição de melodias conhecidas e previsíveis, apoiadas em ritmos mecânicos e harmonias pré-fabricadas, que rapidamente se exaurem no seu potencial musical bastante esparso. A ascensão de uma nova cultura de massa não aconteceu somente no domínio da música. Grandes mudanças sociais e políticas podem ser observadas nessa transição — e é claro que Adorno estava certo ao perceber isso. Podemos não concordar com o julgamento crítico de Adorno. Afinal de contas, ele desprezava *tudo*: não apenas o jazz, mas o cancioneiro musical americano que nascera dele; a síntese de jazz com a música de concerto que encontramos em "Rhapsody in Blue", de Gershwin; no "Concerto para Piano e Instrumentos de Sopro", de Stravinsky; no "Concerto para Piano em Sol Maior", de Ravel, e em milhares de outros belíssimos e exuberantes trabalhos feitos de um modo "sério"; melodias incríveis como a de "All the Things You Are", de Jerome Kern, "Some Enchanted Evening", de Richard Rodgers, "Night and Day", de Cole Porter, e tantas outras. Mas é certo argumentar, como fez Adorno, que as formas de audição foram alteradas pela ascensão da comunicação de massa. O processo que começou na sua época continuou até o momento atual, em que se tornou difícil de distinguir se a música deve ser ouvida ou meramente escutada, ou talvez até mesmo apenas *observada*, como se fossem efeitos sonoros que preenchem o fundo de um vídeo emocionante.

Ninguém pode duvidar da importância da música em nossa civilização, tanto como fonte de um vínculo de comunidade como um objeto de consolação solitária. As pessoas são moldadas pelas coisas que ouvem e pelas diversões de que desfrutam, e certamente Platão estava certo ao ver os coribantes do seu tempo com um toque de suspeita.[3] Adorno compartilhava os escrúpulos de Platão por outros motivos — notavelmente porque ele via a nova música americana como o inimigo do pensamento autônomo, uma espécie de vício cativante que resultava na escravidão dos seus devotos. E apesar de Adorno estar errado sobre Cole Porter, Jerome Kern, Richard Rodgers, George Gershwin, Hoagy Carmichael, e todos os outros cujas canções ainda encontram um eco nos corações humanos, ele fazia uma observação importante que ainda é relevante sobre o que estou argumentando neste capítulo.

Cultura de massa e vício

Para entendermos essa observação, seria útil retornarmos a um assunto que discuti no capítulo 5 — a intencionalidade do desejo sexual. As civilizações que conhecemos incorporaram o sexo em uniões a longo prazo entre as pessoas. Ele foi absorvido, como já argumentei, dentro do mundo dos votos, em vez de dentro do mundo dos contratos, e o sexo contratual, da mesma forma que o recreativo, foi aceito apenas com uma forma de condenação ritualística. No mundo em que vivemos, surgiu uma nova espécie de norma sexual, na qual a intencionalidade ampliada da relação interpessoal foi reduzida. O objeto sexual substitui o sujeito sexual, e geralmente, como acontece na pornografia, esse objeto é reduzido a uma mera parte corporal, ou — para usar a expressão vulgar — uma ferramenta. Essa abordagem instrumentalizadora cancela a realidade do outro como um sujeito, e, ao ser usado para despertar e satisfazer alguma espécie de anseio sexual, retira completamente o prazer sexual da relação eu-você, sendo que, nesse caso, não temos nem um eu nem um você. Do ponto de vista psicológico, é interessante notar que o resultado dessa experiência é viciante — isto é, ela pode ser obtida sem qualquer esforço, leva automaticamente ao prazer que a completa, e rapidamente domina o cérebro daquele que se deixa render por isso. (Veja a edição recente do *Journal of Sex Addiction* para as consequências psicológicas.)

Algo semelhante aconteceu com a música, no qual o "ajuste rápido" nos levou a uma reação complacente, e também no qual a intencionalidade eu-você não é mais o foco da atenção. Por exemplo, na chamada *disco music*, o foco está inteiramente nos padrões repetidos de ritmos, em geral sintetizados digitalmente e sem nenhuma performance musical evidente, em que a excitação musical nos leva a um clímax instantâneo e narcisista, logo depois repetido. Não há progressão harmônica nem melodia, apenas repetição, exigindo nenhum esforço para ser ouvido e divorciado de qualquer relação com o mundo externo. Aqueles que dançam com esse tipo de música não fazem como os que dançam *com* seus parceiros, supondo, é claro, que eles têm algum parceiro, mas sim *para* eles, pelo simples motivo de que não existe mais um "com" estabelecido pela linha musical. A música é como uma máquina, não apenas em seu som, mas no seu modo de produção e no modo como atravessa todas as relações interpessoais, ao focar somente no estímulo puro e na pura resposta. É uma música de objetos, da qual os sujeitos foram excluídos. (Se quiser um exemplo, tente ouvir Technohead, "I Wanna Be a Hippy", e também não deixe de ver o vídeo.)

Esse é um daqueles aspectos da música que não achamos surpreendentes até pensarmos sobre ele. Da dança dos israelitas ao redor do bezerro dourado às orgias do hip-hop, as distrações musicais das pessoas comuns fizeram surgir as maldições dos seus sacerdotes. Os padres tentaram, por toda a história, controlar não apenas o que era cantado e tocado no templo, mas confinar e, se necessário, proibir as festividades que aconteciam fora dele. Não pensamos mais que podemos fazer isso por meio da lei, como Platão desejava. Mas ainda estamos profundamente preocupados com as mudanças na prática musical, do mesmo modo que Moisés ficou preocupado quando desceu da montanha e, ao ver a idolatria das massas, jogou as tábuas da lei ao chão.

Esse foi talvez o primeiro protesto registrado contra a "cultura de massa". Adorno é um Moisés moderno, e seu herói Arnold Schoenberg tentou descrever o episódio do Velho Testamento em forma de música, como uma ilustração do modo como nunca devemos sacrificar a árdua verdade em função de uma comunicação fácil. No contraste entre Moisés e Arão na ópera inacabada (e, sem dúvida, inacabável) de Schoenberg, vemos dramatizado o choque de culturas que preocupava Adorno. Há uma cultura de pensamento e de concepção abstrata de longo prazo, representada por Moisés; e uma cultura de prazer e de comunicação fácil de curto prazo, representada por Arão. O primeiro nos mostra o fundamento transcendental do ser; o segundo reduz o ser ao ídolo. O tratamento desse tema feito por Schoenberg nos lembra de que muitas das nossas preocupações sobre as depravações da cultura popular musical refletem o medo da idolatria — dos falsos deuses, da falsa adoração e das falsas emoções.

Adorno queria mostrar que as aparentes liberdades desfrutadas pelo povo americano são liberdades ilusórias, e que a realidade cultural subliminar é a de escravidão — uma escravidão aos fetiches do mercado e à cultura do consumo, que, ao colocar os apetites acima dos valores duradouros, levam à perda da autonomia racional. Segundo Adorno, a música popular não era algo que os americanos deviam se libertar *para* alguma coisa melhor, mas algo do qual deveriam ser libertados *de* alguma coisa. Em resumo, ele era, segundo seu próprio olhar, um iconoclasta, libertando o povo da dominação dos seus ídolos.

O significado do silêncio

Estamos claramente com sérios problemas agora; e não vamos nos salvar simplesmente tendo uma abordagem imparcial geralmente promovida nos cursos de apreciação musical. Nessa área, ser imparcial já é fazer um tipo de julgamento: é sugerir que não importa o que você escute ou dance, e não há nenhuma distinção moral entre os diversos hábitos auditivos surgidos na era da reprodução musical. Essa é uma posição moralmente carregada, que desafia o senso comum. Sugerir que as pessoas que vivem em uma palpitação rítmica mecânica como um constante pano de fundo para seus pensamentos e movimentos vivem *do mesmo modo*, com o mesmo tipo de atenção e com o mesmo padrão de desafios e recompensas, como os que conhecem música apenas ao sentar-se e ouvi-la, limpando enquanto isso a sua mente de todas as outras reflexões — tal sugestão é algo violentamente implausível.

Se colocarmos de forma lacônica, a diferença entre essas duas maneiras de responder à música é a diferença que existe entre impedir o silêncio e deixá-lo falar. A música em uma cultura que realmente escuta é uma voz que surge do silêncio e que o usa como um pintor usa a sua tela: ele é a *prima materia* com a qual a obra é composta, e as partes mais eloquentes de um movimento de uma sonata clássica são geralmente as partes em que nada pode ser ouvido, quando, por um breve momento, nós ouvimos *através* da música o silêncio que há por trás dela, como ocorre nos recitativos da Sonata em Ré menor de Beethoven, op. 31, nº 2, geralmente conhecida como "A Tempestade". Os temas podem ser pontuados pelos silêncios nos quais o expressivo fardo da expressão musical é, de alguma forma, muito maior do que é suportado pelas notas. Um excelente exemplo disso é o tema usado por Elgar para *As variações enigma*, na qual as cordas suspirantes são constantemente mantidas como se fossem uma mão que vem do silêncio, e então finalmente colocada ao lado pelo contratema num acorde maior, surgindo do fundo, e preenchendo todo o espaço disponível.

Existem aqueles que dizem que a cultura que realmente escuta música é algo passageiro e sem nenhuma essência, que seria meramente *um* dos usos que a música poderia ter, e que ela teria outros significados em outros tempos e em outros lugares. Não duvido que há uma verdade nisso. Contudo, existem duas distinções importantes a serem feitas. A primeira é que devemos reconhecer que a música não é algo que independe do modo como respondemos a ela. Afirmei que, ao ouvirmos o tema de abertura do Terceiro Concerto em Piano de Beethoven, sabemos que não se trata apenas de uma sequência de sons afinados, mas um movimento em um espaço musical, respondendo a forças gravitacionais que a controlam e a ativam. Alguém pode não ouvir esse movimento; e é plausível dizer que ele é devidamente compreendido apenas pela pessoa que o escuta do modo correto, obediente às limitações que transformam o som em um tom. Nesse sentido, ouvir não é uma prática que pode ser subtraída da nossa música, enquanto permite que fique inalterada. Isso é tão necessário à natureza da música quanto a relação eu-você é necessária para a nossa natureza como pessoas. Música, como pessoas, é um fato relacional.

A segunda distinção é que, apesar de ser verdade que a música tem vários usos, esses usos são formas de audição. Você escutará as pessoas dizerem que a cultura da sala de concerto nas metrópoles ocidentais é, de qualquer forma, rarefeita e abstrata, e que a forma natural da música é um acompanhamento da atividade humana, seja na dança, na marcha, no trabalho, ou na preparação para a guerra. E, como indiquei antes, os psicólogos evolucionistas sempre estão prontos para entrar nesse assunto, assimilando a música para uma ou outra estratégia mais ampla que avança na reprodução dos nossos genes. Todavia, esses "outros usos" da música são extensões da arte da audição. E isso tem sido verdade desde os tempos antigos e em todas as culturas em que o poder peculiar da música é o mais notado *não* quando estamos dançando ou cantando, mas sim, mais precisamente, quando o tom puro nos leva e ficamos de prontidão para ouvi-lo. Assim é a música instrumental que forma o núcleo do raga clássico indiano e do gamelão balinês, e também da completamente esquecida música clássica da China e do Japão. As discussões antigas sobre o poder da música e a disputa que há entre as forças dionisíacas e apolíneas que procuram se expressar nela se tornaram mitos nas metáforas da lira e da flauta. Era a *lira* de Orfeu, e não a sua voz, que emocionava os animais e as pedras.

No décimo soneto do segundo livro de *Sonetos para Orfeu*, Rilke reconhecia a ameaça feita pela máquina e por qualquer tipo de modo instrumental de ver as coisas, invocando a música de Orfeu como a prova de que ainda estamos vivos em um mundo consagrado:

> Mas a existência ainda nos fascina, tantos
> São os lugares onde nasce. Um jogo de puras
> Forças que se toca de joelhos, com espanto.
>
> Palavras roçam ainda o inefável, asas...
> E de pedra palpitante, a sempre nova música
> Ergue no espaço inapto a sua divina casa.
>
> [Trad. de José Paulo Paes]

O espaço da música é inútil, já que nada sólido a sustém. O lar que a música constrói é feito de pedras palpitantes (*bebendsten Steinen*) — pedras-vivas, feitas de sopro e de pensamento. E assim como as palavras vão embora em direção ao que elas não podem tocar ou encontrar — em direção ao sujeito que nenhuma palavra pode apreender — a música também pode ir em direção a um espaço além da ordem da natureza, onde residem coisas intocáveis. Quando ouvimos uma música puramente instrumental, em geral temos essa impressão, e parece-nos então que a música nos diz alguma coisa de primeira importância, revelando-nos algo sobre o nosso mundo que talvez não possa ser dito ou explicado, mas apenas intimado na linguagem pura dos tons.

O significado da música

Há algo mais preciso que podemos dizer sobre o significado da música — mais preciso do que as invocações maravilhosas contidas nas metáforas de Rilke? Eu penso que sim. Mas, primeiro, devemos reconhecer algumas das dificuldades. Aqueles que defenderam ansiosamente uma significância na música descreveram-na como um meio expressivo — sugerindo que, de algum modo, nossas emoções habitam a música, e que nós, encontrando-as ali, somos movidos por simpatia e entendimento. Não digo que isso seja errado, mas precisa de uma explicação cuidadosa se quisermos compreender exatamente o que significa.

O primeiro problema apontado por Hanslick é que há uma contradição aparente entre o pensamento de que a música expressa uma emoção e a alegação de que ela é uma forma de arte abstrata (ou, como diziam, absoluta).* Os românticos que defendiam a música absoluta como a sua libertação do uso distrativo da dança, da ópera e da canção, enalteciam o "som puro do pensamento" da música instrumental, assim como fariam os seguidores de Orfeu. Para eles, a alma respirava em uma sinfonia ou em um quarteto de Beethoven com o seu próprio som purificado, separado da ação humana. Mas Hanslick argumentava que as emoções, como quaisquer outros estados do espírito, são *sobre* as coisas. E como a música pode capturar sua "tematicidade" se não passa de uma arte puramente abstrata? Além disso, será que toda a sugestão de que ela *deva* capturar qualquer espécie de "tematicidade" a deprecie da essência da música, que se trata de uma arte do puro som, ou então "formas que se movimentam na sonoridade", como assim coloca

---

* Eduard Hanslick, *The Beautiful in Music: A Contribution to the Revisal of Musical Aesthetics*. Trad. do checo de Gustav Cohen. Nova York: Novello, Ewer and Co., 1891.

Hanslick? Por exemplo, pessoas que querem vincular quadros, histórias e personagens à *Arte da fuga* parecem a nós não ter entendido o seu significado — sua presença monumental no mundo dos tons, ficando acima e além do mundo humano em um trono sereno de autoridade.

Existem duas respostas para isso que merecem refutações. A primeira é dizer que a música pode, por assim dizer, emprestar a sua "tematicidade". Até mesmo a música puramente instrumental pode adquirir um assunto por si mesmo, e ninguém tem a mínima dificuldade em ouvir títulos como "Blown Away Leaves", "Vltava", "The Lark Ascending", "La Mer" como apropriados para as peças que as nomeiam. A segunda resposta é afirmar que a música pode imitar os nossos estados de espírito, ultrapassando a sua intencionalidade específica e reproduzindo suas propriedades dinâmicas — portanto, extraindo de nós um senso vívido de ser na presença das emoções, cuja precisão dos objetos não é necessária ser definida para que depois sintamos a sua força gravitacional. A música compartilha os aspectos morais e emocionais dos seres humanos, e seu sentido está justamente nesse fato.

Essas duas respostas se propõem resolver o mistério do significado musical enquanto, na verdade, meramente nos distraem dele. Em resposta à primeira, vamos tomar o exemplo — o grande poema orquestral de Rachmaninoff que tem o título de "A ilha dos mortos", inspirado pela conhecida pintura (ou melhor, série de pinturas) feita por Arnold Böcklin. Um relato ingênuo dessa peça musical nos diz que se trata de uma descrição feita em tons e acordes sobre o mesmo assunto que Böcklin mostra na sua tela em óleo. Mas isso seria se enganar sobre o que o título diz. O quadro de Böcklin mostra uma ilha sepulcral, localizada em um mar tranquilo, iluminado pela luz do crepúsculo, e visitado por uma figura encapuzada de quem foi apagada qualquer individualidade. A figura está de pé diante de um barco remado por uma outra pessoa que claramente não pertence a esse lugar de onde não há retorno. O quadro não é uma descrição da morte, mas uma expressão de sentimentos sobre ela que todos nós conhecemos. Talvez seja uma ninharia próxima do melodramático, mas ela nos dá um senso de uma calamidade sombria e irreversível. Podemos pensar que isso é o que seria a morte, se é que ela parece ser alguma coisa. É a morte sendo vista não como um evento na ordem da natureza, mas como a aresta impenetrável do *Lebenswelt* — o nosso isolamento final em um lugar onde apenas as memórias impotentes podem nos alcançar do mundo dos vivos.

    A peça de Rachmaninoff não é uma tentativa de descrever a ilha de Böcklin: como a música poderia fazer tal coisa? As rochas, os ciprestes sombrios, as bocas das tumbas, a estranha luz de um sol que desaparece em algum horizonte invisível — como tais coisas podem encontrar sua corporificação no som? A música pode capturar o movimento do barco, sem dúvida, pois eis um movimento que também ouvimos na melodia. Mas é precisamente essa a conexão que permite Rachmaninoff fazer uma música que tenha vida própria. Ele constrói a primeira parte inteira da peça em uma espécie de movimentação circular assimétrica em uma divisão 5/4 — duas batidas seguidas por três, às vezes invertendo o ritmo para que as três batidas sejam seguidas por duas. Sobre isso, constrói um tema solene em notas consecutivas que gradualmente tomam conta de toda a orquestra, engolindo a única tríade em lá menor para uma espécie de cadáver inchado de si mesma. A harmonia muda para um ré menor, e um chamado vazio feito pelos trompetes responde como se fosse uma memória evanescente da vida. Então, um rompante de cordas intensamente diminuídas feito de violinos e instrumentos de sopros levantam voo como pássaros espantados que saem das harmonias dos metais, similares às pedras. Tudo isso é maravilhosamente evocativo e nos aponta para contextos nos quais esses recursos foram feitos para tornar os pensamentos e os eventos cada vez mais precisos, para depois a citação das primeiras quatro notas do "Dies Irae" reiterar essas mesmas conexões. Mas nada é realmente *descrito*, e alguém poderia seguir o argumento musical e jamais experimentar o poder evocador da música do modo como indiquei.

    Você pode muito bem dizer que essa peça expressa uma emoção próxima daquilo que foi exprimido pelo quadro de Böcklin — e que eles exibem o que poderíamos chamar de similaridade expressiva ou até mesmo uma identidade expressiva. Mas suponha que alguém não entenda nada disso — que ele negue o fato de que a música lhe evocou algo similar aos sentimentos também evocados pelo quadro de Böcklin. Isso ocorre porque ele não compreendeu a música? Você pode querer dizer que ele não entendeu alguma coisa dela. Mas suponha também que esse mesmo sujeito seguiu atentamente o movimento musical, e que o modo impressionante como o material esparso foi desenvolvido até um clímax que é puramente musical e no qual não há nenhum equivalente no próprio quadro. Seria isso sinal de compreensão musical? E, pelo contrário, suponha que alguém perceba todas as referências à morte, faça todas as conexões com o quadro de Böcklin, mas seja incapaz de seguir o argumento musical, se perca no ritmo, não sinta o impulso musical enquanto este se dirige ao clímax — não deveríamos dizer que ele não entendeu a peça?

O ponto a que quero chegar é o seguinte: se o significado da peça de Rachmaninoff está em parte nos pensamentos e nos sentimentos expressos em direção ao objeto que chegou ao nosso espírito pelo quadro de Böcklin, então o entendimento da peça musical deve envolver a recuperação desses mesmos pensamentos e sentimentos. Mas pareceria que podemos entendê--la como música sem qualquer recuperação mental desse tipo. Da mesma forma, podemos ter uma boa ideia dos pensamentos e dos sentimentos que Rachmaninoff procura desenvolver, sem a compreensão do argumento musical. Devemos relembrar aqui o hábito no século XIX, em conjunto com A. B. Marx, de alinhar os programas narrativos às sinfonias e às sonatas de Beethoven. Essas narrativas estão agora esquecidas ou revistas apenas com um tom de ridículo: pensamos nelas como as descrições das fantasias particulares dos seus autores, mas jamais no significado público da obra.

É inegável que aplicamos termos que denotam emoção e personalidade à música: eu acabei de fazer isso ao descrever a nossa experiência com Rach-maninoff. É uma música triste, alegre, amarga, hesitante, nobre, passional e tímida. E muitos filósofos usaram esse fato para propor uma intencionalidade generalizada na experiência musical, ao argumentar que a música provê algo equivalente no som das paixões humanas, movimentando-se do mesmo modo ou com as mesmas tensões dinâmicas enquanto nos movemos sob a pressão da emoção. O problema, tal como eu vejo, é que todas essas descrições são figurativas. E não servem para diferenciar a música de quaisquer outras coisas que descrevemos em termos figurativos. Falamos do nobre carvalho, do cipreste triste, do salgueiro dançante, do pinheiro sombrio — mas essas descrições apenas tocam a superfície das coisas como as folhas que voam pelo caminho.

Significado e metáfora

Há uma manobra familiar na filosofia da música que tenta encontrar um fundamento na metáfora feita por analogias. É algo parecido com isto: começamos com a pergunta do que significa descrever uma peça de música como algo triste, nobre, e assim por diante. Respondemos com uma sugestão: queremos dizer que a música é *como se fosse* uma pessoa triste e nobre. Aqui me refiro a alguns dos escritos de Peter Kivy sobre o assunto, que nos diz que a música triste compartilha as propriedades dinâmicas das pessoas tristes, que ela seria lenta, declinante, ponderada — e por aí vai.* E a música nobre seria enaltecedora, completa, com gestos claros e diretos, e cadências honestas. É então que quero protestar: espere um momento.

Você não nos esclareceu nem um pouco — nos disse que a música triste compartilha propriedades com as pessoas tristes; e então provou isso ao descrever essas mesmas propriedades de dois modos — usando a linguagem literal das pessoas e a linguagem figurativa da música. A música não se move, declina ou pondera *literalmente*. A analogia não se revela de forma alguma como analogia, apenas um modo de substituir uma metáfora pela outra. Ainda tenho a pergunta: o que essas metáforas *significam*, e o que elas me dizem sobre as coisas em que são aplicadas? E há ainda a forte tradição de raciocínio, começando com as *Investigações filosóficas* de Wittgenstein, que diz que você não explica o significado de uma metáfora ao observar o seu uso metafórico, mas ao observar o seu uso literal. A coisa que precisa de explicação não é o *significado* da palavra "triste", "nobre", ou seja lá o que for, mas o propósito de usar somente esta palavra em apenas este contexto. E qualquer que seja o propósito, não é para descrever ou escolher analogias.

Mas suponha que essas analogias existam. Suponha que você possa dar sentido a um termo de emoção ou a uma palavra de virtude quando se fala em música apontando similaridades entre o trabalho musical e o estado ou a disposição mental a que se refere pelo seu uso literal. Será que isso mostraria que o termo identifica algo esteticamente interessante e moral-

---

* Por exemplo, *The Corded Shell: Reflections on Musical Expression*. Princeton, NJ: Princeton University Press, 1981.

mente relevante na coisa a que se aplica? Minha resposta é "não". Tudo se assemelha a tudo, e a maioria das semelhanças é insignificante; o que faz uma semelhança interessante é o contexto no qual é colocada em uso. Você pode ter uma semelhança espantosa com Elvis Presley. Mas, como você não sabe cantar e não sabe dançar de um modo sexy, não pode fazer nada que coloque a sua semelhança à mostra, e assim ela continua sendo insignificante. Notamos várias semelhanças na música. O tema de abertura da op. 18, nº 1, de Beethoven, é parecido com alguém assinando um cheque: um impulso audaz na hora de escrever, depois caindo em um rabisco. Mas essa semelhança (supondo que a permitimos) nada tem a ver com a música ou com o que ela significa. Portanto, é natural que preciseemos diferenciar a semelhança acidental da significante: e isso é precisamente o que não conseguimos fazer, se o único fundamento para o uso dos predicados mentais para descrever a música é o tipo de analogia apontado por Kivy.

Resumindo de forma simples: ouvir a tristeza da música não é ouvir uma analogia entre a música e a emoção: é ouvir a tristeza *na* música. Ouvir tristeza na música é ouvir os contornos de tristeza na música, verdade. Mas as características que ouvimos *na* música não são necessariamente características que a música compartilha. De fato, sustento que, nesse caso, elas são características (como o deslizar, o peso, o cansaço) que a música *não pode* literalmente compartilhar. Então, ao explicar o que é ouvir tristeza na música, simplesmente evitamos a própria noção que precisa ser explicada — a noção de ouvir x em y, quando x é uma característica que y não pode literalmente possuir.

Então, o que acontece quando ouvimos tristeza *na* música? Estamos lidando com uma percepção metafórica — ao ouvir a música sob um conceito que não se aplica a ela literalmente.* E fazemos isso ao nos dirigirmos à música com a intencionalidade ampliada com a qual nos dirigimos um ao outro, portanto situando a música dentro do *Lebenswelt* onde situamos os nossos companheiros.

---

* Desenvolvo isso extensamente em *The Aesthetics of Music*.

Significado e compreensão

Essas duas disputas, que resumi em apenas um esboço, nos fazem voltar ao conceito que sugeri ser central a qualquer estudo humano de música — o conceito de compreensão musical. Se a música tem um sentido, então se trata daquilo que você entende quando a entende. O argumento, feito com ênfase no caso da linguagem segundo Frege (e feito também por Dummett em sua defesa),* deveria ser evidente a um filósofo analítico, apesar parecer ter sido ignorado em boa parte da literatura da estética musical, não conquistando qualquer posição, pelo o que sei, na neurociência da música.** Uma teoria do significado musical é um conjunto de limitações na compreensão musical — ela nos diz que, para entender a obra, deve apreender um conteúdo específico por meio da sua audição ou da sua performance, e então depois vem a questão sobre o que significa "apreender um conteúdo". Fica claro que isso é raramente, se tanto, uma questão de identificar um *objeto* sobre o que a música é — nem mesmo no caso de "musica programática". E, normalmente, não é também um caso de analogias auditivas ou de semelhanças a estados mentais.

Suponha que você esteja ouvindo uma peça de música homofônica — digamos, um raga clássico ou o trecho de um canto gregoriano. Você não conhece o nome ou a origem do raga, e as palavras em latim lhe são ininteligíveis. Ainda assim, você os escuta com grande engajamento, sendo levado pela música e sentindo a compulsão das suas batidas. Nesse caso, qual é o "conteúdo" que deve apreender? Você não atribui essa música a um assunto específico, como se fosse a voz de uma pessoa identificável. É a voz sem um sujeito, por assim dizer: ou melhor, não se trata exatamente de uma voz, mas de um movimento no espaço musical, que não é o movimento de um objeto físico, pois este não pode existir nesse espaço, mas apenas em um padrão de pura intenção, com cada passo respondendo ao anterior. Além disso,

---

* Sir Michael Dummett, *Frege: Philosophy of Language*, 2 ed. Cambridge, MA: Harvard University Press, 1981.
** Ver Aniruddth D. Patel, *Music, Language, and the Brain*. Oxford: Oxford University Press, 2008; Daniel J. Levitin, *This Is Your Brain on Music: Understanding a Human Obsession*. Londres: Atlantic Books, 2007 etc.

você não atribui um objeto à música — ele não se desdobra, no seu modo de ouvir, em um pensamento sobre alguma coisa específica, ou se dirigindo a algum alvo identificável. E isto é uma verdade tanto para "La Mer" como para uma fuga de Bach. Se você pode atribuir um objeto à "tematicidade" da música, trata-se de um fato externo — algo que você traz à música, mas que não está diretamente contida nela.

O que isso sugere é que a música é ouvida como uma espécie de pura "tematicidade" — uma relação intencional da qual ambos os termos, sujeito e objeto, foram apagados. Você pode substituir os termos — por exemplo, fornecendo um contexto dramático para a música, encaixando palavras nela, ou então dando-lhe um título. Mas essas adições externas não são parte do conteúdo musical que deve ser entendido, tanto por quem toca como para quem escuta, de outra maneira. Então, como conseguimos entendê-la?

Aqui vão duas sugestões. A primeira é que o conteúdo intencional de uma peça musical pertence a ela como *música*. Ela se desdobra com a linha musical, e não se trata de alguma analogia passageira ou de alguma semelhança, pelas razões já mencionadas. Como um pensamento na linguagem, ela permeia a coisa que a expressa, e tem a sua característica vinda da sintaxe musical. Se não fosse assim, então aquilo que na música é o mais significante — precisamente, o desenvolvimento da linha musical, o modo em que cada momento abre o caminho e é respondido pelo próximo patamar — seria apenas acidentalmente uma parte do que a música significa, e, nesse caso, seria difícil de argumentar que o significado é o que deve ser apreendido se você for entender a música. Vejamos o *obbligato* no solo de violino em "Erbarme Dich mein Gott", de Bach, e como ele deve ser tocado de modo a "capturar" o sentido — a subida até o ré inicial, a entonação suplicante do lá no topo, na segunda nota, o respiro no final da nota que a conclui, e logo depois a descida cambaleante: todos esses eventos *musicais* são impulsionados pelo movimento harmônico e melódico, através do qual o significado extramusical é aprofundado e desenvolvido.

A segunda sugestão é que a nossa reação a essa intencionalidade percebida não deve ser vista em termos puramente cognitivos. Não se trata apenas de reconhecimento, mas de uma espécie de compaixão — um "emocionar-se" com a linha musical, e ficar emocionado *por* ela. Aqui devemos relembrar o raciocínio de que o movimento musical acontece em um espaço fenomenológico, estruturado por uma causalidade puramente virtual, e que som nenhum se move verdadeiramente de um lugar a outro no espectro musical. Ainda assim, esse movimento é algo que inelutavelmente escutamos. Nós nos movimentamos com a música e reagimos às forças que soam dentro dela. Novamente, há uma intencionalidade ampliada na nossa resposta aos tons musicais — ouvimos além deles, por assim dizer, à subjetividade revelada por eles. Mesmo assim, é uma subjetividade sem um nome. A menos que existam palavras ou um contexto dramático para nos dizer de *quem é essa voz*, a música parece vir até nós do nada e de ninguém em particular.

Dançando com a música

Podemos ganhar alguma compreensão desse fenômeno se examinarmos uma das primeiras reações à música, a dança. Dançar é *se movimentar com* alguma coisa, consciente de que é isso o que você está fazendo. Você se move com a música e também (em danças mais antigas) com o seu companheiro (ou companheira). Esse "movimentar-se com" é algo que os animais não podem fazer, pois envolve a imitação deliberada de atividade intencional localizada em qualquer outro lugar além do seu próprio corpo. Por sua vez, isso pede uma concepção do *self* e do outro, e da relação entre eles — uma concepção, como já sugeri, que está indisponível fora do contexto da consciência da primeira pessoa. Dizer isso não é negar a *coordenação* muito marcante que pode existir entre os animais não humanos. A habilidade da revoada de pássaros e do cardume de peixes para mudarem repentinamente de direção, com cada pássaro e cada peixe respondendo instantaneamente ao menor impulso do seu próximo, e todo o movimento que ocorre como se fosse um único organismo são guiados por uma única vontade — eis algo que inspira espanto e maravilhamento.

 É justamente nesse ponto que os neurocientistas entram com a conversa sobre os neurônios-espelhos, postulando um mecanismo que, de acordo com alguns (por exemplo, Ramachandran), é a raiz da autoconsciência nas pessoas.* Contudo, isso não tem sentido algum: não há uma intencionalidade eu-você que conecte o peixe ao seu próximo no cardume, e nenhum pássaro sentiu aquela estranha fascinação com o movimento autossuficiente do outro, naquilo que foi transmitido por Shakespeare [aqui em tradução livre]:

> Quando tu provocas a dança, desejo-te
> Uma onda do mar, para que tu faças
> Nada além disso...
>
> *(Conto de Inverno, 4.4)*

Reparem como Shakespeare, como sempre, aponta para algo crucial: "quando tu *provocas* a dança", e o "provocas" vem em um encadeamento surpreendente no "nada além disso". Quando você provoca a dança, também entende a música como a origem do movimento que flui através do seu corpo. Você se move em compaixão por outro ser intencional, com outra fonte de vida. Ainda assim, a coisa com quem você dança não é algo vivo, mesmo que seja produzido por alguém vivo. A vida na música está ali *em virtude do* fato de que você pode dançar com ela. A vida na música é o poder de extrair uma vida paralela de dentro de você, o dançarino. Em outras palavras: a vida na música é uma vida *imaginada*, e a dança é uma maneira de imaginá-la.

Isso explica um fato que foi percebido e analisado por Platão — mais precisamente, o fato de que a qualidade moral de uma peça de música toca aquele que dança com ela. A música sensual, desordenada ou agressiva nos convida a nos "movimentar com" essas características morais. É claro que, agora, nós somos seres severamente tentados, e o nosso conhecimento moral é geralmente eclipsado no momento da tentação. Seja lá o que aprendemos por meio da compaixão, é raro que tenha apenas uma influência marginal em nosso comportamento. Porém, como Hume apontou, as nossas compaixões coincidem e se reforçam entre si, enquanto nossos desejos egoístas entram em conflito e, portanto, cancelam um ao outro. Logo, seja lá o que nos toca por meio da compaixão em relação a uma obra de arte ou às pessoas representadas nela é de uma enorme importância. Uma peça de música que

---

* Ver Ramachandran, "Mirror Neurons and Imitation Learning".

se movimenta através da nobreza que escutamos nela, como faz a Segunda Sinfonia de Elgar, é uma peça que encoraja a compaixão em relação a essa virtude, e conforme essa compaixão se acumula, da mesma forma a obra aperfeiçoa o temperamento moral da humanidade, como certamente Mozart fez por meio de suas óperas e Beethoven, por meio dos seus concertos de câmara. E eis aqui o tipo de efeito que Platão tinha em mente quando argumentou contra a música frenética do seu tempo.

Você não escuta *com* uma peça da música; você *a* escuta. Mas a "conjunção" da dança é reproduzida na sua audição. De alguma forma, você se move *com* a música enquanto a escuta, e esse movimento é, ou então envolve, também um movimento de compaixão. Ouvir não é o mesmo que dançar: mas é mais próximo deste último do que escutar. Várias pessoas ouvem música sem escutá-la. A escuta envolve atenção — mas uma atenção ao movimento imaginado e à "tematicidade" que existe além dele. A pessoa que ouve música está sendo levada por algo que imita o modo como o dançarino é levado pela música que ele ou ela está dançando. Escutar é como estar na presença de — e em comunicação com — uma outra pessoa, apesar de uma pessoa conhecida somente por meio de sua identidade que é de alguma forma exalada através da linha musical. As semelhanças aqui não são entre o formato da música e o formato de um personagem. São semelhanças entre duas experiências — nós ouvimos a intencionalidade desconectada da linha musical, a apropriamos por meio da compaixão, e a conectamos a nossa própria experiência.

Sobre o nada

Numa tentativa prévia a respeito desse assunto, resumi meu relato sobre a música da seguinte maneira: "A música é um movimento do nada em um espaço que não existe, com um propósito que é de ninguém, no qual ouvimos um sentimento que também não existe, cujo objeto também é ninguém. E esse é o significado da música." (Quem fala isso é Perictione.)*

---

* *Perictione in Colophon*, p. 221.

Adicionaria apenas que não é apenas o objeto que é um ninguém: o mesmo ocorre com o sujeito. A música nos oferece uma pura "tematicidade" que podemos colocar para outros usos, mas a qual, em sua forma mais pura, tem uma espécie de efeito purificador ao ouvinte compassivo: ela nos abre para compaixão, apesar de não ter ninguém em particular, e nos prepara para o encontro eu-para-você, mesmo com ninguém em particular, e nos fala de uma outra ordem do ser do que aquela em que nossas vidas estão aprisionadas: uma ordem de pura compaixão entre os sujeitos, sem o estorvo de um mundo objetivo. O inútil espaço da música é, nas palavras de Rilke, um lar divino. Portanto, oferece um ícone da experiência religiosa que eu descreverei somente no capítulo final deste livro.

Naquele exemplo do que foi chamado de "música absoluta", não há como concluir a descrição da sua "tematicidade". É sobre nada em particular, ou sobre tudo em geral, dependendo do modo como você a encara. Não há uma história específica sobre a vida humana que seria a história do "Quarteto em Dó Sustenido Menor", de Beethoven. Mas, de alguma maneira, toda a vida humana está ali. Essa música não é apenas uma forma intrincada que é aprazível de se ouvir: ela contém uma alma, e essa mesma alma se dirige a nós com o mais sério dos tons. Não existem opções fáceis ou emoções falsas, não existe nenhuma insinceridade nessa música, nem ela tolera essas coisas em você. De algum modo, ela nos aponta o exemplo de uma vida mais ampla, o convidando a viver e sentir de um modo mais puro, para que você se liberte dos fingimentos do dia a dia. É por isso que ela parece falar com tamanha autoridade: a música nos convida a um outro mundo, muito superior, um mundo onde a vida encontra a sua realização e a sua meta. E o meu modo de abordar esse ponto é dizer que tal música é pura "tematicidade" — ao apresentar nem sujeito nem objeto, mas a intencionalidade pura e etérea, o ato de tensionar em si mesmo, em seu próprio espaço metafísico. Aqueles filósofos reducionistas que pensam que não há tal coisa como "tematicidade" devem, portanto, negar a existência da música. O mundo deles contém sons, mas nenhuma melodia, assim como contém cérebros, mas nenhuma pessoa.

Contudo, se colocarmos assim, a música parece ser mais misteriosa do que é. Sabemos que ela é expressiva, e essa é toda a diferença no mundo entre os instrumentistas que tocam a peça musical com compaixão, dentro de sua atmosfera emocional, e os instrumentistas que não transmitem tal impressão. Executar tal música com entendimento é estar de acordo com a sua "tematicidade": é ouvir em seu movimento um personagem que você reproduz em si mesmo. E todos esses fatos dão à música um lugar no centro das nossas vidas. Ainda assim, quando traduzimos o que entendemos em crítica, falamos de forma e estrutura, de relações de notas e de progressões harmônicas. Tentamos mostrar como a obra, apesar do seu caráter episódico, é composta meticulosamente de frases e sequências, como cada episódio responde ao último e contribui para o argumento musical em andamento. Mostramos como as mudanças radicais de tom, já sinalizadas no primeiro movimento da fuga, e depois enfatizadas em cada episódio sucessivo, são antecipadas na frase de abertura, e como a luta entre as tonalidades do dó sustenido e do lá, que é introduzido cerimoniosamente no terceiro compasso, é mantida por todo o quarteto, provocando o último movimento, que gira em torno do fá sustenido menor para o dó sustenido maior apenas nos últimos compassos. Esse tipo de discussão, que é a essência da crítica musical, pode parecer sugerir que, afinal de contas, Hanslick tinha razão: não há tal coisa como "tematicidade" na música, e não há qualquer referência à forma da vida revelada e promulgada dentro da música para ser uma mera metáfora. Aquilo que chamamos de "vida" no quarteto de Beethoven são apenas as surpresas sintáticas com as quais nos deparamos ao ouvi-lo.

E, mesmo assim, resistimos a tal conclusão. O "Quarteto em Dó Sustenido Menor" de Beethoven é uma das peças mais emocionantes que ele escreveu, uma obra profunda e imponente que fala, como o compositor alemão disse de sua *Missa Solemnis*, "do coração para o coração". Há nela, na sua frase de abertura, uma seriedade que desafia, um convite ao diálogo e à compaixão, que é o verdadeiro tema em tudo o que se segue. E quando, no segundo assunto do sexto movimento, a frase de abertura ecoa após vários desvios, você sente a força do espírito que se mantém constante através de tantas mudanças.

Não se trata de um exagero descrever essa música como "profunda" e "imponente". Pois tais palavras capturam o modo como respondemos a ela. O "Quarteto em Dó Sustenido Menor" nos convida a "ouvi-lo até o final" e a tomar a sua vida para dentro de nós mesmos. E isso é algo típico das grandes obras da música instrumental na nossa tradição, que demanda uma espécie de entrega, um reconhecimento da sua autoridade. Até mesmo uma peça abstrata e repleta de nuances arquitetônicas como *A arte da fuga* fala com essa mesma autoridade, dizendo-lhe que você não será mais a mesma pessoa que era quando terminar de ouvi-la.

Podemos entender esse tipo de afirmação? A palavra "profundo" é usada de várias maneiras, todas ligadas por cadeias de analogia e paronímia aos exemplos centrais de lagos, rios e oceanos.* É um sussurro profundo e intenso aquilo que Shakespeare fala sobre "Teu pai está a cinco braças" [*Full fathom five thy father lies*] ao nos lembrar do lugar do repouso final do pai que mora no coração de cada um. É um gesto profundo de Wagner começar o seu ciclo do *Anel* com um silencioso mi bemol, o menor limite da voz humana, que mostra a transição do ser a se tornar ser, assim que as vozes harmônicas se espalham pelas águas do céu. Usamos a palavra "profundo" sobre sussurros e pessoas; sobre gestos e emoções; sobre o que observamos e o que olhamos. Por que negar o uso desse termo ao crítico de música? Peter Kivy escreveu muito, em seus escritos mais recentes, a respeito do fato de que a música não fala sobre coisas, como a linguagem faz, e, portanto, *não pode dizer coisas profundas*, do mesmo modo que fazem as obras literárias.** Mas não devemos nos irritar com o raciocínio de Kivy. Ao descrevermos uma peça musical como profunda, estamos descrevendo a sua *personalidade*, e a personalidade de uma obra de música é algo que *escutamos* nela, e a qual reagimos quando temos compaixão. Você pode ver personalidade em um rosto, um olhar ou um gesto. E pode ouvi-la no tom de uma voz. E assim também pode ouvi-la na própria música.

A profundidade, tanto na música como nas pessoas, é o oposto da superficialidade. Um tema superficial pode se tornar o assunto de um profundo exame musical (as *Variações Diabelli*, de Beethoven), assim

---

* Aristóteles introduz a ideia do "parônimo" por meio do exemplo do que é ser "saudável", seja uma pessoa, seja a comida, um rosto, e assim vai. Ver meu *Art and Imagination*, parte 1.
** Ver *Music Alone: Philosophical Reflections on the Purely Musical Experience* (Ithaca, NY: Cornel University Press, 1993) e *A Philosophy of Music* (Oxford: Oxford University Press, 2007).

como um tema intenso pode ser desenvolvido de maneira superficial (as *Variações serieuses*, de Mendelssohn). Uma obra pode iniciar de um tema impressionante, mas incapaz de se manter verdadeiro a ele — como ocorre, por exemplo, no poema tonal *Also Sprach Zarathustra*, de Strauss, que começa com o mesmo gesto que Schubert fez com efeito assombroso logo na abertura do seu Quarteto em Sol maior — a mudança imprevista entre o tom maior e o tom menor no acorde tônico. Mas, em Strauss, o gesto é vazio e bombástico — um clamor à personalidade que a peça como um todo não consegue sustentar. Por contraste, o quarteto de Schubert (uma das verdadeiras grandes peças da música de câmara) é consistente do início ao fim, sem uma nota que negue aquele olhar fixo no vazio com o qual a obra se inicia.

Argumentei que a música envolve a criação do movimento em um espaço fenomenológico todo próprio; e como esse movimento tem um ritmo temporal, podemos compartilhá-lo — assim como o compartilhamos quando dançamos.* Ouvir música é algo ligado diretamente a dançar com ela. É um modo de responder a um movimento musical e torná-lo como se fosse seu. Como escrevi antes, dançar é, em sua manifestação normal, uma atividade social: é um "dançar com". E isso traz uma atitude em relação ao *self* e ao outro que é imediatamente traduzida em gestos. Algumas vezes você pode dançar sozinho; mas então você não está realmente sozinho, pois agora dança com a música — ela se torna sua companheira, e você vai adequar os seus movimentos à música como se adequasse os seus movimentos àqueles de um parceiro no salão de dança. Isso acontece no balé e nos lembra de um fato importante — o de que há uma grande diferença entre o dançarino que *compreende* a música com a qual ele ou ela está dançando e o dançarino que dança meramente com o ritmo da música, sem entendê-la. O entendimento envolve a tradução da música em gestos que são expressivos por si mesmos e que também estão aptos a mostrar o conteúdo intencional da própria música.

---

* Ver Scruton, *The Aesthetics of Music*.

Música e moralidade

Então, o importante para nós seria o fato de que a música que ouvimos é profunda, sincera, urgente? Por que procuramos na música as qualidades morais que admiramos e qual seria a esperança ao encontrarmos essas mesmas qualidades, naquele espaço metafórico onde jamais poderemos nos arriscar? É razoável sugerir que construímos nossas vidas emocionais através dos relacionamentos precipitados pelas emoções e que muito do que sentimos é o resultado de várias tentativas de "ter responsabilidade" [*accountability*] por nossos sentimentos, além de moldá-los de acordo com as reações de compaixão que elas provocam.[4] A emoção é, em larga medida, um material plástico, e é moldado não apenas pela tentativa de entender o seu objeto, mas também pelo desejo de nos conduzir como devemos ser conduzidos no espaço público que nos rodeia. Esse "ir para fora" da vida interior faz parte da educação emocional, e ela envolve aprender como trazer os outros a uma relação frutífera com os nossos sentimentos, para colher a recompensa da compaixão deles.

Algo parecido com isso pode ser visto naquelas ocasiões festivas, cerimoniosas e ritualizadas em que as pessoas se permitem *aproveitar* os seus sentimentos, sejam eles de alegria ou de tristeza, e quando a experiência do "participar" lhes toma conta. Muito desse trabalho conquistado nessas épocas é um trabalho de imaginação, e é difícil ficar surpreso se as ocasiões em que nos deixamos sentir até o limite são as mesmas em que ficamos emocionados pela compaixão direcionada a criaturas puramente imaginadas. É por isso que o teatro trágico grego se tornou parte de um festival religioso e de uma celebração comunitária da cidade e dos seus deuses. Essa era uma ocasião na qual as pessoas podiam ensaiar as suas emoções de compaixão e, portanto, "aprenderem a sentir" nas condições difíceis que prevalecem em qualquer lugar do mundo humano, exceto no teatro. (E há aqui uma tentação de refazer o resto da vida como se fosse um teatro, no qual todas as emoções não passam de luxos — a tentação que conhecemos como sentimentalismo.)

Esses pensamentos sugerem que, por meio das nossas reações cheias de compaixão, construímos nossas emoções, tomamos responsabilidade [*accountability*] por suas manifestações exteriores, e, em tudo isso, há espaço para uma genuína *éducation sentimentale*. Se o teatro pode ter sua parte nesse tipo de educação, o mesmo pode a música. Quando nos emocionamos com ela, estamos repletos de compaixão com a vida dentro da música. E estamos nos abrindo para o "participar" da experiência, emocionando-nos *com* a consciência intencional contida na linha musical. Nós nos apropriamos dos gestos feitos pela música, e "somos a música enquanto ela durar", para tomarmos emprestadas as famosas palavras de T. S. Eliot. Usamos a música para construir a nossa própria *Entäusserung* emocional, do mesmo modo que podemos moldar as nossas compaixões ao adotarmos os gestos ritualísticos em um funeral ou quando nos juntamos a uma marcha patriótica.

Se você ler o que os críticos musicais escrevem sobre aquelas obras instrumentais que estão dispostos a descrever como "profundas", encontrará referências frequentes à *narrativa* musical. A peça é descrita como se estivesse se movimentando *através* de certos estados, talvez os explorando, atravessando barreiras, obstáculos e rupturas, e talvez surgindo de uma tristeza muito vasta que vai em direção à luz, e, ao fazer isso, mostra que *isso pode ser feito de fato*. Assim, Schubert pode nos mostrar o horror resoluto no "Quarteto em Sol Maior" se interrogando gradualmente, depois aceitando-o aos poucos, encontrando beleza e serenidade no próprio reconhecimento de que tudo deverá ter um fim. Tal declaração será plausível como comentário somente se o crítico a apoiar numa descrição convincente da narrativa musical. Como já falei antes a respeito das críticas de Kivy, qualquer um pode dizer "esta música é triste por causa do tom menor, das frases lamurientas e por aí vai". Mas poucos mostram como um compositor como Schubert pode fazer uma música que *ascende a si mesmo* do seu próprio desespero, por meio de recursos puramente musicais — recursos que nos convencem tanto musical como emocionalmente, e que mostram como os processos emocionais podem começar com a música e também serem finalizados com ela. A música tem o poder de levar através de alguma coisa, extraindo de você respostas compassivas que podem, no seu devido tempo, ser incorporadas na sua própria vida interior. Você está sendo devidamente socializado, até mesmo pela música mais íntima e particular — ou talvez especialmente por esse tipo. (Considerem, por exemplo, aqueles gestos íntimos na música de câmara de Brahms — como o lento movimento do "Quinteto em Fá Menor" — como convites à ternura de uma relação de *longo prazo*, os retratos de um amor doméstico que sabemos jamais poderá realizado, mas que permanecem para sempre na alma, como ideal e como censura.)

É por isto que os críticos tão comumente elogiam a música instrumental por sua *sinceridade* e a criticam por seu *sentimentalismo*. Parece esquisito, à primeira vista, descrever uma obra puramente instrumental nesses termos. Como um quarteto de cordas pode ser mais sincero do que o outro? Os violinos podem mentir? Como você pode dizer que o "Quinteto em Piano" de César Franck é *sentimental*, como se pudesse ser comparado com Bambi e a morte da Pequena Nell? A pertinência dessas descrições depende da nossa habilidade de reconhecer "sentimento falso" nos gestos, nos movimentos e nas sequências dramáticas. Um sentimento falso não é apenas aquele que esconde uma pretensão. É aquele erroneamente dirigido. Um sentimento falso é algo dirigido para si mesmo e não dirigido para o outro. Podemos reconhecer nos gestos e nas expressões faciais a fisionomia da pessoa que se dirige a si mesmo, a compaixão insincera que sempre vê algum custo e benefício, a pretensão na simpatia que se aproveita do sofrimento exibido. Então, é certo que podemos reconhecer isso também na música? Não é um absurdo ouvir narcisismo nas melodias pegajosas e nas harmonias untuosas do Scriabin tardio, ou a doçura sem sinceridade no "Agnus Dei" do *Requiem* de Duruflé. Essas são coisas que ouvimos não por percebermos analogias, mas por entrarmos na intencionalidade da linha musical, ouvindo a sua "tematicidade", e entendendo que ela não é dirigida ao outro, mas a si mesmo.

Logo, me parece que seria razoável atribuir qualidades morais à música instrumental. Mas também não podemos ficar contrariados à sugestão de que a música pode alcançar uma espécie de autoridade emocional atribuída a Shakespeare e Racine — aquela síntese clara de uma possibilidade moral, que também é uma defesa da vida humana. As grandes obras de música envolvem um *argumento* musical em larga escala. Elas se arriscam nas dificuldades e nos julgamentos, testam o seu material, por assim dizer, e mostram que os elementos melódicos, harmônicos e rítmicos podem ser aperfeiçoados por tentativas. É exatamente isso que acontece com o "Quarteto em dó sustenido menor" de Beethoven. Na própria abertura dessa peça, você pode ouvir a segunda aumentada da escala menor harmônica — que vai do si sustenido para o lá natural — apresentado como o gesto central em um assunto de fuga. O intervalo parece ter um enorme peso meditativo, como uma mão que se estende diante de um juiz. (Veja novamente no ex. 4.) O intervalo retorna constantemente enquanto o raciocínio musical se desenvolve, o emoldura e se move com ele, até que, no último movimento, está melodicamente sereno, aquela mesma mão apoiando o coração. A intensidade aqui não é a de uma declaração, mas a de um estado de espírito, um modo de alcançar o mundo, o qual atribuímos a nenhum sujeito específico e nos conectamos sem um objeto específico, mas que, sem dúvida, desperta compaixão. Ouvimos nesse gesto um modo aberto e virtuoso de se relacionar com o mundo.

Destacamos as grandes obras de arte em geral, e, em particular, as grandes obras da música, porque elas *fazem uma diferença em nossas vidas*. Elas nos concedem uma insinuação da profundidade e do valor das coisas. Grandes obras de arte são a cura para a nossa solidão metafísica. Mesmo se a mensagem delas não der conforto algum, como a nona e a décima sinfonias de Mahler, ou a sexta de Tchaikovski, é um desconforto que nos conforta, por assim dizer, a prova para o ouvinte atormentado de que ele não está sozinho.

Se eu estiver certo, então apreciar música envolve um tipo de movimento pleno de compaixão que se dirige para fora. Na música, assim como no sexo e na arquitetura, a relação entre sujeitos pode ser desenraizada e substituída por um arranjo de objetos. E, de centenas de maneiras, o resultado disso é uma cultura da idolatria, na qual liberdade e personalidade são obliteradas por imagens invasivas, que clamam por uma reação viciante. Como argumentei no capítulo anterior, há sempre um motivo para ver esse resultado como uma "queda", e a grande história narrada no Gênesis se estende muito além para incorporar esses fatos novos e perturbadores. A Queda não aconteceu em um momento particular no tempo; é uma característica permanente da condição humana. Ficamos suspensos entre liberdade e mecanismo, sujeito e objeto, fim e meios, beleza e feiura, santidade e profanação. E todas essas distinções derivam do mesmo fato derradeiro: podemos viver abertos aos outros, responsabilizando-nos pelas nossas ações e exigindo uma responsabilidade deles, ou então, como alternativa, nos fechar aos outros, aprendendo a olhá--los como objetos, para recuar da ordem da aliança para a ordem da natureza.

8

Em busca de Deus

Neste livro, desenvolvi uma concepção de sujeitos autoconscientes e seu mundo. Tentei mostrar que a intencionalidade ampliada das reações interpessoais nos apresenta significados que transcendem o domínio de qualquer ciência natural. A "ordem da aliança" emerge da "ordem da natureza" da maneira como o rosto emerge da carne ou o movimento dos tons que emerge da sequência dos sons na música. Não se trata de uma ilusão ou de uma fabricação, mas de um "fenômeno bem-fundamentado", para usarmos a expressão de Leibniz. Ele está lá fora e perceptível de forma objetiva, tão real quanto qualquer característica do mundo natural. E é assim, pelo menos para o sujeito autoconsciente; contudo, para todas as outras criaturas sensíveis, a ordem da aliança é invisível, incognoscível e irrelevante.

A discussão me levou a um território muito afastado do meu ponto de partida nos debates contemporâneos sobre religião. E ela ainda me fez pensar por que me prolonguei tanto nos domínios da habitação, da construção e da composição musical antes de retornar a este tema. Minha intenção foi introduzir o leitor a dois pensamentos fundamentais: o primeiro é que a intencionalidade eu-você se projeta além dos limites do mundo natural; e o segundo é que, ao fazer isso, ela revela o nosso anseio religioso.

O primeiro desses pensamentos encontra confirmação na música. Sugeri que a nossa cultura musical requer uma resposta a uma subjetividade que está além do mundo dos objetos, em um espaço próprio. A música *se dirige* a nós, assim como os outros se dirigem a nós. É claro que o sujeito musical é algo puramente imaginado, assim como o "espaço inútil" no qual ele ressoa. Ele surge diante de nós como um direcionamento sem nome, uma intencionalidade sem objeto, o sujeito o qual não tem outra realidade além desta. Apesar disso, a música se dirige a nós além das fronteiras do mundo natural.

O segundo desses pensamentos foi sugerido em diversos pontos do meu raciocínio. A ordem da aliança, sugiro, não pode ficar sozinha como uma fundação das comunidades humanas duráveis. As sociedades sobrevivem quando estão assentadas, e o assentamento depende da devoção e do autossacrifício. A relação eu-você abriga gerações ausentes e outras que não estão claramente manifestas entre nós. E isso nos leva a fazer sacrifícios em nome de pessoas que não podem ter essa relação por meio de uma promessa recíproca. Através dos vínculos "transcendentais" de piedade, entramos no domínio das coisas sagradas, das obrigações que não podem ser explicadas em termos de qualquer acordo que fizermos, e que falam de uma ordem eterna e sobrenatural. E então surge a questão: os nossos encontros com o sagrado são, em algum sentido, verídicos? Colocando a questão de maneira simples: será que o sagrado é meramente uma invenção humana, ou ele vem até nós de Deus?

Arte, literatura e a história registrada da humanidade contam a história dos nossos anseios religiosos e da nossa busca pelo ser que pode respondê-los. De onde surge esse anseio? Na ordem da aliança, o amor pelo próximo cresce para preencher as lacunas entre os nossos acordos. A rede de alianças nos une em fios seguros, e isso é conforto suficiente? O fato de a nossa intencionalidade interpessoal se estender em regiões mais metafísicas não é mais da nossa alçada. Ou, na melhor das hipóteses, o ateu pode nos conceder, podemos vê-la como uma adaptação, um resíduo de um antigo sentimento de insegurança que nos faz sempre buscar um amigo ou uma ajuda, mesmo naquelas circunstâncias em que não encontramos ninguém. E, ao ver as coisas desse modo, estamos dispostos a gestos de autossacrifício, dos quais nada ganhamos, já que a recompensa é recrutada pelos nossos genes.

A ordem da criação

Mantenho que tal situação é insustentável. A vida humana é sujeita a constantes rupturas por causa de experiências que não podem ser acomodadas em termos puramente contratuais. Essas experiências não são apenas resíduos irracionais, embora pertençam a outra ordem de coisas, na qual "da geração e da corrupção", se usarmos o idioma aristotélico, torna-se o princípio básico: a ordem da criação.

A física não tem nenhum uso para a ideia da criação. Na ordem da natureza, não há nem criação nem destruição, e o que conhecemos como objetos são meramente as formas passageiras adotadas por partículas e forças que estão no seu caminho da singularidade de um lado do envelope causal para a singularidade do outro lado. Na ordem da natureza, uma coisa se metamorfoseia em sua sucessora sem qualquer perda ou ganho absolutos, o todo sendo governado por leis de conservação que nos proíbem de dizer que algo é criado do nada ou que outra coisa simplesmente desaparece.

Contudo, em nossas próprias vidas, somos constantemente confrontados com o pensamento a respeito do nada. A individualidade do "eu" me apresenta com um estranho raciocínio: isto, aquilo que conheço apenas como sujeito e não posso conhecer como objeto, será um dia destruído sem deixar sobra. O *self* é composto de nada e, portanto, deixa nada para trás. Esse é o pensamento assustador contido na figura encapuzada no barco de Böcklin, que fica na Ilha dos Mortos como o "eu" em uma sentença — uma sentença de morte, um *arrêt de mort*.* O "eu" existe no limiar das coisas, não fazendo parte nem do mundo físico nem removido dele; logo, ele pode ser destruído, deixando nada. Assim como passou a existir do nada, ele pode se tornar o nada quando chegar a sua hora.

A morte, portanto, é a fronteira do meu mundo: além dela, há o nada. Sartre dizia que esse nada antecipado por mim no fim da vida está presente em todos os meus momentos conscientes, pois é o que significa essencialmente o *self*. Assim como é impossível movimentar os meus olhos para ver os limites do meu campo visual, é também impossível mudar a minha atenção para que o sujeito se torne um objeto da sua própria percepção. O

---

* Ver a perturbadora obra em prosa desse mesmo título de autoria de Maurice Blanchot.

sujeito voa rumo ao nada diante de todas as minhas tentativas de capturá--lo.* Logo, na autoconsciência, eu confronto *le néant*. Para nós, conforme diz Sartre, "o nada se encontra enredado no coração do ser, como um verme". Seja lá qual for a linguagem que escolhemos para capturar a característica elusiva da nossa condição, temos de aceitar que a vida humana nos apresenta constantemente com o pensamento da aniquilação e da fragilidade absoluta dos nossos vínculos. É como se, nas situações extremas em que nos encontramos, o véu dos nossos confortos seja rompido subitamente, e deparemos com outra ordem, em que o ser e o nada, a criação e a destruição, entram sempre em luta e sem nenhum resultado esperado. Gerard Manley Hopkins descreve isso com grande força:

> A mente, oh! a mente tem montanhas, íngremes penhascos,
> Terríveis, a pique, insondáveis. Faça deles pouco
> Quem nunca ali ficou pendendo. Nem por tempo longo
> Nossa tênue têmpera suporta tal escarpa. Vem! de rastros,
> Miserável, ao conforto que serve neste vórtice: a alforria
> Da vida é a morte, e ao dormir se morre cada dia.
>
> [Trad. de Alia de Oliveira Gomes]

A moralidade secular permanece na ordem da aliança — procurando fundar as obrigações contratuais e repudiar tudo o que é imposto no sujeito livre que esteja fora da sua vontade.** Contudo, em situações extremas, vemos o que existe por trás da ordem da aliança a respeito de coisas que não têm o seu lugar ali: aqueles íngremes penhascos, "insondáveis", nos quais um dia também cairemos. Não há um acordo que motive o soldado que rende a sua vida pelo seu país, que faz a mãe desistir de tudo pelo bem de sua criança aleijada, que inspira os amantes a pularem do penhasco, como é mostrado

---

* Sartre, *L'Être et le néant*. Paris: Gallimard, 1943. [Ed. bras.: *O Ser e o Nada*. Petrópolis: Editora Vozes, 2009] O argumento de Sartre é explicado por Sebastian Gardner em *Sartre's Being and Nothingness* (Londres: Continuum, 2012). Sobre o sentido intrincado da morte como um horizonte, ver J.J. Valberg, *Dream, Death, and the Self*. Princeton, NJ: Princeton University Press, 2007.
** E o mesmo ocorre com Hobbes, Locke, Rousseau etc. E ver novamente sobre esse assunto Cliteur, *The Secular Outlook*.

em *Os suicídios de amor em Sonezaki*, a peça de marionetes de Chikamatsu.[1] E também não existe um acordo que motive Cordélia a falar a verdade ao responder aos pedidos de bajulação de Lear, ou que motive Brünnhilde a se jogar na pira funerária do infiel Siegfried, e assim por diante em inúmeras ocasiões reais e inúmeras estimadas obras de arte. Os atos que motivam o nosso maravilhamento e a nossa admiração e os grandes gestos trágicos colocados diante de nós pela arte e pela literatura nos lembram de que há um outro mundo por trás das nossas negociações cotidianas. Trata-se de um mundo de absolutos, no qual os princípios dominantes são a criação e a destruição, em vez dos compromissos, das obrigações e da lei. Mas algumas experiências provocam uma erupção neste mundo por meio do véu da promessa e o fazem ser conhecido por si mesmo. É certo que o poder da tragédia não consiste, como argumentou Aristóteles, em despertar e purgar a devoção e o medo, mas em mostrar que nós, humanos, podemos enfrentar a aniquilação, e, ainda assim, manter a nossa dignidade como seres livres e autoconscientes: podemos encarar o sofrimento e a morte como indivíduos e não como meros pedaços de carne. Em outras palavras: a morte pode ser suspensa da ordem da natureza e remodelada como uma característica suportável do *Lebenswelt*.

Morte e sacrifício

Mas o medo da morte permanece. O medo, como diz Larkin, de

> Aquela inevitável extinção final
> Aonde vamos nos perder pra sempre. Não estar
> Aqui, não estar noutro lugar,
> E em breve: nada mais terrível e real.
>
> Esse é um tipo especial de medo, a que trapaça
> Nenhuma anula. A religião se empenhou nisto,
> Vasto brocado musical roído de traça,
> Criado pra fingir que não se morre...
>
> [Trad. de Alípio Correia de Franca Neto]

A extinção do sujeito, para que apenas o objeto permaneça, nos confunde e nos perturba. De certa forma, no nosso próprio caso, é algo inimaginável. A morte é uma fronteira que não tem um outro lado, e esse é o nada que Larkin tanto teme, com o medo adicional de não ter nenhum truque para perceber isso, uma vez que todos os truques pertencem a este lado da fronteira.*

Mas a morte do outro é também misteriosa. A intencionalidade ampliada que nos une ao nosso mundo encontra aqui uma porta fechada e bate contra ela sem resposta. O corpo morto diante de mim não é mais o outro, mas um objeto que pertence a ele. Temo tocá-lo, sabendo que devo tratá-lo com reverência, já que pertence a um outro que desapareceu. É a prova do seu vazio e um aviso que acontecerá o mesmo comigo. Por isso, os corpos dos mortos são apartados para serem honrados. Eles são presentes recebidos por aqueles que os abandonam, agora dados de volta, cedidos pela comunidade em um ato coletivo de sacrifício. Esse abandono dos mortos é, para os vivos, um dever: no livro 11 da *Odisseia*, o espírito de Elpenor, que caiu do teto do palácio de Circe, implora a Odisseu que retorne ao lugar de sua morte e que lhe dê uma cerimonia fúnebre, impedindo que o seu corpo fique "sem choro e sem descanso" (ἄκλαυτον ἄθαπτον). O corpo morto é um objeto que fala completamente do nada: é um sinal de outra ordem, em que as coisas vêm ao mundo por um decreto e são tragadas sem uma causa.

Retornemos por um momento à discussão sobre o sacrifício no capítulo 1. A etimologia da palavra "sacrifício" — *sacrum facere*, realizar o sagrado — tem um significado considerável, como Douglas Hedley apontou em seu interessante livro sobre esse tema.** Nos tempos antigos, os sacrifícios eram concebidos como formas de "realizar o sagrado", e a implicação disso era que éramos *nós* que dávamos a santidade ao mundo, através das coisas que fazíamos. A mesma implicação está contida no verbo "consagrar". É claro que assumimos que os deuses também participam disso: a consagração de

---

* Sobre a morte como uma fronteira absoluta, ver Vladimir Jankélévitch, *La Mort*. Paris: Flammarion, 1966.
** Douglas Hedley, *Sacrifice Imagined: Violence, Atonement and the Sacred*. Londres: Continuum, 2010.

um templo é também a invocação de um deus que está para habitar ali. No entanto, a implicação permanece no fato de que, por meio dos nossos atos, o sagrado vem ao mundo. E, nas sociedades pagãs, o mais importante desses atos era o ato de sacrifício.

Segundo René Girard, a forma primeva de sacrifício é o assassinato coletivo de uma vítima, cuja morte é sentida como a libertação dos conflitos "miméticos" da comunidade e que ganha sua santidade ao renovar a coesão da tribo. Como sugeri no capítulo 1, essa teoria não explica de fato a qualidade sagrada da vítima sacrificial nem nos diz o que o termo "sagrado" significa realmente. Sugiro que, se sacrifícios desse tipo têm um significado religioso, é por revelarem a aniquilação. A tribo se reúne na janela para observar como a luz do ser é extinta na criatura que é levada ao vazio. O que é significativo não é o efeito terapêutico, mas sim o espetáculo, no qual o ser e o nada estão contidos dentro da vítima. Isso me parece ser a única maneira pela qual o sagrado pode ser sugerido por tal evento.

Porém, concebido dessa forma, o sagrado é pura abstração — uma experiência de assombro sem mediação diante do rosto do nada. Ela precisa ser ultrapassada, *aufgehoben*: esse seria o raciocínio de Hegel, e eu concordo com ele. Assim, tenho outro "mito de origem" em que esboço os dois "momentos" seguintes que devemos ultrapassar, na passagem do sacrifício à santidade: o momento do doar e o momento do perdoar.

Doar e perdoar

O momento do doar é exemplificado pela história do Velho Testamento de Abraão e Isaque (ou Abraão e Ismael, na versão do Corão). O desejo de Abraão de sacrificar seu filho parece ser tão pecaminoso quanto o da prática asteca de matança em massa para favorecer o filho do sol. Contudo, Abraão estava doando algo que ele amava profundamente, arriscando sua própria felicidade e seu próprio ser por um Deus que ele acreditava ter o direito de pedir por isso. Ao se preparar para transformar o seu filho amado em um presente, ele reconhecia que seu filho, por sua vez, era um presente de Deus.* Ele chegara a um limiar, colocando a si mesmo e aos seus desejos de lado, e preparava-se para oferecer aquilo que lhe era mais caro. Fazia isso por nenhuma outra razão exceto o comando de Deus, sua omissão em consultar Isaque sobre o assunto sugere uma obsessão divina que toca o patológico. Tanto Abraão como Deus atravessaram a fronteira da aliança que havia entre eles — Abraão ao oferecer, e ao comandar, a morte do seu filho. Nada disso foi consentido (ver Gênesis 17). Mas Abraão procedeu sem hesitar da ordem segura da aliança para dentro da perturbadora ordem da criação, na qual as regras e os acordos estão à parte. E, ao fazer isso, ele encontrou uma verdade religiosa fundamental, que não se trata de algo acidental e sim de um presente, de um dom. Esse pensamento abre um momento novo no desenrolar do sagrado, e os rituais, as liturgias, os santuários que agora entendemos são modos de dramatizar esse momento, modos de ilustrar a verdade que temos e nos foi dada.**

O momento de perdoar traz para o primeiro plano uma outra verdade religiosa — a do sacrifício que alcança a reconciliação apenas por meio do sacrifício do *self*. Essa é a verdade que se tornou viva na Cruz e incorporada subsequentemente em todos os rituais sagrados da religião cristã. Apesar de discordar do relato de René Girard sobre o sagrado, concordo com ele que a Cruz marca uma transição para outra ordem das coisas, na qual as vítimas não são mais requeridas. Nessa nova ordem, é o autossacrifício que sustenta a vida moral e, para os cristãos, a ocorrência mais vívida do sagrado é a Eucaristia, que comemora o autossacrifício supremo do próprio Deus pelo bem da humanidade. É a partir disso que aprendemos o caminho do perdão.

A aliança exige que cada pessoa honre suas obrigações e receba os seus direitos. Mas ninguém tem direito ao perdão, e ninguém, no esquema da

---

* É possível que Kierkegaard trabalhasse em direção a esse posicionamento em *Fear and Trembling* [Ed. port.: *Temor e tremor*. Lisboa: Guimarães Edições, 2009]; mas ver John Lippitt, *Kierkegaard and Fear and Trembling* (Londres: Routledge, 2003) para uma exploração da natureza multifacetada do texto de Kierkegaard.
** Para reflexões sugestivas sobre a lógica e a recompensa da doação, ver Lewis Hyde, *The Gift: Imagination and the Erotic Life of Property*. Nova York: Vintage Books, 1983.

aliança, é obrigado a oferecê-lo. Quando ele vem, o perdão chega como um dom, um presente. É verdade que esse dom deve ser merecido. Mas isso ocorre por penitência, pela contrição e pela expiação — atos que não podem ser termos de um contrato, mas que, por si mesmos, devem ser dados se são para reparar a falha acontecida. É dessa maneira que o momento de perdoar leva à conclusão o processo que observamos na quase loucura de Abraão em relação àquilo que estavam lhe pedindo para fazer. É o momento do reconhecimento mútuo, quando duas pessoas deixam de lado o seu ressentimento em favor de uma troca de doações.

Há uma distinção antiga na teologia cristã entre natureza e graça. Sem examinar os argumentos intrincados que giram ao redor dessa distinção, refiro-me, em vez disso, às minhas sugestões, feitas no último parágrafo, e que indicam que as coisas necessárias à vida espiritual são dons, apresentados a nós quando nos oferecemos. O sagrado nos chega quando, no meio de todos os nossos cálculos, deixamos de lado a ordem da aliança e vemos o mundo, a nós mesmos e a tudo o que nos foi dado como sinais da graça de Deus, segundo as palavras dos cristãos.

É por isso que devemos ir além da ênfase de Girard na violência sacrificial. Entre os momentos sagrados, o que ocorre de mais importante são aqueles instantes em que a ideia de doar ultrapassa essa violência. Por exemplo: há o momento de apaixonar-se. O amante experimenta a si mesmo como alguém dependente do ser do outro e ligado a ele. Uma divisão entra nesse mundo, entre a vida com a outra pessoa e um vazio do qual ela não faz parte. No ciúme, o amante cai nesse vazio, e o mesmo ocorre com ela. Quando a toma por posse, ele se renova. Em tudo o que acontece entre os amantes, a criação luta contra a destruição. Portanto, não é surpreendente que haja uma hesitação, um senso de natureza proibida disso que é tão desejado. O corpo do outro é concebido como algo externo à ordem da aliança, entrando em um lugar de imperativos inescrutáveis que devemos obedecer — mas obedecer livremente.

A proximidade do sagrado e do proibido é um lugar-comum da antropologia. Ambos são convites à transgressão e inspiram igualmente medo e desejo quando nos encontramos em sua presença. O ponto foi enfatizado, em conexão com sentimentos eróticos, por Georges Bataille em um texto muito influente.* As pessoas caem em armadilhas que nenhuma criatura vinculada a uma ordem da natureza poderia cair. A experiência do sagrado é a revelação, no meio das coisas do cotidiano, de uma outra ordem, na qual criação e destruição são os princípios dominantes. As grandes conexões da vida são aquelas em que precisamente essa ordem é iluminada, para que assim os acordos percam o seu sentido e os votos surjam em seu lugar. Uma nova vida é um dom que vem de um lugar onde as coisas são criadas e destruídas por nenhuma razão humana. O nascimento é, portanto, marcado por rituais de aceitação e de gratidão, e por votos de proteção em relação ao corpo e à alma de uma criança recém-nascida. O amor sexual é o momento em que duas pessoas se tornam um dom de si mesmas e também se preparam para os sacrifícios requeridos pela família e pelo amor das crianças. A morte é o momento em que o dom da vida é abandonado, e o funeral é o reconhecimento em retrospecto desse mesmo dom, além de ser um agradecimento de que "o Senhor deu, e o Senhor tirou, louvado seja o Seu nome". Enquanto penso sobre essas coisas, parece-me que não é por acidente que, em toda a vida humana, o sagrado, o sacramental e o sacrificial coincidem.

Nossa vida como seres livres é uma vida em comunidade, e essa comunidade depende da ordem da aliança. Mas as comunidades não resistem sem sacrifício. As pessoas são chamadas a darem suas vidas nos tempos de guerra, a sacrificar os seus confortos presentes pelo bem de suas crianças e realizar o sacrifício diário do perdão, em que renunciam à vingança e à satisfação pelo bem de outros por quem não têm nenhum interesse especial. A não ser que seja permitida à ordem da criação brilhar entre a teia de acordos, a comunidade é ameaçada com a extinção, enquanto o motivo para o sacrifício é enfraquecido. Por essa razão, surge a necessidade de rituais nos quais o sacrifício se apresenta como uma experiência comunal. Repetir esses mesmos rituais é o modo de unir as pessoas ao redor de uma

---

* Georges Bataille, *L'Érotisme*. Paris: Éditions de Minuit, 1957. [Ed. bras.: *O erotismo*. São Paulo: Editora Autêntica, 2013]

necessidade compartilhada. Portanto, os ritos de passagem são instrumentos de reprodução social e não é surpreendente descobrir que eles são um universal humano.*

Os rituais são geralmente embelezados por uma explicação. Mas trata-se de um tipo especial de explicação: não uma peça de ciência natural ou uma peça de teologia abstrata, mas um mito de origem do tipo que descrevi no capítulo 5. Sem dúvida os mitos e as histórias são apresentados no momento de adoração como itens de crença. Mas eles devem ser entendidos de outro modo. São formas de ligar o *Lebenswelt* à natureza. Isso não significa que as histórias são simplesmente ficções agradáveis. Elas ficaram ligadas e foram narradas pelas pessoas em seus momentos de adversidade. São os fragmentos sobreviventes de textos que comunidades perseguidas se recusaram a abandonar na hora de maior necessidade, pois contêm a resposta ao sofrimento e à visão da ordem além da desordem — a ordem que revela a si mesma, quando a aliança entra em colapso.

Dualismo cognitivo e crença religiosa

Contudo, mesmo se as histórias não são ficções, para qual realidade estão apontando? O dualismo cognitivo que defendi neste livro sugere que o mundo pode ser abordado de duas maneiras — a maneira da explicação, que busca tipos naturais, conexões causais e as leis universais, e a maneira do entendimento, que seria um "chamado à responsabilização" [*calling to account*], uma exigência para motivos e significados. E talvez seja assim como devemos entender o sagrado e o sobrenatural — não como irrupções de causas supranaturais que surgem dentro da ordem natural, pois a ideia de uma "causa supranatural" é perto do contraditório, mas como revelações do sujeito, colocadas dentro do esquema das coisas onde a pergunta "por quê?" pode ser feita claramente e também claramente respondida.

---

* Ver Arnold van Gennep, *Les rites de passage* (Paris: Emile Nourry, 1909), no qual van Gennep explora a experiência do "limiar" (*le moment liminaire*) ocorrido com os participantes. Os ritos de passagem definem as fronteiras que cruzamos, e, desse modo, nos ajuda a entender o *Lebenswelt* como algo permanente, libertado da decadência natural.

Qualquer monoteísmo razoável entenderá Deus não apenas como algo transcendental, mas relacionado ao mundo no "espaço das razões", em vez de estar dentro do *continnum* das causas. Ele é a resposta para a pergunta "por quê?" que é feita ao mundo como um todo. Você pode muito bem dizer, junto com os ateus, que tal pergunta não tem uma resposta. Mas, se você diz isso porque pensa que não existem "por quês?" cogentes à pergunta além daqueles que procura por causas, então simplesmente está fugindo do argumento. A fundação teleológica do mundo não é percebida pela ciência, ou, pelo menos, descritível em termos científicos. Assim, ela não pode ser provada nem refutada pelo método científico. Pode ser estabelecida apenas por meio de uma teia de compreensão, ao mostrar, como tentei fazer neste livro, que a responsabilidade [*accountability*] faz parte da nossa natureza.

Sugeri que o Deus do Velho Testamento nos convida a entrar no reino da aliança, com a promessa de que ele também o habita. Ao explorar a teoria das declarações e dos poderes deônticos, traduzi a história do encontro com Deus e os patriarcas em uma prosa filosófica comum. Também sugeri que há, sublinhada pela natureza e pela aliança, uma outra ordem das coisas, que se revela nos momentos de emergência, quando nos confrontamos com a verdade de que estamos suspensos entre o ser e o nada. Ressaltei que a ciência do ser humano, que vê o local de toda a atividade e de todo o pensamento no cérebro, não encontrará, no organismo que explora, a coisa a que nos dirigimos no espaço das razões. O "eu" é transcendental, o que não significa que existe em qualquer lugar, mas sim que existe de *um outro modo*, como a música existe de um modo diferente do som e Deus existe de uma outra maneira do mundo. A busca por Deus geralmente parece ser desesperada; mas os fundamentos usuais que nos são dados para pensá-lo implicam que a busca por uma outra pessoa é igualmente desesperada. Por que então não dizer, em vez disso, que estamos aqui, à beira de um mistério? Nestes pensamentos conclusivos, quero me aproximar o tanto que for possível desse precipício.

O Deus dos filósofos foi definido de várias formas, entre elas aquela que parece tê-lo colocado fora da esfera em que existimos e onde esperamos encontrá-lo. Ele é "o ser necessário", a *"causa sui"*, "aquilo que nada maior pode ser concebido", a "causa final" de um mundo "ordenado em direção" a ele, e assim por diante. Todas essas expressões definem alguma parte de um enorme fardo metafísico que foi colocado sobre os ombros de Deus pelas tentativas filosóficas de provar a sua existência. Não digo que essas tentativas são inúteis, ou que elas não se apresentam com enigmas interessantes para as quais o postulado de Deus é uma entre as mais diversas soluções.* Mas o Deus para quem esses enigmas apontam está fora do conjunto de causas, enquanto nossos pensamentos ligados diretamente a Deus exigem um encontro dentro desse mesmo conjunto, um encontro com a "presença verdadeira". O próprio Deus exige isso, acreditamos, pois ele nos pede para entrar em uma aliança com ele. Não posso responder a pergunta de como é possível que um e o mesmo ser devem estar fora do tempo e do espaço, e ainda assim ser encontrado como um sujeito dentro desse mesmo tempo e espaço. Mas então não posso responder à pergunta feita sobre mim e você, como um e o mesmo ser podem ser um mesmo organismo, além de ser um sujeito livre que é chamado a prestar contas [called to account] no espaço das razões. O problema da identidade pessoal sugere que a pergunta talvez não tenha uma resposta. De fato, a natureza irrespondível dessas perguntas é parte daquilo que o dualismo cognitivo nos estimula a fazer. Muitos pensadores monoteístas, de Tertuliano, passando por al-Ghazālī, até Kierkegaard e outros, sugeriram que a fé floresce no absurdo, já que, ao abraçar o absurdo, silenciamos o intelecto racional. Em vez disso, digo que a fé pede que aprendamos a viver com mistérios, e não varrê-los para embaixo do tapete — pois, ao fazermos isso, também varremos o rosto do mundo. Os cristãos acreditam que podem reconciliar o Deus transcendente com a presença verdadeira, por meio da doutrina da Encarnação. Porém, vejo essa doutrina como outra história, que não explica o mistério da presença de Deus, apenas a repete.

No entanto, há algo mais a ser dito sobre a relação entre Deus e homem. Em diversos pontos da minha argumentação, mencionei o argumento de Thomas Nagel sobre o fato de que, a não ser que haja leis teleológicas

---

* Nenhum filósofo atual foi mais persistente e claro ao desenvolver esses raciocínios do que o calvinista Alvin Plantinga, cujos pensamentos foram dissecados em James F. Sennett (org.), *The Analytic Theist: An Alvin Plantinga Reader*. Grand Rapids, MI: William B. Eerdmans, 1998.

profundas governando o mundo natural, é um acidente improvável que nós, humanos, sejamos guiados por nossa razão em direção à verdade e ao bem. Inclino-me mais à posição de Kant na *Crítica da razão pura*: a de que a natureza do nosso conhecimento orientada à verdade é fundada de maneira transcendental. Por isso quero dizer que sua validade é pressuposta, até mesmo pelas tentativas de refutá-la. Não há como um ser racional até mesmo considerar a ideia de que seu pensamento possa ser sistematicamente falso, ou que não seja passível de correção segundo seus princípios internos. Portanto, parece-me improvável que um exemplo possa se basear na explicação de Nagel, no caso a existência de um universo governado por causas finais.

Contudo, ao mesmo tempo, os sujeitos existem no espaço das razões, e elas existem conforme os padrões de validade. Se não fosse assim, então a lei natural, a *common law* e a ordem da aliança não teriam qualquer fundação. Se quisermos determinar por causas finais as razões, os significados e as formas de responsabilidade racional que nos possibilitam viver como sujeitos em um mundo comum, logo é provocativo e infundado negar que essas causas finais existam.

Segue aqui um modo de ver o assunto. As leis da física são leis de causa e efeito, que relacionam condições complexas às condições anteriores e mais simples das quais elas fluem. Os princípios teológicos, portanto, não podem deixar nenhuma marca visível na ordem da natureza, como a física a descreve. Contudo, é como se nós, humanos, nos orientássemos por tais princípios, em vez de sermos animais que se orientam pelo campo magnético da terra. Na ordem da aliança, somos levados a uma certa *direção*, guiados por razões cuja autoridade é intrínseca a elas. Se olharmos para o fundamento dessas razões e desses significados, olhamos sempre além do horizonte físico, assim como olhamos para os olhos de uma outra pessoa e lhe perguntamos "por quê?".

Ver a ordem teológica desse modo não significa aceitar o "design inteligente". É, eu acho, verdade que a teoria neodarwiniana, que explica o surgimento do design na natureza por meio da seleção natural que opera nas mutações genéticas aleatórias, encontra sérias dificuldades ao se responsabilizar pelas formas básicas e pelos planos corporais das espécies.* Agora é evidente que mais informação é necessária para se fazer um animal viável do que a informação armazenada em seu código genético. Mas usar tais fatos como prova para a existência de um design inteligente é afastar-se da ciência natural. A biologia procura explicar fenômenos complexos como a inteligência em termos de fenômenos mais simples como a replicação codificada. Ver a inteligência como o resultado do design inteligente é, por contraste, reverter o efeito como se fosse a sua causa. É explicar a inteligência por meio da inteligência, e assim tornar a inteligência inexplicável. É claro que ela talvez *seja* inexplicável. Mas isso seria uma afirmação teológica, não uma afirmação científica.

A existência de Deus

A nossa relação com Deus é uma relação intencional (e, dessa forma, também de intensão), e os lógicos irão intervir para dizer que você não pode quantificá-la em um contexto intensional; e, portanto, não pode deduzir dessa atitude dirigida a Deus que ele realmente exista. Isso é verdade. Mas, na mentalidade do crente, vemos criação e destruição lutando por dominância, e nós mesmos como se presos entre esses dois polos. Vemos o mundo tanto de forma contingente como também equipado de uma razão, mesmo se for uma razão que não podemos descobrir. A fé compreende o mundo sob essa luz, como um lugar de "geração e corrupção". Daí nasce a condição peculiar que podemos chamar de "perda da fé", que não é simplesmente uma recusa ateísta de ver a natureza em qualquer termo além daqueles providenciados pelas ciências naturais, mas uma busca desapontadora por motivos, talvez combinados por uma vontade de inventá-los. Encontramos essa perda da fé no existencialismo de Sartre, para quem a existência é uma pergunta, e o nada é uma constante presença, que é a "presença verdadeira" do *self*, o *pour soi*, em todos nós.

---

* Para um resumo das dificuldades, ver Stephen G. Meyer, *Darwin's Doubt: The Explosive Origin of Animal Life and the Case for Intelligent Design*. Nova York: Harper Collins, 2013.

Para Sartre, não há um Deus que providencie a razão ou o motivo pela minha existência; assim, seria eu que deveria providenciar isso e, ao ter tal atitude, me inclino a uma intencionalidade interpessoal que aponta numa direção religiosa, mas na qual Sartre dá uma outra orientação, infinitamente mais sombria e muito mais solitária. Um aviso para quem for ler *O Ser e o Nada* — que, na minha opinião, é um grande livro de teologia pós-cristã — é reconhecer que seu verdadeiro tema é a ordem da criação, na qual a aniquilação e o sacrifício nos confrontam em cada canto. Nessa obra, Sartre também busca um modo de ser que pode ser abraçado completamente, naquela consciência de que, se a aniquilação surgir por meio de um "compromisso", ela chegará de forma justa e será considerada um dom do vazio.

O *pour soi* de Sartre está intimamente relacionado ao sujeito transcendental de Kant. Discordo das implicações mais radicais de suas filosofias, mas acredito que, entre Kant e Sartre, os dois nos mostram como podemos usar o conceito do *self* para retornarmos a uma espécie de teísmo. O resultado será um teísmo de fé, que triunfa sobre a descrença em algo similar descrito pelo bispo Blougram de Browning:

> Comigo, a fé significa descrença perpétua,
>   quieta como a serpente embaixo do pé de Miguel,
>   tranquila porque ele sente que está toda contorcida.*

Essa fé descrente vê Deus como um sujeito, dirigindo-se a nós neste mundo por meio de um domínio além dele. Nas palavras de Hegel, Deus é uma "unidade espiritualmente subjetiva", compreendida como tal pela primeira vez pelos judeus; ele é o "sujeito absoluto", a "subjetividade que se relaciona consigo mesma".** Ele é inobservável e concretamente conhecido somente da maneira articulada por Maimônides e al-Ghazālī, que nos dizem que conhecemos Deus pela *via negativa*, por meio da exploração das coisas que Deus não é. Poucos foram tão longe como João Escoto Erígena, o teólogo

---

* Robert Browning, "Bishop Blougram's Apology".
** Ver as palestras de 1827. In: Hegel, *Lectures on the Philosophy of Religion*. Org. de Peter C. Hodgson. Trad. do alemão de R.F. Brown e outros. Berkeley: University of California Press, 1984-85, pp. 357-61.

irlandês do século IX, que escreveu que "Não sabemos o que Deus é. O próprio Deus não sabe o que é, porque ele não é nada. Literalmente, Deus não é, pois ele transcende o ser".* Mas é interessante notar que Escoto está dizendo de Deus justamente a mesma coisa que Sartre diz sobre o sujeito da consciência. Ele coloca Deus no domínio do *le néant* [nada].

Não há necessidade de aceitar tais pensamentos. A obra medieval de mística apofática, *A nuvem da ignorância*, acrescenta outra glosa sobre a transcendência de Deus:

> Porque Deus pode muito bem ser amado, mas não pensado. Pelo amor, Ele pode ser apanhado e retido; mas já pelo pensamento, não, nunca. E, assim, embora às vezes seja bom pensar de modo especial na bondade e dignidade de Deus, sendo tal meditação uma luz que faz parte da contemplação, todavia, no trabalho a que me refiro, tudo isso se deve rejeitar e cobrir com uma nuvem de esquecimento. Tu deves, pois, elevar-te mais alto, de forma resoluta, mas gozosa, por um impulso de amor devoto e gratificante, e assim deves tentar romper a escuridão que se encontra acima de ti. Fere essa espessa nuvem do não saber com o dardo afiado de um amor anelante, e não desistas, aconteça o que acontecer.**

Pensamentos similares também chegaram até nós por meio das obras de místicos como São João da Cruz e Juliana de Norwich. Tais escritores afirmam que Deus é um sujeito que pode e deve ser amado. E isso significa que, se ele existe, é uma pessoa, marcada por aquelas características que são essenciais à personalidade, como o autoconhecimento, a liberdade e o senso do certo e do errado. Tal ser pode nos amar de forma recíproca. E mais: se Deus existe, é Um e é o Criador.

Deus é o ponto final da nossa busca pelas razões, e, se existissem dois deuses, esse ponto jamais seria alcançado, já que não haveria um ser que foi finalmente respondido. O politeísmo convida os seus deuses para a ordem

---

* John Scotus Eriugena [João Escoto Erígena], *Periphyseon (The Division of Nature)*. Trad. de I.P. Sheldon-Williams e J.J. O'Meara (Montreal: Bellarmin, 1987).
** *The Cloud of Unknowing and Other Works.* Org. e trad. de A.C. Spearing. Hardmondsworth: Penguin, 2001. [Ed. bras.: *A nuvem do não saber*. Trad. de Lino Correia Marques de Miranda Moreira. Petrópolis: Editora Vozes, 2007]

da natureza, para se tornarem "espíritos" que se movem ativamente no espaço onde nos encontramos. Eles são encontrados assim como eu e você podemos ser encontrados, distraídos nas esquinas da vida, em geral tomando emprestada a forma de pessoas conhecidas, como acontecia com os deuses de Homero, que davam conselhos mundanos para aqueles que lhes eram particularmente favorecidos. Dirigir suas preces para tais divindades é permanecer na ordem da natureza, enquanto se recusa a vê-la como natureza.

Há uma tradição da filosofia muçulmana que permite apenas uma coisa a ser dita definitivamente sobre Deus — ou seja, que ele é o único, o possuidor de uma *tawḥīd* ou unicidade inimitável, que o vincula precisamente porque não o coloca em uma ligação como uma propriedade que deve ser compartilhada. Mas insistir nesse ponto é correr o risco da contradição. A unicidade de Deus é também algo único, um modo de ser a pessoa que ele é, e, ao articular isso, atribuo inevitavelmente a ele aquelas propriedades sem as quais não pode ser uma pessoa e que não pode ser um objeto de amor. Contudo, a ideia de *tawḥīd* nos lembra de que estamos atribuindo unidade e identidade a um Deus concebido *puramente como um sujeito*, e sem referência a nenhum fato na ordem da natureza, como poderíamos usar sobre cada um de nós para reconhecermos e atribuirmos uma identidade através do tempo. Levantamos aqui o problema da identidade pessoal de uma maneira tão perspicaz que talvez não possamos afirmar nada além disso para respondê-lo. Entendemos Deus, por assim dizer, como se fosse um sujeito sem roupas, no qual todas as marcas de identidade desapareceram por completo.

Sabemos que Deus, se ele existe, é criador, pois isso significa — e tudo o que pode significar — que ele fica fora do conjunto causal, como a razão última para a sua própria existência. Não é uma metáfora falar da vontade de Deus, tanto quanto é uma metáfora falar da sua própria vontade quando você procura entender as suas ações. Em nenhum dos casos, isso pressupõe alguma estranha entidade metafísica, a vontade, que atua como se fosse um lampejo súbito que põe as coisas em movimento. Pois aquilo que queremos dizer sobre vontade é a responsabilidade em primeira pessoa que discuti no capítulo 2. É aquilo que estamos procurando quando, no espaço das razões, nos perguntamos "por quê?". Aqueles que veem Deus como o que faz o mundo existir em um dado momento, por um ato que se ilumina através do nada primordial como um relâmpago vindo da mão de Zeus, não compreendem a vontade como ela deve ser compreendida. A história da criação, como foi recontada no Gênesis, é um dos milhares "mitos de origem" que têm significado apenas porque podemos reescrevê--los na linguagem dos motivos em vez de na linguagem das causas. Assim como me responsabilizo perante a Deus por aquilo que sou e faço, Ele é também responsável por todos nós pelo mundo em que nos encontramos. A fé significa a crença, como Abraão acreditava, de que há razão suficiente na mente de Deus para tudo o que existe e por tudo o que nos é pedido, inclusive a morte. Portanto, não é surpreendente que a fé seja algo difícil; e quando a pergunta "por quê?" nos perturba, pisamos cada vez mais na serpente contorcida que está sob nossos pés.

A pergunta "por quê?" nos é endereçada do eu para você. Ela nos é confiada naqueles momentos *in extremis*, quando a ordem da criação irrompe ao nosso redor. É quando gritamos a Deus — que será quem nos dirá *por que* sofremos, *por que* vivemos e *por que* morremos. Dentro do conjunto da natureza existem apenas as causas. Mas, para o olhar da fé, esse mesmo conjunto tem um *telos*, uma razão para ser do jeito que é. E ter fé é crer que a direção teleológica do mundo também prestará contas das minhas aflições. Na mentalidade do crente, estamos cientes de que o ser não é simplesmente um fato, mas também um dom, e cientes de que esses dons têm suas razões. E a resposta da fé é reconhecer que também devemos doar.

Os leitores das tradições iluministas e sufi do Islã encontrarão pensamentos semelhantes àqueles que discorri neste capítulo, e me parece que é assim que devemos entender a iluminação (*ishrāq*) procurada por Avicena e al-Ghazālī — mais precisamente, como um lugar no domínio da aliança, onde o sacrifício brilha. No *Mathnawi*, Rumi escreve os seguintes versos:

> Alguém perguntou a um grande *sheikh*
> o que era o Sufismo.
> "O sentimento de alegria
> quando surge uma súbita decepção."

Rumi não quer dizer que se trata da alegria diante da decepção, mas alegria *por causa* da decepção: o reconhecimento de que foi intimado a abandonar alguma coisa e que isso também é um dom, um presente.

Acredito que a fé no nosso tempo deve ser fundada desse modo, e eu recebo de bom grado o tipo de dualismo cognitivo que defendi, porque me parece que ele não destrói, como argumentava Kant, as reivindicações da razão para dar espaço àqueles que têm fé, mas, em vez disso, cria o espaço no limiar da razão, onde a fé pode criar raízes e crescer. Mas a fé não é o mesmo que religião. Trata-se de uma atitude diante do mundo, uma atitude que se recusa a ficar contente com a contingência da natureza. A fé olha além da natureza, perguntando a si mesma sobre o que é exigido *de mim* como modo de agradecimento a esse dom. Ela não lida com a teologia; é aberta a Deus e está ativamente envolvida no processo de dar espaço para Ele, o processo que Scheler chamava de *Gottwerdung*, algo como "o tornar-se Deus".*

A natureza da religião

Muitos que se dizem agnósticos ou mesmo ateus vivem a vida da fé, ou algo semelhante — numa atitude de abertura em direção a significados, reconhecendo os momentos sacramentais, e agradecendo, ao seu modo, pelo dom do mundo. Contudo, não abraçam nenhuma religião. Então, que diferença a religião faz na vida das pessoas?

O coração da religião é o ritual, e é uma marca dela o fato de os rituais serem meticulosos. A palavra errada, o gesto errado, o modo errado de se dirigir ao deus — todos esses desvios não são apenas erros, mas profanações. Eles desfazem o feitiço ao mudar o que era compreendido como uma necessidade em algo arbitrário e improvisado. O adorador que faz isso individualmente se permite ter suas próprias palavras e suas próprias preces particulares. Mas, mesmo assim, ao renovar sua relação com Deus nas palavras sussurradas do pensamento, ele precisa de orientação. Daí o alívio

---

* Max Scheler, *Vom ewigen im Menschen*. Leipzig: Der Neue Geist, 1921. [Ed. bras.: *Do eterno no homem*. Petrópolis: Editora Vozes, 2015]

oferecido a todas as religiões aos seus devotos, na forma de preces e horas pré-arranjadas, lugares de oração, e outras "janelas para o transcendente" onde podem fazer uma pausa da vida agitada e procurar pela salvação. Para os cristãos, o Pai-Nosso, a Ave Maria e outros extratos da nossa relação com o divino são os talismãs que nos confortam e que carregam a plena autoridade sobre a religião da qual eles surgem. Os judeus, os muçulmanos e os hindus compartilham essa experiência, e os judeus ortodoxos levam as suas preces em amuletos que ligam as palavras sagradas aos seus corpos, como se a influência deles pudesse passar do papel à carne.

As liturgias da religião envolvem uma conjuração de coisas ausentes e uma tentativa de santificar a vida da comunidade, alçando-a do reino da natureza e dotando-a de uma espécie de necessidade razoável. Elas falam de coisas antigas e imutáveis, de coisas herdadas de ancestrais reverenciados, de histórias que transformam as palavras e os símbolos dos ritos em obrigações. Na liturgia, tocamos os nossos ancestrais, a quem nos dirigimos não no passado, mas no eterno presente, que é o mesmo deles. Portanto, apesar dos rituais existirem em uma espécie de seleção natural e serem adaptados conforme o tempo, a congregação jamais os recebe como meras invenções e certamente jamais como invenções do momento. Nesse caso, inovar é perigoso, e os desvios somente são aceitos se puderem ser entendidos como novas versões de alguma essência válida imutável e eterna. Os seres humanos aderem a essa forma de identidade absoluta entre forma e conteúdo apenas em uma outra esfera — a esfera da arte, na qual o momento presente e o sentido eterno ficam unidos de uma maneira diferente.*

Quando a fé entra no domínio da religião, ela exige alteração e emenda para o bem da doutrina. A religião natural comum assegura que o importante é aquilo que você faz: proferir as palavras sagradas, respeitar os festivais sagrados, obedecer a lei da aliança. Assim você será salvo, pouco importa se acredita ou não na doutrina. Contudo, para a fé, as obras não são suficientes, e talvez nem mesmo necessárias. O que importa é que você acredite. Essa ênfase na fé não é uma peculiaridade da Reforma Protestante. O cristianismo surgiu

---

* Ver Scruton, *Beauty: A Very Short Introduction*, cap. 8. [Ed. bras.: *Beleza — uma introdução* São Paulo: É Realizações, 2014]

como um sistema de *crença* que vinha do véu da cerimônia pagã. A Igreja da patrística dedicou seus esforços mais importantes para resolver as questões de doutrina e incorporar essa solução no seu credo. Cada igreja cristã teve que centralizar a sua liturgia nesse "credo", que se encontrava escondido nas evocações e louvores como se fosse um caroço sólido dentro da fruta. No Islã, a fé orienta completamente o ritual, e, assim, não à toa, muitas das exortações no Corão começam com "Ó, tu que acreditas!". As crises que acontecem no cristianismo e no Islã são crises de doutrina, não de ritual; quando os rituais se distanciam entre si, como aconteceu entre Roma e Constantinopla, a separação é reescrita pelos sacerdotes como se fosse uma diferença de crenças.

A guerra entre ritual e doutrina tomou a dianteira durante a Reforma. Calvino observava a herança litúrgica da Igreja Cristã com grande insatisfação, vendo heresia e blasfêmia em todo lugar, e exigia um expurgo completo da Igreja, uma reinterpretação da Eucaristia e a remoção da penitência e do casamento da lista de sacramentos — o que acarretaria consequências calamitosas que mudariam o curso da história europeia. Até hoje, as igrejas se preocupam com a competição que existe entre o mistério sacrificial e a clareza da doutrina. O primeiro exige palavras antigas e ritos solenes, nos quais a ideia de sacrifício é dramatizada, mas não explicada. A segunda exige novos sermões e explicações seculares, nas quais o receptáculo da liturgia fica cheio de furos, e assim o seu conteúdo se derrama pelo chão.

A relação dialética entre o ritual e a doutrina, cada um corrigindo e aperfeiçoando a outra, nunca teve um exemplo tão claro como a religião judaica. A antiga religião dos israelitas surgiu dos encontros intensos com o sagrado que estava profundamente mergulhado na memória do povo e na tradição oral, e que eram incorporados firmemente em uma nova visão teológica. De acordo com essa visão, o Deus de Israel é o Deus único, criador do mundo, que é movido em tudo o que faz por severas exigências morais, exigindo obediência e dando ao seu povo escolhido aquilo que ele não deu a mais ninguém, que seria a lei — a Torá. Essa lei não é apenas uma variação da moralidade. É também o resumo daquelas experiências profundas com o sagrado através das quais os israelitas perceberam a sua exclusão, algo que foi depois entendido como a indicação de que Deus os observava atentamente, olhando por eles e finalmente escolhendo-os.

Por isso os judeus ortodoxos de hoje — aqueles que observam a si mesmos como cumpridores estritos da *halakhah* (o caminho ordenado pela lei) — são vinculados intensamente a rituais, que orientam suas vidas em detalhes minuciosos, a respeito de como se vestir, como comer, como falar, como praticar cerimônias, quando comer e o que fazer durante o dia e assim por diante. Muitas dessas cerimônias repetem os episódios da Bíblia. Por exemplo, o Seder, ou a ceia da Páscoa, reconta de forma elaborada os eventos que giram em torno da libertação dos judeus no Egito. Sua bela litania pergunta uma série de questões, começando com "por que esta noite é diferente de todas as outras noites?". Ela ilustra assim três características importantes dos rituais judaicos: a primeira é que eles são (em sua maioria) assuntos privados, a serem realizados em casa; a segunda (e conectada com a primeira) é que não envolvem qualquer espécie de padre ou mediador entre homem e Deus — todos os judeus estão diretamente na presença de Deus enquanto as palavras sagradas são proferidas e enquanto os gestos sagrados são realizados; e a terceira é que a cerimônia é um ato de encenação, como se a Páscoa não acontecesse em um tempo específico, mas sim de forma eterna e constante. Há um ditado rabínico que diz que "na Torá não existe nem o antes nem o depois" — em outras palavras, os eventos narrados ali não devem ser vistos como eventos comuns no tempo, mas episódios constantemente repetidos na relação entre Deus e o homem. Ao realizar esses ritos da Páscoa, o judeu *se faz parte da história eterna*, assim como acontece quando ele pratica todas as outras ocasiões e todos os outros festivais determinados como sagrados. E esse é o significado de cada "mito de origem".

Da mesma forma, o Sabbath deve ser tratado como algo santo, o que significa que é um evento que acontece fora do fluxo comum dos acontecimentos. Na véspera do Sabbath, o homem sai do tempo e entra no eterno, e então se torna um em sua quietude com Deus. Ele também está no lar com sua família, e o Sabbath é, simultaneamente, uma consagração do indivíduo a Deus e uma consagração da família como o local onde a lei de Deus é cumprida. Todo o judaísmo está contido na ideia do Sabbath — o dia em que o homem vê a criação de Deus não como um meio de satisfazer esta ou aquela necessidade ou este ou aquele apetite, mas como um fim em si mesmo: em outras palavras, o dia em que o homem vê o mundo igual a

Deus, visto de fora e como um todo. O Sabbath contém a essência da religião na sua forma mais sublime: uma injunção para parar, para deixar de ser fútil, para parar de repetir ações que não têm explicações além de si mesmas e, em tudo isso, reconhecer que o mundo está suspenso entre a criação e a destruição — e que lhe cabe renovar a ordem da aliança entre aqueles que você ama. É nesse momento que fé e ritual coincidem, na experiência compartilhada da presença de Deus.

Morte e transcendência

Na sua manifestação original, a religião era uma cura para a morte. Ao adorarmos os nossos ancestrais, que estão enterrados embaixo da lareira ou nas tumbas próximas, nos recusamos a reconhecer a partida deles. Os mortos ainda estão conosco e se tornam reais em razão da nossa adoração. Assim, as tumbas possuem uma permanência que raramente é igualada pelos lares dos vivos. A tumba indestrutível enfatiza que a morte foi contrariada e que os mortos permanecem. Dirigimo-nos aos ancestrais, rezamos por eles, e, em algumas religiões, os mortos são alimentados nas mesas dos seus descendentes. E esse ensaio constante da presença deles é também uma promessa de que nós, os vivos, seremos imortais quando chegar a nossa vez. Essa promessa foi renovada quando a religião de adoração ancestral foi adaptada como fé monoteísta e, no devido tempo, costurou aquele "vasto brocado musical roído de traça,/Criado pra fingir que não se morre".

Devemos aceitar o juízo desdenhoso de Larkin? Afinal de contas, jamais podemos ter prova da questão: nenhuma notícia chegou a nós, daquela "terra ignota de cujos confins/nenhum viajante retornou".[2] Por que simplesmente não colocamos a fé em estado de sobrevivência e assumimos que ela e as obras podem nos salvar, se é que há salvação? Os truques mentais, como o da aposta de Pascal, parecem resgatar a questão da sobrevivência que surge com o ceticismo e jogá-la no colo da fé. Contudo, o problema se encontra no próprio conceito de sobrevivência. Desde o tratamento dado por Tomás de Aquino a esse tema na *Suma Teológica*, ficou evidente aos filósofos que a conexão do ser humano com seu corpo não pode ser vista como um assunto meramente contingente — e que identidade pessoal através do tempo deve ser sustentada em alguma coisa além da memória e da aspiração. Existe uma enorme literatura a respeito desse tópico, que culmina no notável e recente livro de Mark Johnson, que argumenta que não podemos sobreviver à morte como indivíduos, mas que, de alguma maneira, por meio da prática do *Ágape* cristão, podemos viver do único modo que esperamos ser o certo.* Todavia, como reconhece Johnson, essa visão é muito mais próxima do budismo do que do cristianismo. Trata-se de uma visão de sobrevivência sem o eu. E, no entanto, é o eu que projeta suas esperanças além deste mundo, e é a intencionalidade ampliada da relação eu-para-você que a faz tão difícil aceitar que nada nos espera, exceto a extinção.

É nessa conjuntura que percebemos as limitações do dualismo cognitivo. Apenas as criaturas autoconscientes encaram a possibilidade da aniquilação; e, ainda assim, a morte é um evento dentro da ordem da natureza. A ciência natural nos diz que a morte é uma dissolução, um desaparecimento de um pequeno vórtice de resistência à entropia que está varrendo todas as coisas diante dela para o vazio. E como a morte é um evento na natureza, isso é tudo o que podemos saber sobre ela.

Ou quase tudo. São Paulo via o sacrifício de Cristo como uma redenção — um modo pelo qual Cristo comprou a nossa vida eterna, tomando os nossos pecados para si mesmo. Essa ideia é estranha, talvez nem um pouco inteligível: pois como pode o sofrimento do inocente pagar o débito moral do culpado? São Paulo também nos disse que agora vemos por espelho em enigma, e depois face a face. E por "depois" ele queria dizer assim que atravessarmos o umbral da morte. Em um longo poema inspirado por Tomás de Aquino, Richard Crashaw articulou esse pensamento nas seguintes palavras:

> Venha amor! Venha Senhor! e que o longo dia
> Pelo qual anseio venha logo.
> Quando esta alma seca vir aqueles olhos
> E beber a tua fonte selada.
> Quando o sol da glória perseguir as sombras da fé,
> E pelo teu véu me dar a tua face.

---

* Mark Johnston, *Surviving Death*. Princeton, NJ: Princeton University Press, 2011.

Aqui, me parece, é um modo no qual a fé se aproxima da esperança. Podemos afastar a morte como uma aniquilação, ou saudá-la como uma transição. Podemos vê-la como a perda de algo precioso, ou como o ganho de um outro modo de ser. De certa maneira, tudo depende de nós. Quando vivemos em plena compreensão e em plena aceitação da nossa mortalidade, vemos o mundo como um lugar onde podemos habitar. Ficamos abertos à morte, e a aceitamos como se fosse a nossa completude. Simone Weil escreve sobre isso ao usar os termos de um "mito de origem" cristão:

> O Homem colocou a si mesmo fora da corrente da Obediência. Deus escolheu, para o castigo dele, o trabalho e a morte. Consequentemente, esses dois, se o Homem colocá-los em um espírito de aceitação, constituem uma transferência de volta à corrente do Bem Supremo, que é a Obediência a Deus.*

A vida após a morte, concebida como uma condição que sucede a morte no tempo, é algo absurdo. Pois a sucessão no tempo pertence ao conjunto de causas, no contínuo do espaço-tempo que é o mundo da natureza. Se há alguma mensagem a ser extraída dos meus raciocínios é que a ideia de salvação — de uma relação correta com o criador — de forma alguma precisa ter uma vida eterna, pelo menos assim concebida. Mas *precisa* aceitar a morte, no sentido de que, diante dela, encontramos o nosso criador, aquele vinculado a nós pela aliança, a quem devemos prestar contas das nossas falhas. Retornamos ao lugar de onde surgimos, à espera de sermos bem-recebidos ali. Esse é um pensamento místico, e não há como traduzi-lo no idioma da ciência natural, que fala do antes e do depois, não sobre o tempo e sobre a eternidade. A religião, tal como eu a considero, não descreve o mundo natural, mas o *Lebenswelt*, o mundo dos sujeitos, com o uso de alegorias e de mitos para nos lembrar, no nosso nível mais profundo, de quem e do que somos nós. E Deus é o sujeito que tudo conhece e que nos recepciona assim que atravessamos para o outro domínio, além do véu da natureza.

Abordar a morte dessa maneira é, portanto, se aproximar de Deus: nos tornamos, por meio das nossas obras de amor e de sacrifício, uma parte

---

* *The Need for Roots*. Trad. de Arthur Willis. Londres: Routledge, 1952, capítulo final.

da ordem eterna; realizamos a "travessia" para aquele outro lugar, para que a morte não se torne mais uma ameaça para nós. O véu aludido por Crashaw, que oculta o rosto de Deus, é o "mundo decaído", o mundo do ser objetificado. A vida da oração nos resgata da Queda e nos prepara para uma morte que podemos significativamente ver como uma redenção, pois ela nos une à alma do mundo.

Notas do tradutor

[O tradutor gostaria de agradecer, antes de tudo, pela ajuda da professora de Filosofia e Francês Maria da Piedade de Eça e Almeida, especialmente sobre a observação do trecho citado de Blaise Pascal no capítulo 1; dos músicos Filipe Trielli, Daniel Galli e Luigi Marnoto para os termos técnicos musicais no capítulo 7; do professor e doutor em Direito, André Costa Corrêa, para os termos jurídicos no capítulo 4; da tradutora e editora Marcia Xavier de Brito, pela leitura da primeira versão desta tradução, e que verificou tom, estilo e fluência do texto; de Gabriel Ferreira da Silva, doutor em Filosofia, pela correção nos conceitos filosóficos; e de Thaís Lima e a equipe da Editora Record, por conseguirem encontrar soluções editoriais que tornaram o texto mais elegante e sem academicismos.]

Capítulo 1: Acreditar em Deus

1. Scruton prefere usar o termo islamitas (*Islamists*) em vez de islâmicos (*Islamics*), provavelmente para diferenciar entre a maioria dos praticantes do Islã e o grupo específico daqueles que praticam a *jihad* radical, em especial os salafistas.
2. Jan Patočka (1907-1977) foi um filósofo tcheco, autor de duas obras importantes para o desenvolvimento da filosofia europeia pós-Segunda Guerra Mundial: *Heretic Essays in the Philosophy of History* [Ensaios Heréticos na Filosofia da História] e *Plato and Europe* [Platão e Europa]. Foi um grande influenciador nas ideias filosóficas contidas nos escritos políticos do dramaturgo, depois presidente da Tchecoslováquia, Václav Havel.
3. Scruton usa o termo *self* para designar uma experiência de extrema profundidade psíquica, mas que não fica limitada apenas ao aspecto psicológico, e que retrataria o ser humano no encontro com o que ele tem de mais íntimo e em

um espaço interior praticamente intocado pelas circunstâncias exteriores. Ver também o uso, no decorrer do livro, de *self* em um sentido similar dado por Eric Voegelin no texto "The Eclipse of Reality" (In: *What is History and Other Late Unpublished Writings*, University of Missouri Press, 2005, p. 112), indicando uma consciência imanente que se retrai a partir do momento em que o homem não consegue suportar o choque da tensão do real.

4. Scruton usa o termo *aboutness*, um neologismo frequente nos estudos da filosofia da mente, em especial nos escritos de John Searle — e que, em geral, é tratado como a alocução "aquilo sobre o que" é alguma coisa. Ele indica um tema específico do objeto a ser analisado pela consciência do sujeito, mas, no caso, um tema que tem uma intencionalidade especial, porque o destaca em relação aos outros objetos, dentro do campo de percepção a ser analisado. Dessa forma, preferi usar outro neologismo para designar essa experiência epistemológica peculiar, com o substantivo "tematicidade", que seria uma soma de "temática" (ou seja, o tema, o núcleo do sentido do objeto) com "intencionalidade". Mais sobre o histórico dessa expressão, ver a excelente tese de doutorado do português José Paulo Garcia de Castro, *A Epistemologia da escolha — Sobre a possibilidade de simulação artificial da inteligência humana*: <http://recil.grupolusofona.pt/bitstream/handle/10437/6160/A_Epistemologia_da_Escolha_Paulo_Castro_2014.pdf?sequence=1>; ver também a dissertação de mestrado de Emanuel Guedson Ferreira Guedes, *O conceito "Aboutness" na organização e representação do conhecimento*, desta vez dedicado à área da Ciência da Informação: <http://repositorio.unesp.br/bitstream/handle/11449/93659/guedes_egf_me_mar.pdf?sequence=1>.

5. Referência a uma cena do ciclo *O anel dos Nibelungos* (*Der Ring des Nibelungen*, 1869-1876), drama musical concebido pelo compositor e dramaturgo alemão Richard Wagner (1813-1883). Scruton escreve com mais detalhes sobre a obra de Wagner em dois outros livros, *Coração devotado à morte — O sexo e o sagrado em* Tristão e Isolda, *de Wagner* (Trad. de Pedro Sette-Câmara. São Paulo: É Realizações, 2010) e *The Ring of Truth — The Wisdom of Wagner's Ring of Nibelung*. Penguin Books, 2016.

6. No original, Scruton usa a expressão *real presence*, que, nos livros *Coração devotado à morte* (É Realizações, 2010) e *O rosto de Deus* (É Realizações, 2015), o tradutor Pedro Sette-Câmara optou por traduzir corretamente como presença real. Neste caso, a referência em português é sobre a presença real que existe na Eucaristia católica. Essa expressão surge também em duas obras de Scruton que são, antes de tudo, livros sobre a filosofia da religião e que, no contexto, se

referem diretamente à experiência da Eucaristia. Não é o caso deste livro, que não é uma obra específica sobre religiões, mas sim um pequeno tratado sobre epistemologia filosófica (ou seja, teoria do conhecimento), em que o importante é mostrar que determinadas experiências são verdadeiras ou falsas, seja na religião cristã, na judaica e, como veremos nas páginas seguintes, na islâmica. Portanto, acredita-se que, no caso específico de *A alma do mundo*, o termo mais adequado não seria *presença real*, como foi feito em outras traduções de Scruton no Brasil, mas sim *presença verdadeira*, que refletiria com mais rigor e objetividade o raciocínio geral do próprio texto.

7. Aqui, Scruton não faz referência ao fato de que Pascal cita o trecho do Evangelho de João 17:25 que, na tradução da Bíblia de Jerusalém, encontra-se assim: "Pai justo, o mundo não te conheceu, mas eu te conheci e estes reconheceram que tu me enviaste." Na edição brasileira de *Pensamentos*, Mario Laranjeira usa o trecho da mesma forma, sem atentar para o fato de que, em francês, *ne t'a point connu* tem o significado de "*nunca* o conheceu" — ou seja, Pascal quer mostrar, como João, que só Cristo conheceu verdadeiramente a presença de Deus, mas quem faz parte deste mundo não estava aberto a essa oportunidade. No contexto da sua obra, deve ser observado que Pascal nunca relativizaria a relação com Deus e, portanto, ele nunca usaria uma forma simples de negação. [Ver *Pensamentos*, Martins Fontes, p. 370 — no caso dessa edição, é justamente o trecho do famoso Memorial, em que Pascal se converte definitivamente ao Deus vivo de Abraão, Isaque e Jacó.]

Capítulo 2: Em busca das pessoas

1. Na tradução brasileira de *Uma breve história da filosofia moderna* (Rio de Janeiro: José Olympio, 2008, p. 183, trad. de Eduardo Francisco Alves), é usado corretamente o termo "apercepção" para a palavra em inglês "*apperception*" que, em hipótese nenhuma deve ser confundida com "percepção". Scruton explica com precisão o que significa esse conceito: "[...] 'apercepção' [significa] consciência de si mesmo, e a palavra 'transcendental' [indica] que a 'unidade' do eu não é conhecida como a conclusão de um argumento, mas como a pressuposição de todo conhecimento de si próprio."
2. A referência aqui é a respeito do filósofo e cientista cognitivo americano Jerry Fodor, nascido em 1930, e autor do livro *The Language of Thought* (1975).

Capítulo 3: O que há no nosso cérebro?

1. No original, "*realized*", que pode significar tanto como "percebida" como "realizada". Optou-se pelo último termo porque, no contexto, ficará claro que Scruton fala da consciência (segundo os conceitos de Searle) como algo que *acontece* enquanto ela é *percebida*.
2. É de se observar que a expressão "cuidado com a alma" (*care for the soul*, no original) é também usada por Jan Patocka em seu livro *Plato and Europe*.

Capítulo 4: A primeira pessoa do plural

1. O "UK Rent Act", o ato de arrendamento promulgado em 1968, com emendas em 1974 e 1977, protegia os direitos dos locatários em relação a um suposto aumento abusivo de preços praticados pelos donos dos imóveis. Ele depois seria revogado pelo chamado "Housing Act", de 1988. Sobre isto, veja o seguinte link <http://www.legislation.gov.uk/ukpga/1974/91>. Nesse capítulo em especial, Scruton tem como base a jurisprudência inglesa, baseada na *common law* e no direito adquirido pelos costumes acumulados com o passar do tempo, em que a lei é decidida caso a caso, por meio de exemplos concretos. É o contrário do que ocorre no Brasil, onde o ordenamento jurídico é baseado no direito positivo (notadamente influenciado pelas correntes filosóficas do positivismo e do neokantismo alemão, em especial a figura de Hans Kelsen), em que a lei em abstrato se antecipa à realidade concreta, e, por isso, obriga os seus "operadores" em questão (juízes, advogados, promotores etc.) a agirem dentro de um código legal por escrito. Sobre esse assunto e a diferença entre esses dois tipos de ordenamento, ver o livro de Michel Villey, *A formação do pensamento jurídico moderno*. São Paulo: WMF Martins Fontes, 2005. Scruton também comenta sobre as injustiças inerentes a essas leis de propriedade no livro *O que é conservadorismo*. São Paulo É realizações, 2015.
2. Nesse capítulo, Scruton usa os termos *liberty rights* e *freedom rights* de forma intercambiável, significando "direitos", apesar de haver uma diferença histórica entre eles na história do seu uso na língua inglesa — e que se reflete na história da filosofia política. O próprio Scruton, no seu *The Palgrave Macmillan Dictionary of Political Thought*, distingue *metaphyshical freedom* [liberdade metafísica], que lida com as questões a respeito do "livre-arbítrio", de *political*

freedom [liberdade política], inspirado no conceito das liberdades positivas e negativas de Isaiah Berlin, em que o que está em jogo é o espaço exterior de escolha que um determinado governo permite que o cidadão possa atuar na sociedade. Já sobre a palavra *liberty*, Scruton comenta que, apesar de ser igualmente intercambiável com *political freedom*, *liberty* tem a ver sobretudo com os direitos do cidadão que deve atender às leis da sociedade ou então ser respeitado pelas mesmas, seja quando essa liberdade é corrompida na licença ou licenciosidade para descumpri-las quando for necessário, seja quando ela é um valor que permite a discussão de sua própria definição ou das limitações que a estrangulam na construção de uma sociedade melhor. (Ver Roger Scruton. *The Palgrave Macmillan Dictionary of Political Thought*. Londres: Palgrave Macmillan, 2007. Verbetes *freedom* [p. 260] e *liberty* [p. 399]). Ver também o texto de Isaiah Berlin, "Dois conceitos de liberdade", que pode ser encontrado no volume *Estudos sobre a Humanidade*, publicado pela Companhia das Letras em 2002. Sobre o uso intercambiável dos termos *freedom* e *liberty* na história da filosofia política inglesa e sua posterior distinção conceitual, ver a tese de doutorado *Violência e Epifania: a liberdade interior na filosofia política de John Milton*, de Martim Vasques da Cunha, que pode ser encontrada no seguinte endereço: <http://www.teses.usp.br/teses/disponiveis/8/8133/tde-09102015-130105/pt-br.php>.
3. Scruton escreve longamente sobre a falácia da soma zero em seu livro *As vantagens do pessimismo*. Trad. de Fábio Faria. São Paulo: É Realizações, 2015, pp. 75-90.

Capítulo 5: Encarando um ao outro

1. William Shakespeare, *Tróilo e Créssida*. Trad. de Carlos Alberto Nunes. Rio de Janeiro: Agir, 2008.
2. Para esse trecho, ver a tradução portuguesa de *Paraíso perdido*. Trad. de Daniel Jonas. Lisboa: Ed. Cotovia, 2006, p. 377. Depois, essa mesma edição seria publicada no Brasil pela Editora 34 no final de 2015.
3. Na mitologia nórdica, as Nornas são o equivalente, na mitologia greco-romana, às Parcas, ou Moiras, as deusas do destino que controlam, cuidam e, no final, cortam o fio da vida.

Capítulo 6: Encarando a Terra

1. Ver o Salmo 137 na tradução da *Bíblia de Jerusalém*. Rio de Janeiro: Editora Paulus, 2004, p. 1007.
2. Ver tradução desse trecho na *Bíblia de Jerusalém*, Editora Paulus, 2004, p. 2000.

Capítulo 7: O espaço sagrado da música

1. Vertido para o português, *appearance* seria "aspecto" ou "aparência". Contudo, na lógica do texto, a música é tratada como uma "aparição", quase como se fosse uma fantasmagoria fenomenológica que mal é captada pela percepção humana.
2. Aqui, Scruton faz um trocadilho intraduzível — e que se estenderá por todo esse capítulo — entre as palavras "*moved*" (para "emocionado") e "*movement*" (para "movimento", seja o andamento de determinada música como o próprio movimento de ir de um lugar para outro).
3. Os coribantes eram dançarinos que, de acordo com a mitologia grega, prestavam homenagens e faziam rituais, muitas vezes, para o deus Dionísio.
4. A partir desse momento no livro, Scruton usa as palavras *responsability* e *accountability* (e suas respectivas variações) como sinônimos de "responsabilidade" e "prestação de contas/responsabilização". Para ajudar a pesquisa do leitor no índice temático, colocarei os termos originais em inglês entre colchetes para que se perceba a diferença.

Capítulo 8: Em busca de Deus

1. *Os suicídios de amor em Sonezaki*, de Chikamatsu Monzaemon, é uma peça japonesa clássica de marionetes, encenada pela primeira vez em 1703, e que tem como tema central o amor autodestrutivo dos seus personagens principais. Para saber mais sobre ela, ver o seguinte link: <https://kinjo.repo.nii.ac.jp/?action=repository_action_common_download&item_id=524&item_no=1&attribute_id=22&file_no=1>.
2. O trecho é uma referência a *Hamlet*, de William Shakespeare, em tradução de Lawrence Flores Pereira (São Paulo: Companhia das Letras, 2016).

Índice onomástico

Adorno, Theodor, 169, 170-71, 172
Alberti, Leon Battista, 143, 153
Anscombe, Elizabeth, 83
Apuleio, 38
Aquino, Santo Tomás de, 17, 20, 23, 39, 218, 219
Arqueanassa de Cólofon, 143-50, 151, 152
Aristóteles, 17, 81-82, 104, 135, 189n, 199
Agostinho, Santo, 39, 141, 160
Austin, J. L., 92, 95
Averrois (Ibn Rushd), 17
Avicena (Ibn Sinā), 17, 20, 23, 213
Axelrod, Robert, 67

Bach, J. S., 165, 177, 183
Bakhtin, Mikhail, 121n
Barker, Sir Ernest, 120
Bataille, George, 204
Beethoven, Ludwig Van, 47-51, 164, 166, 168, 174, 176, 181, 186, 187-88, 189, 193
Bennett, Max, 72-77
Bentham, Jeremy, 184
Berkow, Jerome, 12n
Berlioz, Hector, 168
Böcklin, Arnold, 177-79, 197

Boécio, 39
Botticelli, Sandro, 71-72, 74
Brahms, Johannes, 193
Brandom, Robert, 45
Brentano, Franz, 54
Britten, Benjamin, 117
Browning, Robert, 210
Burke, Edmund, 111

Calvino, João, 216
Carmichael, Hoagy, 171
Chesterton, G.K., 135
Chikamatsu Monzaemon, 199
Churchland, Patricia Smith, 61-4, 78, 80
Cliteur, Paul, 28n, 198n
Constable, John, 157
Corot, Jean-Baptiste-Camille, 157
Cosmides, Leda, 12n
Courbet, Gustave, 157
Craig, Edward, 126
Crashaw, Richard, 219, 221
Crome, John, 157
Cronin, Helena, 162n

Damasio, Antonio, 75
Dante Alighieri, 114

Darwall, Stephen, 59
Darwin, Charles, 133, 161
Davidson, Donald, 46n
Debussy, Claude, 182-83
Dennett, Daniel C., 55, 73
Descartes, René, 41, 51, 72, 87-88, 92
Diderot, Denis, 36
Dilthey, Wilhelm, 43
Diógenes Laércio, 143
Dummett, Sir Michael, 182
Duncan, Ronald, 117
Durkheim, Émile, 10, 11, 20, 23-25, 121
Dworkin, Ronald, 102

Eagleman, David, 65
Einstein, Albert, 17
Elgar, Sir Edward, 186
Éliade, Mircea, 25n
Eliot, T. S., 17, 192
Ellis, Havelock, 122
Erígena, João Escoto, 210
Escher, M. C., 167

Feuerbach, Ludwig Andreas von, 36, 37-38
Fichte, Johann Gottlieb, 87, 128n
Fodor, Jerry, 56, 66
Franck, César, 193
Frazer, Sir James, 21, 24
Frege, Gottlob, 182
Freud, Sigmund, 12, 13, 27, 28, 122
Fustel de Coulanges, Numa Denis, 137-38

Gardner, Sebastien, 198n
Gershwin, George, 171
Ghazālī, al-, 207, 210, 213

Girard, René, 27-31, 105, 201-03
Graham, George, 75n
Grócio, Hugo, 95, 96

Hacker, Peter, 72-74, 81
Hafiz (Hafez de Shiraz), 33
Hanslick, Eduard, 169, 176-77, 188
Havel, Václav, 10
Hedley, Douglas, 200
Hegel, Georg Wilhelm Friedrich, 30, 35, 40-41, 59, 87, 104-05, 109, 126-30, 135, 159n, 201, 210
Heidegger, Martin, 153n
Hobbes, Thomas, 29, 109, 198n
Hohfeld, W. N., 97-98, 99, 101
Homero, 200, 212
Hopkins, Gerard Manley, 198
Horácio, 137n
Hume, David, 19, 34-35, 36, 131, 156, 157
Husserl, Edmund, 44-45, 93
Hyde, Lewis, 202n

Jankélévitch, Vladimir, 200n
Jesus de Nazaré, 29
João da Cruz, São, 23, 211
Johnston, Mark, 82, 219
Joisten, Karen, 160
Juliana de Norwich, 211

Kant, Immanuel, 17, 34-35, 40, 43, 46, 53, 67-68, 86-88, 95, 100, 104, 128, 138, 154, 156, 157, 167, 208, 210, 214
Kass, Leon, 26n, 115
Kempe, Margery, 23
Kern, Jerome, 170

ÍNDICE ONOMÁSTICO 231

Khayyam, Omar, 33
Kierkegaard, Søren, 28, 202n, 207
Kinsey, Alfred, 122
Kivy, Peter, 180-81, 189, 192
Klein, Melanie, 152
Kojève, Alexandre, 159n

Larkin, Philip, 199-200, 218
Le Corbusier (Charles-Édouard Jeanneret-Gris), 150
Leibniz, Gottfried Wilhelm von, 122, 195
Levinas, Emmanuel, 151
Levitin, Daniel J., 182n
Libet, Benjamin, 83
Lippitt, John, 202n
Locke, John, 39, 61, 198n
Lorenzo de Medici, 71

Mahler, Gustav, 194
Maimônides (Moses ben Maimon), 17, 210
Maine, Sir Henry, 107
Marx, A. B., 179
Masaccio, 123-24
Maynard Smith, John, 15, 50, 67
McDowell, John, 45
McGinn, Colin, 54n
Mendelssohn, Felix, 190
Merleau-Ponty, Maurice, 122n
Meyer, Stephen G., 209n
Michelangelo Buonarroti, 161
Midgley, Mary, 50
Miller, Geoffrey, 162
Milton, John, 116, 123
Mozart, Wolfgang Amadeus, 186

Nagel, Thomas, 16, 41, 52, 69, 207-08
Noë, Alva, 75n
Novalis (Georg Philipp Friedrich von Hardenberg), 142

O'Hear, Anthony, 15n, 69n

Pascal, Blaise, 21, 23, 218
Patel, Aniruddh D., 182n
Patočka, Jan, 10
Paulo, São, 20, 39, 84, 138, 142, 219
Pietro da Cortona, 151
Plantinga, Alvin, 15n, 207n
Platão, 17, 71, 74, 89, 143, 170, 172, 185-6
Porter, Cole, 170
Pufendorf, Samuel von, 96

Queneau, Raymond, 159n
Quine, Willard Van Orman, 17n, 101

Rachmaninoff, Sergei, 177-79
Ramachandran, V. S., 77n
Ravel, Maurice, 170
Rawls, John, 105
Raz, Joseph, 99n
Reid, Thomas, 61
Reilly, Robert, 32n
Rembrandt van Rijn, 114-15
Renan, Ernest, 36
Ricoeur, Paul, 33
Ridley, Matt, 15, 67
Rilke, Rainer Maria, 175-76
Rizzolatti, Giacomo, 77n
Rodgers, Richard, 170
Roosevelt, Eleanor, 100
Rosenberg, Alex, 72n, 163

Rousseau, Jean-Jacques, 111, 133, 198n
Rumi, 23, 33
Ruskin, John, 152

Stalingaros, Nikos A., 152n
Sartre, Jean-Paul, 117, 159n, 197, 209, 210-11
Scheler, Max, 214
Schleiermacher, Friedrich Daniel Ernst, 43
Schoenberg, Arnold, 168, 172
Schubert, Franz, 190, 192
Searle, John, 55-56, 57-58, 74, 92-93, 102, 106, 108
Sellars, Wilfrid, 44-45, 47, 131, 159n
Shakespeare, William, 113, 161, 185, 189
Shoemaker, Sydney, 61, 76
Simmons, Peter, 72n
Simson, Otto von, 143
Skryabin, Alexander, 232
Smith, Adam, 96, 104
Sober, Elliott, 15, 23n
Spaemann, Robert, 42n
Spinoza, Baruch de, 19, 45, 46, 81
Stokes, Adrian, 152n
Strauss, Richard, 190
Stravinsky, Igor, 170

Strawson, Sir Peter, 47, 59
Swinburne, Richard, 23n

Tallis, Raymond, 115
Tchaikovski, Peter Ilyich, 194
Teresa d'Ávila, Santa, 23
Tertuliano, 207
Tooby, John, 12n
Turing, Alan, 65
Tye, Michael, 53n, 54n
Taylor, Sir Edward Burnett, 24
Tymoczko, Dmitri, 48n, 166n

Valberg, J. J., 198n
Van Gennep, Arnold, 205n
Van Gogh, Vincent, 157
Vespucci, Simonetta, 71

Wagner, Richard, 30, 38n, 108n, 125, 189
Warde Fowler, W., 22n
Weil, Simone, 82, 220
Wiggins, David, 81
Wilde, Oscar, 131
Wilson, David Sloan, 11n, 15
Wilson, E. O., 12n
Wittgenstein, Ludwig, 53, 180

Índice por assunto

adoração ancestral, 137-38, 218
altruísmo, 15, 66, 67-69
ambientalismo, 157-58
amizade, 105-06, 108-10, 156
amor erótico, 71, 204
amor, 107-12, 115n
argumento bem-afinado, 22-23
argumento cosmológico, 23
argumento da linguagem particular, 53
arquitetura romana, 150-51
arquitetura, 141-58
assentamento, 136-38, 154-58
astecas, 10
ateísmo, 7, 196, 214
atitudes interpessoais, 22, 32, 36, 39-45, 58-61, 64, 78, 85-89
autoconsciência, 51-57, 75-79, 85-89, 127-29

Baghavadgita, 38-40
balé, 190
beijo, 116-17
beleza, 154-58, 161-63
bodes expiatórios, 29-30
budismo, 39, 219

calvinismo, 216
casamento, 107
causas e motivos, 35-36, 42-44, 213
cidade, a, 136-38, 140
ciência cognitiva, 65-67, 70-72
ciência social, 11-13
ciência, 9, 15n, 21, 41-42, 44-51, 63-65, 208-09
cientificismo, 161-63
colunas, 145-46
common law, 94-96
compreender a música, 163-94
computação, 65, 70-72, 73n
consciência, 51-54, 56-57, 75-79, 85-86
contrato social, 109, 133
contrato, 94, 97-98, 105-08
Corão, o, 19, 25, 28, 32-33, 201
cristianismo, 9, 19, 20-21, 28-32, 35, 84-85, 108, 125-27, 141, 202-03, 207, 215-16, 219
Cruz, a, 25, 202
cultura de massas, 171-73
cultura, 169-73

dançar, 172, 184-86, 190
darwinismo, 161-63, 208

Declaração Universal dos Direitos Humanos, 99-101
desejo sexual, 27, 116-19, 121-24, 171-72
design inteligente, 208-09
dessacralização, 24-26
Deus dos filósofos, 206-09
Deus, existência de, 209-14
devoção, 107-12
dialética, a, 127-29
direito civil [tort law], 94-97, 105-06
direito romano, 39, 93-94, 95-96, 150-51
direitos naturais, 104-05
direitos, 97-103
discussão sobre direitos ["rights talk"], 101-03
dom, 201-05
dualismo cognitivo, 45-51, 56-61, 79-82, 89-90, 167-68, 205-09
dualismo ontológico, 51-57, 60-61, 82, 92, 114

emergência, 80-82
enrubescer, 118
epistemologia naturalizada, 17-18
epistemologia, 32-36
escutar (e ouvir), 169-71, 185-86
espaço musical, 48-50, 163-66, 195-96
estância intencional, 55-57
estupro, 122-23
Eucaristia, a, 24-25, 30, 85, 216
evolução, 133-35, 161-63
exemplo da primeira pessoa, 41-44, 52-54, 58-61, 75-79, 86-88
explicação e compreensão, 41-45, 56-61, 91, 113, 161-63
expressão, 178-79

falácia mereológica, 72-74
fé, 20, 32-33, 209-10, 212-21
filosofia política, 23

genética, 11, 67-68
graça, 33, 203-04

hilomorfismo, 81-82
hinduísmo, 34, 35, 38-40, 137
hominização, 27
humanismo, 37

identidade pessoal, 39, 61, 82, 87, 120, 211-13
idolatria, 36, 172-73, 194
incesto, 11, 12-13, 29, 35
individualidade, 118-20, 121-22, 197
inflação de direitos, 99-103
informação, 70-72
intenção, 58-59
intencionalidade ampliada, 85-89, 153, 159-60, 171, 184
intencionalidade, 12-13, 31-32, 54-57, 70-72, 176-77, 182-84, 186-90
islã, 9, 19, 23, 28, 32-33, 211-13
islamismo, 9, 32

jardins, 144-16
jazz, 169-70
judaísmo, 19, 25, 26, 28, 93, 138, 139, 141, 216-18
julgamento estético, 154-58, 160
justiça, 101, 104-05

Lebenswelt, 44-45, 79-82, 92-93, 103, 106, 111-12, 124, 129-31, 140, 154-58, 160, 177-78, 198-99, 205, 220

lei natural, 94-97
lei, 93-103
leis teleológicas, 16, 57, 207-09, 213
liberdade moral, 45n, 77n, 83-87, 95-96, 129-31, 172-73
liberdade política, 101-03
liberdade transcendental, 40, 46, 86-89
liturgia, 215
livros de padrões, 147-49

mágica, 21-24
Mana, 26
máscaras, 118-20
matemática, 14-15, 18, 69
metáfora, 180-81
milagres, 19
mitos de origem, 31, 124-27, 130, 133-35, 141, 201-05, 213
monoteísmo, 18
moralidade, 67-69, 89, 191-94
morte, 177-78, 197-201, 204, 218-21
música, 47-51, 163-94

nada, 186-88, 197, 211
naturalismo, 16-18, 34-35, 51
neurociência, 63-67, 77-79
neurônios-espelhos, 76-77, 184-86
Novo Testamento, 126

obrigações não contratuais, 105-12
olhar, 116-18
oração, 20, 215
ordem da aliança, 93-97, 195, 202, 204
ordem da criação, 197-99, 200, 204
ordem da natureza, 195, 197, 212, 219
outro, culto do, 159

pecado original, 126, 137
perdão, 201-05
pertencimento, 23
pessoa, conceito de, 38-41, 51, 64-65, 77, 80-82, 120, 134-35
poderes deônticos, 58-59, 93
politeísmo, 211-12
ponto de vista da segunda pessoa, 58n, 83-84
pornografia, 130
presença verdadeira, 18-21, 32-33, 83-84, 113-14, 131, 207-08
profundidade na música, 188-90, 191-93
psicologia evolucionista, 11-13, 16, 36, 64, 66, 134, 136, 163, 174-75

qualia, 51-54
qualidades secundárias, 44, 47, 53-54, 131
Queda, a, 123-27, 149-52, 194, 221

redenção, 219-21
religião, 11-13, 16-18, 19-27, 36, 37-38, 96-97, 124-27, 197-21
religiões greco-romanas, 136-38, 211-12
responsabilidade [*accountability*], 59-60, 79, 93-97, 134-35, 155-58, 212
responsabilidade [*responsability*], 94-103, 122
risada, 118
ritos de passagem, 11, 31, 125-27, 204-05
rosto, o, 114-18
ruas, 147-48, 216

Sabbath, o, 217-18
sacramentos, 24, 30, 108, 216

sacrifício, 9-10, 28-32, 199-203
sagrado, o, 20-21, 24-33, 107-09, 139-41, 159, 199-21
secularização, 111
seleção de grupo, 11-13
sentimentalismo, 193
significado musical, 176-94
silêncio, 173-76
soberania individual, 101-03
sobrenatural [e supranatural], o, 33-36, 205-06
socialismo, 106
som e tom, 49, 61, 79
sonhos, 17, 18
sorriso, 116
substância, 81
sufismo, 33, 213-14
sujeito e objeto, 22-24, 31-32, 41-45, 46, 59-61, 83-86, 92-93, 113-14, 149-51

tabu, 13, 26-27
teatro, 118-20, 191
templo, o, 139-43
teologia, 33-35
Torá, a, 19, 25, 124-27, 172-73, 201-02, 206-07, 217

totalitarismo, 10
tragédia, 126, 199
"transcendental", 86-87, 207-09
transcendental, o, 18, 22n, 25, 34-35, 40n, 205-19

"unidade transcendental de apercepção", 86, 206
Upanishads, 34

Vedas, os, 137
verdade, 14-16, 66
vergonha, 123
Verstehen, 43-45
via negativa, 210
vício, 171-73
vínculos transcendentais, 23-24, 105-12, 196
violência, 28-32
vizinhança, 154
votos, 106-09

xintoísmo, 139

Este livro foi composto na tipologia Minion Pro Regular, em corpo 11/16, e impresso em papel off-white no Sistema Cameron da Divisão Gráfica da Distribuidora Record.